W0178361

Elias Chacour

AUCH UNS GEHÖRT DAS LAND

Elias Chacour

AUCH UNS GEHÖRT DAS LAND

Ein israelischer Palästinenser kämpft
für Frieden und Gerechtigkeit

VERLAG JOSEF KNECHT · FRANKFURT AM MAIN

Aus dem Englischen übertragen von Ursula Schneider.
Titel der amerikanischen Originalausgabe: Elias Chacour with
Mary E. Jensen: »We Belong to the Land.«
Published by arrangement with Harper San Francisco, a division of
HarperCollins Publisher Inc., San Francisco, California, U.S.A.
Copyright © 1990 by Elias Chacour.

Die Deutsche Bibliothek – CIP-Einheitsaufnahme

Šakūr, Īlyā:
Auch uns gehört das Land : ein israelischer Palästinenser
kämpft für Frieden und Gerechtigkeit / Elias Chacour. [Aus
dem Engl. übertr. von Ursula Schneider]. – 1. Aufl. – Frankfurt
am Main : Knecht, 1993
Einheitssacht.: We belong to the land ⟨dt.⟩
ISBN 3-7820-0663-1

1. Auflage 1993. Alle Rechte vorbehalten. Printed in Germany
© 1993 by Verlag Josef Knecht - Carolusdruckerei GmbH,
Frankfurt am Main
Umschlaggestaltung: Atelier Warminski, Büdingen
Satz: Fotosatz Otto Gutfreund GmbH, Darmstadt
Papier: Chlor- und säurefrei hergestelltes Werkdruckpapier,
durch Ernst A. Geese, Hamburg
Druck und Bindung: Wiesbadener Graphische Betriebe GmbH,
Wiesbaden
ISBN 3-7820-0663-1

Allen, die an der Formung
meiner Persönlichkeit als Priester
mitgewirkt, mich in meiner Aufgabe
durch ihre Liebe und ihr Verständnis
unterstützt und meine Mission und
Arbeit mitgetragen haben.

INHALT

LANDKARTE

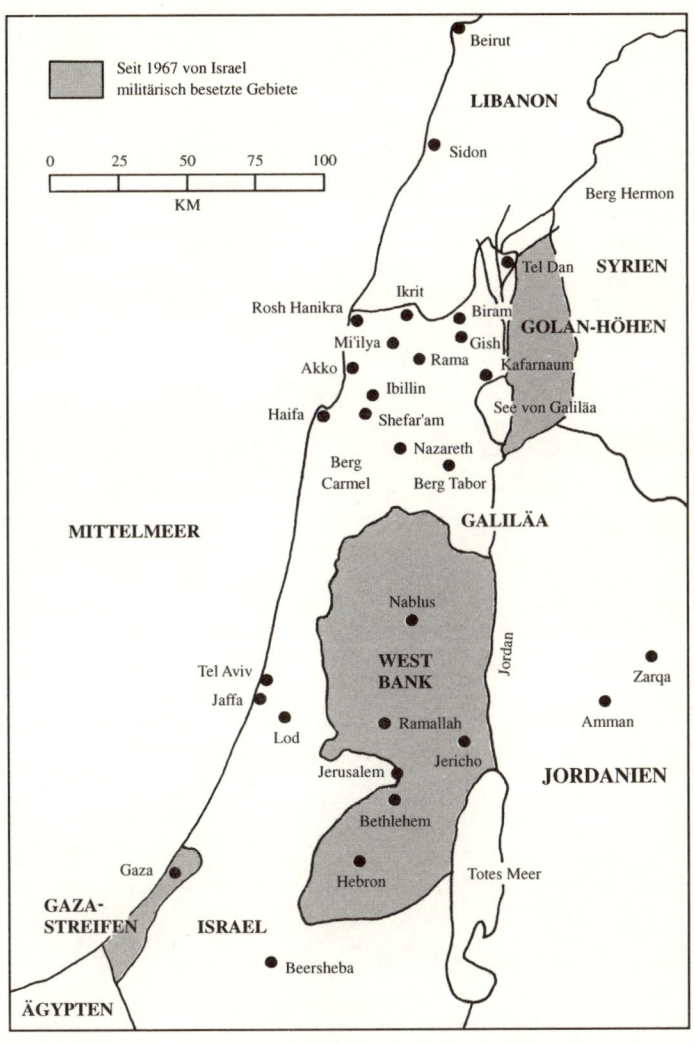

Seit 1967 von Israel
militärisch besetzte Gebiete

0   25   50   75   100
KM

Beirut

LIBANON

Sidon

Berg Hermon

Tel Dan   **SYRIEN**

Ikrit
Rosh Hanikra   Biram   **GOLAN-HÖHEN**
Mi'ilya   Gish
Akko   Rama   Kafarnaum
Ibillin
Haifa   Shefar'am   See von Galiläa
Berg   Nazareth
Carmel   Berg Tabor

MITTELMEER   **GALILÄA**

Nablus

Tel Aviv   **WEST**   Jordan   Zarqa
Jaffa   **BANK**
Lod   Ramallah   Amman
Jerusalem   Jericho   **JORDANIEN**
Bethlehem

Gaza   Hebron   Totes Meer

GAZA-
STREIFEN   **ISRAEL**

Beersheba

ÄGYPTEN

VORWORT ZUR DEUTSCHEN ÜBERSETZUNG

Der Palästinenser Elias Chacour beschreibt in diesem Buch das Leiden seines Volkes. Zur Befreiung aus diesem Leiden appelliert er in einem bewegenden Gebet[1] an Gott, den Vater von Juden und Christen; Juden und Palästinensern:

Bis wann bewahrst Du Dein Schweigen, Herr?
Was kündigst Du uns an für die Flüchtlingslager?
Wir sind wie Du am Kreuz geworden.
Wir rufen keine Enttäuschungen mehr hervor über unser beschlagnahmtes Land oder unsere niedergeschlagene Menschenwürde...
Und trotzdem revoltieren wir gegen das Statut als Flüchtlinge, Schutzlose, Gefangene, Sklaven...
Du willst doch, daß wir frei sind, denn Du hast uns als frei erschaffen...
Was uns schmerzt, uns entwürdigt und uns enttäuscht, ist die Tatsache, daß unser Bruder im Unglück uns soviel Unglück verursacht.
Herr, wir bitten Dich nicht so sehr darum, unsere Leiden abzuschaffen, als vielmehr darum, ihnen einen Sinn zu geben, einen erlösenden Sinn. Um was wir Dich aber bitten, Herr, ist der Mut und die Weisheit, unseren Henkern und Verfolgern zu verzeihen, und denen, die aus uns Palästinensern ein solch verachtenswertes Klischee gemacht haben, ähnlich demjenigen, das vor 50 Jahren aus unseren jüdischen Brüdern gemacht worden ist.
Die Zeit ist reif, Herr, daß Du Deine Gnade regnen läßt über das Heilige Land, damit seine Bewohner heilig werden.
Mit allen Glaubenden, erlauben wir uns, Herr, im Namen

der gekreuzigten Juden und Palästinenser, Dich »Vater« zu nennen: Vater unser, wir sind Deine Kinder, vereinige uns in Deinem Erbarmen.

Amen

Die Übersetzung dieses Buches brachte mir meine eigene Forschung über die drei palästinensischen Dörfer in Galiläa: Ibillīn – Mi'ilyā – Al-Ǧiš² wieder lebhaft in Erinnerung – die Menschen, die Orte, die schwierige Situation, das existentielle Landproblem und die Geschichte der Vertriebenen aus Biram und Ikrit. Ich bin keine Palästinenserin, sondern Deutsche. Nicht immer war ich mit dem, was ich übersetzt habe, auch einverstanden.

Wo das Zitieren meiner Arbeit notwendig wäre, ist dies in den Anmerkungen entsprechend angeführt.

Im 60. Jahr nach der Machtergreifung Hitlers

Herbst 1993

Ursula Schneider

Kapitel 1

STÄRKER ALS SELBST DER STURM

»Ihren Paß bitte«, sagte die israelische Polizistin und streckte mir ihre Hand entgegen, als ich inmitten einer Gruppe internationaler Fluggäste auf dem Flughafen Ben Gurion stand. Ich überreichte ihr meinen sorgsam verpackten Paß.

»Sie sind Araber?« fragte sie, während sie das Dokument prüfte. »Nicht nur Araber, sondern vor allem auch Palästinenser!« erwiderte ich betont. Die israelische Regierung und viele jüdische Israelis ziehen es vor, die Existenz eines palästinensischen Volkes nicht anzuerkennen. Deshalb ordnen sie Palästinenser lieber all denen zu, die Arabisch sprechen.

»Nehmen Sie Ihren Koffer und folgen Sie mir«, befahl die Polizistin und schlängelte sich durch die Passagiere und ihr Gepäck. Jedesmal, wenn ich in Israel ein- oder ausreise, mache ich die gleiche Erfahrung. Palästinenser, gleichgültig, ob sie israelische Staatsbürger oder Bewohner der besetzten Gebiete sind, werden automatisch einem geheimen Verhör und oft peinlich strengen Kontrollen unterzogen. Sie sind gefährlich und stellen eine Bedrohung für die Reisesicherheit und die Sicherheit Israels dar. Sicherheitsvorkehrungen sind wichtig für alle. Aber es ist nicht richtig, wenn eine Gruppe von Menschen in diesem Prozeß ständig gequält und gedemütigt wird. An diesem Frühlingstag im Jahre 1985 mußte ich zu einem Fernsehinterview nach London, aber damit rechnen, keine Ausreiseerlaubnis zu erhalten.

Schließlich kamen wir an einem separaten Teil des Flughafens an, wo schon andere Palästinenser warteten! Ein älteres Ehepaar stand vor seinen Koffern, die geöffnet auf einem Tisch lagen. Israelische Polizistinnen untersuchten jeden Gegenstand, schüttelten und tasteten Pullover, Socken, Unterwäsche ab, um darin Verstecktes herauszuholen. Die mit einem wunderbar bestickten Gewand bekleidete Frau sammelte schnell ihre persönlichen Kleidungsstücke wieder ein und versuchte derart, sie vor weiterem Zugriff zu schützen. Sie hielt ihr Haupt gesenkt, wobei ihr Gesicht fast durch den Faltenwurf ihres langen weißen Kopftuches verdeckt wurde. Das Gesicht ihres Mannes hatte unter seiner weißen Keffiyeh, der arabischen Kopfbedeckung, einen finsteren Ausdruck. Auch er versuchte, seine Habseligkeiten zusammenzuhalten, als sie auf dem Tisch aufgestapelt wurden.

Ein muskulös aussehender, junger Palästinenser, der geschäftsmäßig gekleidet war, wurde in eine kleine Kabine verwiesen. Er mochte ein Lehrer oder vielleicht auch ein Jurist sein. Als er sich zur Kabine begab, erkannte ich den Ausdruck von Pein und Demütigung in seinen Augen. Er wurde jetzt wohl aufgefordert sich auszuziehen, damit die Sicherheitspolizei seinen Körper sorgfältig untersuchen könnte. Höchstwahrscheinlich würde er auch eine Untersuchung der Körperhohlräume über sich ergehen lassen müssen. Die für solch eine Schmach vorgegebenen Gründe sind sowohl Flug- als auch Staatssicherheit. Palästinenser aber wissen genau, daß diese Behandlung sie in ihrem Stolz und in ihrer Seele treffen soll. Der junge Mann betrat die Kabine, und die Tür wurde alsdann geschlossen. Niemand wagte ein Wort zu sprechen. Spannung, Angst und Hoffnungslosigkeit lasten schwer auf uns. Die Polizistinnen durchsuchten nun das Handgepäck des älteren Ehepaares. Bald würden auch sie sich einer Leibesvisitation unterziehen müssen.

»Wie heißen Sie«, sprach ich die Polizistin auf Hebräisch an, die mich hierher geleitet hatte. »Mikki«, antwortete sie und blickte mich dabei vorsichtig an. Sie sah einen Priester mit schwarzem Haar, olivenfarbener Haut und mit einem vollen, graumelierten Bart vor sich stehen, der sie hinter seiner goldumrandeten Brille aus seinen dunkelbraunen Augen durchdringend anschaute.

»Mikki, können Sie sich vorstellen, was wir Palästinenser zueinander sagen werden, wenn wir von hier wieder entlassen sind? Wir werden uns traurig anschauen und sagen: ›Diese armen jüdischen Polizisten haben es nötig, uns zu demütigen, damit Sie sich mächtig und sicher fühlen können. Sie lehren uns, sie zu hassen; aber wir nehmen diese Lektion nicht an. Wissen Sie, warum nicht?‹« Sie starrte mich wie gebannt an und schüttelte beinahe unmerklich ihren Kopf. »Weil Haß verdirbt, Mikki, und wir nicht von Haß verdorben werden wollen. Wir lehnen es daher ab, auf Ihre Vorgehensweisen mit der gleichen Behandlung zu reagieren. Statt dessen werden wir eine gute Lösung finden, die uns von dieser Demütigung wieder befreit. Sie haben erfahren, was Demütigung und was Verfolgung bedeutet, es aber allzu schnell wieder vergessen.«

»Es ist nicht gut, naiv zu sein«, entgegnete die Polizistin, entzog sich meinem Blick und wandte sich ab. In ihren Augen sah ich Tränen schimmern.

»Sie haben sich nicht naiv oder schwach gezeigt, Mikki, sondern offen, aufrichtig und menschlich. Ich danke Ihnen für dieses Gefühl. Wann immer Sie nach Galiläa kommen, besuchen Sie mich. Ich werde mich freuen, Sie willkommen zu heißen.«

»Es tut mir wirklich leid«, sagte die Polizistin. »Aber ich mußte Ihren Paß meinem Chef aushändigen. Ich kann Sie jetzt nicht zu den anderen Passagieren zurückführen.« – »Gut, aber behalten Sie mich in Erinnerung.«

Einige Augenblicke später trat ein stämmiger, blonder Polizist auf mich zu, der meinen Paß in der Hand hielt. »Wie heißen Sie«, fragte er. Der schneidende, arrogante Tonfall seiner Stimme ließ mich bis aufs Mark erstarren. Ich hörte wieder die jüdischen Soldaten, die meine Familie und alle

15

Dorfbewohner aufgefordert hatten, unsere Häuser in Biram in Nordgaliläa zu verlassen, als ich acht Jahre alt war.[1] Der Tonfall beinhaltete: »Schmutziger, gefährlicher Palästinenser, der nicht als Mensch zählt.« Heute werden wir Palästinenser als schmutzig und gefährlich angesehen, genau wie der Vater dieses Polizisten vor ungefähr vierzig Jahren als »schmutziger Jude« bezeichnet wurde.

»Mein Name steht in meinem Paß zu lesen, den Sie in der Hand halten.«

»Ich kann kein Englisch lesen.«

»Es ist nicht Englisch, sondern Hebräisch.«

Jegliche Geschäftigkeiten in der kleinen Ecke hatten aufgehört. Palästinenser und Sicherheitspolizei standen wie festgefroren an ihrem Platz.

Der Polizist betrachtete mich mit noch größerer Feindseligkeit und sprach langsam und deutlich: »Ich will das aus Ihrem Mund hören.«

»Gut; ich bin Abuna Elias Chacour.« Abuna bedeutet »unser Vater« und ist die arabische Bezeichnung für einen Priester.

»Wie ist der Name Ihres Vaters?«

»Mein Vater heißt Mikhail.« Vaters freundliches und gütiges Gesicht tauchte vor meinen Augen auf. »Dieser Mann ist ein Kind Gottes«, würde Vater sagen. »Er ist sich seiner arroganten Selbstverteidigung nicht bewußt. Liebe ihn!« –

»Wo sind Sie geboren?«

»In Biram.« Ich spürte eine leichte Bewegung unter den Anwesenden. Denn die tragische Geschichte der beiden Dörfer Biram und Ikrit ebenso wie die Kämpfe der Dorfbewohner um Rückkehr in ihre Dörfer sind in Israel und auch den besetzten Gebieten sehr bekannt.[2]

»Und wo wurde Ihr Vater geboren?«

»In Biram.« Gott, hilf mir, diesen Mann zu lieben und verleih' mir die Weisheit, dabei die Wahrheit zu sprechen.

»Ihr Großvater?«

»In Biram.«

»Bis zu welcher Generation können Sie in Biram zurückgehen?«

Während der Sicherheitsbeamte mit meinem Paß leicht
auf seine Finger klopfte, sprach er mit scheinbarer Geduld
und Höflichkeit. Mein Kinn sprang ruckartig vor, so daß
mein Bart fast an das Gesicht des Beamten stieß. Das war
keine Frage der Sicherheit mehr. »Lassen Sie mich Ihnen
eine Geschichte erzählen«, sagte ich so laut, daß es jeder in
der Ecke verstehen konnte.

»Einer meiner Vorväter saß eines Tages unter einem Feigenbaum vor unserem Haus. Er aß genüßlich Feigen und
erfreute sich dabei am Lande seiner Ahnen, das Gott ihnen
gegeben hatte. Plötzlich sah er einen armen, abgerissenen
Fremden entlang des Weges kommen. Er war barfüßig,
staubbedeckt; müde, durstig und hungrig und sah ängstlich
aus. Mein Vorvater rief ihn an. Der Fremde kam heran; und
so erhielt er zu essen, zu trinken, dazu Kleidung und auch
einen Schlafplatz.«

Der Polizist schlug mit seinem Fuß ungeduldig auf den
Boden. Die Palästinenser schienen den Atem anzuhalten.
Jegliche Untersuchungsprozedur schien vergessen.

»Und dann, als der Fremde ausgeruht war und wieder
gehen wollte, fragte mein Vorvater ihn nach seinem Namen.
Er erfuhr, daß dieser Fremde ihr Vorvater Abraham aus dem
Irak, aus Mesopotamien war, ein Nichtjude in einem nicht-
jüdischen Volk.«

Die Palästinenser stießen einen kollektiven Seufzer aus.
Die Worte drückten aus, was jeder Palästinenser zutiefst
wußte und empfand: Dieses Land ist auch unser Land. Es
gehört auch uns, und unsere Vorväter sind schon seit Tausenden von Jahren im Lande Palästina gewesen. Diese Tatsache kann selbst der junge Staat Israel nicht wegwischen.

»Nehmen Sie Ihr Gepäck und gehen Sie!« brüllte der Polizist. »Ich will Sie hier nicht mehr sehen.«

»Bitte sehr, auf Wiedersehen!« Ich nahm meinen Koffer, ging zum Flugzeug und betete in der Hoffnung, daß die anderen Palästinenser nicht meinetwegen würden leiden müssen.

Dann ließ ich mich an meinem Fensterplatz in dem für London bestimmten Flugzeug nieder und schloß dankbar meine Augen. Mein Dorf Ibillin hatte ich sehr zeitig am Morgen verlassen, weil ich auf dem Weg zum Flughafen noch meinen Vater in Haifa hatte aufsuchen wollen. Er war 87 Jahre alt, zwar noch bei guter Gesundheit, wurde aber immer zerbrechlicher und durchsichtiger. Vater oder Abu Rudah (Vater von Rudah, seinem ältesten Sohn) hielt sich im kleinen Garten meiner Schwester Wardi auf, als ich eintraf.

»Wie geht es Dir, Vater?«

»Danke, gut, Gott sei Dank.« Vaters Keffiyeh schützte seine Augen vor der frühen Morgensonne. Er sah genauso aus, wie ich ihn von frühester Kindheit an kannte, nur daß mehr Runzeln sein wunderschönes Gesicht zeichneten. »Und Du, mein Sohn? Wie geht es Dir?«

»Danke, auch gut, Vater. In Ibillin habe ich viel zu tun, und heute reise ich ins Ausland. Ich bin unterwegs zum Flughafen, um nach London zu fliegen. Am späten Abend werde ich im Fernsehen sprechen.« Dann berichtete ich über die zehnteilige britische Fernsehserie mit dem Titel »Die Kriegsgötter«. Ich war eingeladen, um darin über »den Gott der Liebe« zu sprechen.

Vaters Augen glänzten. »Das ist ja ausgezeichnet! Du hast die Gelegenheit, vielen Menschen über Gottes Liebe zu uns in Jesus, unserem Weggefährten aus Galiläa, zu erzählen. Und vergiß nicht über die Tragödie von Biram zu berichten. Sag allen, daß wir Bewohner von Biram noch leben und nach Hause zurückwollen.«

»Ja, Vater, ich werde es ihnen mitteilen.«

Vater stieß mit seinem Spazierstock an eine umgefallene Tomatenstaude und warf mir einen zagenden Blick zu. »Ich habe mich gefragt, ob Du Neuigkeiten von Biram hast. Wird die Regierung uns die Erlaubnis erteilen, bald dorthin zurückzukehren? Wird sie uns dabei helfen, unsere Häuser wieder aufzubauen und unsere Oliven- und Feigenbäume wieder in Besitz zu nehmen? Werde ich in Biram, wo ich geboren bin, sterben können?«

Auf seine Fragen hin konnte ich nur den Kopf schütteln und seufzen. Als ich seinen zerbrechlichen Körper in meine Arme nahm, wünschte ich tief in meinem Herzen, ihn in sein wiederaufgebautes Heimatdorf Biram bringen zu können, ehe ich ihn auf dem dortigen Dorffriedhof würde begraben müssen. 1948 hatten jüdische Soldaten die Leute von Biram dazu verleitet, das Dorf zu verlassen. Sie täuschten einen imaginären Angriff vor und überreichten den Dorfbewohnern eine wertlose, schriftliche Rückkehrgarantie. Nach zwei Wochen Aufenthalt in den nahen Feldern erkannten wir, daß unser heimeliges, angenehmes Leben in Biram für immer vorbei war. Die Soldaten hatten unsere Häuser geplündert und unsere Vorräte zugrunde gerichtet. Fast alle Männer aus dem Dorfe wurden mit vorgehaltenem Gewehr auf Lastwagen zusammengetrieben und fortgebracht. Alle Leute, Frauen und Kinder blieben sich selbst überlassen. Einige flohen in den Libanon, andere in Nachbardörfer. Meine Mutter, meine Schwester Wardi, mein Bruder Atallah und ich gingen ins nahegelegene Dorf Gish. Vater und meine drei älteren Brüder kamen nach einigen Monaten zu Fuß über Jordanien, Syrien und den Libanon wieder zu uns zurück.

»Es tut mir leid, Vater«, sagte ich, als ich ihn wieder frei ließ. »Das Komitee für die Vertriebenen von Biram arbeitet intensiv daran, die israelische Regierung davon zu überzeugen, daß wir zumindest einen Teil unseres Landes einfordern und Biram darauf erbauen können. Das ist ein sehr mühseliger und langwieriger Prozeß. Wir haben keine Macht, nur das Rückkehrrecht, wie es uns vor Gericht zuerkannt worden ist.«

»Ich weiß es«, sagte Vater einfach, »ich weiß es. Aber es ist besser, im Recht zu sein, als die Macht zu haben, denn Macht führt zu Fehlverhalten. Macht erklärt das Recht zu Unrecht und das Unrecht zu Recht.« Er sann einen Moment lang nach und sprach dann nachdenklich: »Du wirst mich nach Biram zurücktragen, wenn ich sterbe, nicht wahr, mein Sohn? Ich möchte da begraben sein, wo Deine Mutter und meine Ahnen ruhen. Ich möchte mit ihnen zusammen die Auferstehung erwarten.«

»Gewiß doch, Vater. Ich selber werde Dich dorthin tragen.«

»Gut, gut. Aber wenn mein kühnster Wunsch sich erfüllt, werde ich lebend wieder nach Biram zurückgehen und unser Haus wiederaufbauen, das ich von meinen Vorvätern ererbt habe. Ich würde unter dem Feigenbaum vor unserem Haus sitzen, und sei es nur für einen Tag, und als ein glücklicher Mensch sterben.«

Biram war ein gänzlich christlich-palästinensisches Dorf gewesen. Das Zentrum unseres Lebens bildete dort die maronitische Kirche, die stolz »Notre Dame« genannt wurde. Unser Schulunterricht wurde in einem der Kirchenräume abgehalten. Nur etwa siebzig Leute im Dorf gehörten dem melkitisch-byzantinischen (griechisch-katholischen) Ritus an, darunter meine Familie. Unser Bischof hatte uns dem maronitischen Priester Abu Gid anvertraut. Jeder im Dorf wurde in unserer kleinen Kirche getauft und zu Grabe getragen. An Sonn- und Feiertagen fand dort die Liturgiefeier statt.[3]

Als ich vier und mein Bruder Atallah sechs Jahre alt war, entschieden unsere Eltern, daß es an der Zeit war, uns taufen zu lassen. Atallah wurde ordnungsgemäß mit Öl gesalbt und in Wasser getaucht. Kaum aber war ich gesalbt, rannte ich aus der Kirche und versteckte mich in einem Kaninchenloch bei einem Holzhaufen. Ich wollte nicht ausgezogen und unter Wasser getaucht werden. Die Dämmerung war schon weit fortgeschritten, als Mutter mich schließlich überzeugen konnte, daß ich vor der Taufe sicher war. Mehr als ein Jahr neckte mich meine Familie, daß ich nur zur Hälfte Christ und zur anderen gar nichts sei. Jedoch eines Tages, im Alter von fünf Jahren, willigte ich dann ruhig ein, mich taufen zu lassen, allerdings unter der Bedingung, daß ich nicht ausgezogen werden würde.

Jahre danach, bevor ich im Pariser Seminar zum Diakon geweiht wurde, entschloß ich mich, meinem treuen Freund, dem Oberen des Seminars, ein Problem mitzuteilen.

»Vater Longère, ich weiß, daß es merkwürdig klingt, aber ich muß Ihnen mitteilen, daß ich zwar getauft, nicht aber gefirmt worden bin.«

»Wie das?« fragte er erstaunt, »das ist doch unmöglich. Sie erhielten nicht den Heiligen Geist?«

»Ich habe den Heiligen Geist, Vater«, erwiderte ich, »oder vielmehr der Heilige Geist hat von mir Besitz ergriffen. Aber gefirmt wurde ich tatsächlich nicht.« Ich erläuterte ihm, wie ich in der langen Geschichte um Biram und Gish und in der dadurch verursachten Zeit der Zerrüttung das Alter von Vierzehn überschritt, ohne gefirmt zu werden.

Vater Longère eröffnete Kardinal Feltin, dem damaligen Erzbischof von Paris, meine Geschichte. Innerhalb weniger Tage firmte mich Kardinal Feltin selbst. Und so kam es, daß ich in einer maronitischen Kirche getauft, von einem römisch-katholischen Kardinal gefirmt und zum melkitischen Priester geweiht wurde.

Fast den ganzen Weg nach London schlief ich. Ich wachte erst wieder auf, als der Flugbegleiter uns aufforderte, uns vor der Landung anzuschnallen. Ich konnte durch die Wolken die englische Küste und grüne Felder erkennen. Wie nur konnte dieses schöne Land 1917 die Rechte und Nöte des palästinensischen Volkes so schnöde mißachten, fragte ich mich. In jenem Jahr wurde in der Balfour-Erklärung Großbritanniens Unterstützung einer jüdischen Heimatstätte in Palästina garantiert. Wenngleich auch dieselbe Erklärung festlegte, daß die autochthone Bevölkerung nicht ihre Rechte verlieren sollte, wurde dies einfach nicht beachtet. Die Balfour-Erklärung diente später dazu, den Vorschlag der Vereinten Nationen von 1947, Palästina zwischen Juden und Palästinensern aufzuteilen, zu untermauern. All dies wurde ohne uns Palästinenser, die wir seit Tausenden von Jahren im Lande waren, entschieden. Und dann kamen jüdische Soldaten mit Gewehren und zwangen meine Familie, Biram zu verlassen.

In London gab mir der BBC-Fernsehmoderator Gelegenheit, über meinen Weggefährten in Galiläa, Jesus Christus, und über das palästinensische Volk zu erzählen. Am Ende der dafür vorgesehenen Stunde stellte er mir eine faszinierende Frage: »Nun, Father Chacour, mich wundert es, wie Sie als palästinensischer Christ an einen jüdischen Christus glauben können.«

Ich sah wieder den arroganten Sicherheitsbeamten im Flughafen und mein Heimatdorf Biram. Ich sah meine melkitische Gemeinde in Ibillin. Jedoch über allem sah ich Jesus, wie er lächelnd über die galiläischen Hügel schritt und mir geradewegs entgegenkam.

»Es ist für uns ebenso leicht, an unseren jüdischen Christus zu glauben, wie für Juden an ihren irakisch-mesopotamischen, nicht-jüdischen Vater Abraham«, antwortete ich. »Abraham hat niemals geleugnet, daß er Nichtjude war und aus einem nichtjüdischen Volk stammte, also Ausländer und Fremder war. Aber er setzte einen Neubeginn. Wenn schon ein wahrer Sünder wie Abraham, ein irakischer Nichtjude, zu einem Neuanfang werden konnte, um wieviel mehr vermochte dann mein Herr Jesus Christus etwas völlig Neues zu werden; ohne das Alte zu verwerfen, bewegte er es jedoch dazu, neu zu werden.«

Im Anschluß an mein Interview kam ich mit dem BBC-Personal zusammen.

»Woher kommen Sie, Father?« wollte ein Kameramann wissen.

»Ich komme aus einem kleinen Dorf in Israel, das Ibillin heißt.«

»Ist das wahr? Ich habe nie davon gehört.«

»Das wundert mich nicht. Ibillin liegt auf einem Hügel. Wir können von dort aus den Karmel, Haifa, Akko, das Mittelmeer und sogar die libanesische Grenze sehen.«

»Das hört sich nach einem Urlaubsort an, Father!«

Bei dem Gedanken mußte ich lachen: Ibillin – ein Urlaubsort? Wohl kaum. Aber für mich war dort jedes Haus, jeder Platz und jede Straße sehr schön. Diese Schönheit wohnte in den Menschen selbst. Jedoch hatte ich dies nicht sofort entdeckt, als ich 1965 nach Ibillin kam.

KAPITEL 2

SIE SIND HIER NICHT ERWÜNSCHT!

»Und wo liegt nun das Dorf Ibillin, Bischof Hakim?« wollte ich von ihm erfahren. Ich saß in dem gut ausgestatteten Büro des melkitischen Erzbischofs der Diözese Akko, Nazareth, Haifa und ganz Galiläas und erfuhr von meiner ersten Aufgabe als Neupriester.

»Das ist nicht weit von hier, Elias«, sagte der Bischof und deutete mit der Hand vage nach Osten. »In Ibillin gibt es eine kleine melkitische Gemeinde. Aber um ehrlich zu sein, es mag sein, daß es nicht das Richtige für Dich ist.«

»Ich brenne darauf, es zu versuchen, Herr Bischof. Sobald wie möglich möchte ich mit der Arbeit in meiner Gemeinde beginnen.«

»Geh einen Monat nach Ibillin. Entweder es gefällt Dir, und Du bleibst dort. Oder aber es sagt Dir nicht zu. In dem Fall finden wir einen anderen Ort für Dich. Und vergiß nicht, Elias, daß diese Aufgabe nur vorübergehend für einen Monat gedacht ist.«

Die melkitische Kirche trägt viele Namen. Einige bezeichnen sie als griechisch-katholische Kirche, andere als unierte Kirche, und wir selber nennen uns die melkitisch-katholische Kirche. Wir sind mit Rom vereint.

Das Wort melkitisch geht auf das 11. Jahrhundert zurück, als der Kaiser von Konstantinopel sich mit dem Papst in Rom gegen den Patriarchen von Konstantinopel verbündete. Die Gefolgsleute des Kaisers hießen »Royalisten«. Malech im Arabischen wurde zu Melkitisch, was »royalistisch« beinhaltet und den Anhänger kennzeichnet, der treu dem König folgt.

Die melkitisch-katholische Kirche hat den gleichen Kanon und die gleiche alte byzantinische Theologie und Liturgie, die gleichen Disziplinen und Traditionen wie die griechisch-orthodoxe Kirche.

Ich verließ Haifa am 15. August 1965 frühmorgens, um zum Dorf Ibillin zu fahren. Es war Mariä Himmelfahrt, und die melkitische Gemeinde würde von mir erwarten, daß ich als meine erste priesterliche Handlung die Liturgie feierte.

Obgleich Ibillin nur 30 Minuten von Haifa entfernt ist, brauchte ich zwei Stunden, um dorthin zu gelangen. Ein trampender Soldat lotste mich zu seinem eigenen Ziel in Ostgaliläa, gab aber vor, es läge nahe bei Ibillin. Nur dank der freundlichen Hilfe eines Tankwartes konnte ich denselben Weg zurückfahren und schließlich nach Ibillin gelangen.

Endlich fuhr ich auf einer engen, steinigen, gewundenen Straße zwischen flachdachigen Betonhäusern und Geschäften den Hügel von Ibillin hinauf. Neugierige Männer, Frauen und Kinder schauten auf diesen fremden Priester in seinem weißen Volkswagen, der langsam durch das Dorf holperte. Ich lächelte und winkte ihnen zu, wenn ich es wagen konnte, die Hand vom Lenkrad zu nehmen.

Auf dem Scheitel des Hügels sah ich eine große Kirche aus Stein, die auf einem leeren Grundstück stand. Ich parkte vor einem Gebäude, das der Kirche am nächsten war.

»Wer sind Sie?« ertönte eine laute Stimme. »Was wollen Sie hier?« Ein finster blickender Mann um die Vierzig hinderte mich daran, aus meinem Auto zu steigen. »Ich bin Abuna Elias Chacour. Der Bischof sendet mich als Priester zu Ihnen.« Wer war dieser zornige Mann? Warum sprach er mich so an?

»Ich weiß, daß er Sie hierhergeschickt hat. Gehen Sie zu ihm zurück und teilen Sie ihm mit, daß wir Sie hier nicht wollen.«

»Aber warum nicht?«

»Bringen Sie zuerst zurück, was Sie aus der Kirche gestohlen haben, dann werden wir Sie hier akzeptieren.«

Ich war verblüfft. Wovon sprach dieser Mann? »Aber mein Herr, ich komme zum allerersten Mal nach Ibillin. Ich bin ein frisch geweihter Priester. Ich habe noch keine Zeit zum Stehlen gehabt.«

»Das ist mir egal«, sagte der Mann und machte keine Anstalten zu gehen. »Scheren Sie sich weg.«

Ich öffnete entschlossen die Wagentür und stieß ihn beiseite, damit ich aussteigen konnte. »Nun«, sagte ich, »warum beten wir nicht miteinander? Herr, hilf uns, einander anzunehmen und nicht zu beschuldigen, ohne der Schuld sicher zu sein. Hilf uns, daß wir uns nicht gegenseitig richten.« Dann betete ich für die Gemeinde und für die Kirche. Als ich geendet hatte, seufzte der Mann, in dem ich nun den Gemeindevorsteher erkannte, und wurde ein bißchen milder.

»Sie wollen beten? Gut. Wir warten in der Kirche auf Sie.«

Ich fühlte mich erleichtert und langte nach meinen Kleidungsstücken sowie dem kleinen Koffer im Auto.

»Aber die Kirche ist total leer«, betonte der Mann. »Der andere Priester hat alles mitgenommen.«

Der Vorsteher hatte Recht. Außer den alten Bänken und dem Altar aus Stein war das Heiligtum ohne jedwede Ausstattungsgegenstände. Etwa fünfzig Männer, Frauen und Kinder sahen schweigend zu, wie ich die Kirche betrat und langsam nach vorn schritt. Diese Leute bildeten die lebendigen Steine meiner Gemeinde, die Gemeinschaft der Gläubigen. Ich nickte ihnen zu und versuchte zu lächeln, spürte aber meine Angst. Die Atmosphäre war kalt und abschreckend.

Die Ikonostase oder Mauer, die den Altarraum von der Gemeinde trennte, war sehr schlicht und besaß drei überwölbte Zugänge. Zu beiden Seiten des größten, mittleren Bogenganges waren zwei Ikonen auf die Wand gemalt. Das rechte Bild stellte Jesus dar, der die Weltkugel in der linken Hand hält und seine rechte Hand zum Segen erhebt. Das linke Bild zeigte die Jungfrau Maria, die ihr Kind, Christus, der Welt reicht. Durch den mittleren Bogengang konnte ich den viereckigen Altar sehen, auf dem nur eine Flasche Wein und ein Laib Brot waren.

Mit Ausnahme des Altars war der Raum hinter der Ikonostase ebenfalls leer. Es gab an der Seite keine Tische, z. B. für die Bereitung von Brot und Wein, kein Kreuz und keine Kerzenständer. Es gab auch keine Vorhänge, die man vor den Bogengängen hätte zuziehen können. Die Leute beobachteten jede meiner Bewegungen, während ich meine Gewänder anzog und bei jedem die stillen Gebete sprach. Wie lang mochte es her sein, daß sie einen Priester gehabt hatten, dachte ich mir. Hatte der letzte das ganze Mobiliar mitgenommen? Warum hatte der Bischof nichts davon gesagt? Wußte der Bischof überhaupt von den Problemen, die hier bestanden?

Ich begann, die Liturgie zu singen. Nur ein einziger alter Mann in der Gemeinde, Abu Jirius, sang die Antworten. Alle anderen schauten nur und hörten zu. Wenige empfingen die Eucharistie. Nach der Liturgie trieb der Vorsteher die Leute hinaus, und ich bekam kaum Gelegenheit, mit jemandem zu reden. Alle schienen den zornigen Mann zu fürchten.

»Ich bin hier für alles verantwortlich«, informierte mich der Vorsteher, als ich meinen Meßkoffer wieder packte. »Es gehört zu meinen Aufgaben, die Kirche, das Pfarrhaus und die Ländereien zu überwachen, welche die Kirche besitzt.«

»Ich würde jetzt gern das Pfarrhaus besichtigen«, sagte ich zu ihm. Ich war entschlossen, mich nicht von ihm einschüchtern zu lassen. »Ich möchte mich hier einrichten, damit ich mit meiner Arbeit unter den Leuten anfangen kann.«

Das Pfarrhaus, jenes kleine Gebäude an der Kirche, befand sich in einem schrecklichen Zustand. Selbst die Türen fehlten. Der Vorsteher zeigte auf den ersten Durchgang:

»Das ist Ihr Schlafzimmer.« Als ich eintrat, sah ich ein wüstes, schmutziges Durcheinander von Plunder und zerbrochenem Geschirr auf dem Betonfußboden herumliegen. In einer Ecke lag ein alter Bettrahmen, darauf eine schmutzige, verschlissene Matratze. An einer Seite stand ein alter Tisch voll von angehäuftem Unrat. Zerbrochene Stühle waren über den Raum verteilt. »Jetzt zeige ich Ihnen die Küche«, rief der Vorsteher von draußen. Zögernd spähte ich in den zweiten, kleinen Raum. Abfall, schmutzige, verkrustete Teller und Kochtöpfe lagen verstreut umher. Ein einziger Wasserhahn trat aus der Wand hervor. An einer Seite befand sich ein sehr alter Gaskocher. Er war unbeschreiblich schmutzig.

»Es gibt weder Gas noch Elektrizität«, sagte der Vorsteher und forderte mich auf, nach draußen zu gehen. »Und es gibt auch keine Toilette.« Er wies auf herumliegende Abfälle, einige Meter vom Pfarrhaus entfernt. »Das war die Toilette, aber der Priester ebnete sie mit einer Planierraupe ein. Dann verließ er uns und nahm unseren ganzen Kirchenschmuck und auch das Mobiliar mit. Wenn Sie bleiben wollen, müssen Sie das Beste daraus machen. Ist es Ihnen so recht?«

Nie zuvor hatte ich solch eine Verwahrlosung gesehen. In Biram hatten wir gewiß primitiv gelebt, aber mit Liebe und Achtung für das Dorf gesorgt. Nun hatte ich sechs Jahre Paris hinter mir, wo wir Seminaristen wie kleine Könige an der wunderbaren Universität St. Sulpice, dem Institut Catholique und der Sorbonne gelebt hatten. Ich hatte das Leben in Paris genossen. Jetzt schien ich das leere Nichts des Pfarrhauses in diesem Dorf aushalten zu müssen.

»Wie ist es?« wollte der Vorsteher ungeduldig wissen. »Ist es Ihnen so recht oder paßt es Ihnen nicht?« Ich konnte mir unschwer vorstellen, daß er begierig war, jedermann erzählen zu können, ich hätte aufgegeben und sei wieder fortgefahren.

»Mein Gott, Elias«, sprach ich mir selber Mut zu. »Es ist ja nur für einen Monat. Du wirst Dir behelfen können und gewiß überleben.«

Ich wandte mich dem Vorsteher zu, der schon seinen Sieg auszukosten schien! »Es ist mir so recht«, sagte ich zu ihm, »und gut genug. Ich werde bleiben.«

Erst war es eine Anstrengung, Ibillin überhaupt zu finden, und jetzt bedeutete es einen Kampf, dort bleiben zu können. Diese Gedanken erwog ich bei mir, als ich eines Abends auf den Kirchplatz schritt. Nun war ich schon fast einen Monat im Dorf, aber wurde immer noch weitgehend von den Leuten ignoriert. Geschah dies aus Unbedachtheit oder Unerfahrenheit? Ich konnte es mir nicht erklären.

Der Vorsteher belästigte mich jeden Tag mit Kleinigkeiten. Es war mir klar, daß er seine selbsternannte Macht über mich ausübte. Obwohl ich seine Position respektierte, ärgerte ich mich über seine Einmischungen in meine pastorale Arbeit.

Die Liturgiefeiern waren trostlos. Nur etwa zwanzig Leute nahmen an Sonntagen daran teil. War Abu Jirius nicht da, mußte ich die ganze Liturgie allein singen. Das war nicht nur anstrengend für mich, sondern ließ auch die Gläubigen die Fülle der göttlichen Gnade nicht ganzheitlich erfahren. Weiterhin empfing nur eine Handvoll von Leuten die Kommunion, und der Rest mißachtete meine Einladungen, daran doch teilzunehmen.

Ich war verzweifelt bemüht, mich den armen Lebensbedingungen anzupassen. Besonders schwierig war das Nichtvorhandensein einer Toilette oder gar Badegelegenheit. Während sich die Dorfbewohner ungeniert unter Bäumen oder hinter Felsen erleichtern konnten, war das für mich unmöglich. Ich war dazu übergegangen, Fremde im Dorf um Erlaubnis zu bitten, ihre Toilette benutzen zu dürfen. Aber das war lästig und nicht zuletzt unangenehm.

Nachdem ich das Schlimmste an Müll und Schmutz in meinem Schlafzimmer und gleichzeitigem Büroraum beseitigt und das unzumutbare, schmutzige Bettgestell weggeworfen hatte, legte ich die auseinanderfallende, schmutzige Matratze direkt auf den Fußboden. Mit den zwei Decken, die ich mitgebracht hatte, gelang es mir, eine Schlafstatt herzurichten. In manchen Nächten zog ich es jedoch vor, mich auf dem Rücksitz meines Autos auszustrecken. An Schlafen war wegen des harten Fußbodens oder des engen Volkswagens, der ständigen Anwesenheit von Insekten, meiner fürchterlichen Einsamkeit und meines Kummers gar nicht zu denken. Von Paris nach Ibillin – das war ein zu gewaltiger Bruch für mich.

Und was für einen Hunger hatte ich! Bis jetzt hatte ich noch kein Gehalt vom Bischof erhalten. Und was ich an Geld dabei hatte, war schon aufgebraucht. Ich hatte angenommen, daß die Gastfreundschaft der melkitischen Gemeinde gegenüber ihrem neuen Priester Mahlzeiten einschließen würde, aber alle schienen keine Notiz von mir nehmen zu wollen. In meiner vierten Woche in Ibillin hatte ich nur zweimal kräftige Mahlzeiten zu mir genommen. Selbst die Reste des Kommunionbrotes waren aufgebraucht. Bald würde ich in den Feldern und Obstgärten nach Nahrung suchen müssen.

»Gott, wo bist du?« fragte ich im Zorn. »Wie konntest du mich in eine so schlimme Lage bringen? Die meisten Leute wollen nicht einmal mit mir reden. Wie soll ich ihr Priester sein, ihnen deine Liebe, Vergebung und Barmherzigkeit zeigen, wenn ich nicht einmal mit ihnen reden kann? Wie soll ich weiterarbeiten, wenn ich weder schlafe noch esse, mein armer Rücken und meine Muskeln ständig weh tun, und meine Augen von Benzin und Kerzenrauch brennen? Ich fühle mich außerdem total allein und verlassen in diesem Dorf.«

Ich stolperte zu den Stufen der Kirche und setzte mich darauf nieder, kreuzte meine Arme auf meinen Knien und vergrub meinen Kopf. Warum zeigt mein eigener Bischof kein Interesse an mir? Der saß in seinem bequemen Palast in Haifa – und ich war meinem Elend überlassen, Priester zu sein an diesem Ort, zu dem er mich gesandt hatte. Tränen schossen aus meinen Augen und ließen meinen dichten, schwarzen Bart feucht werden. Erst vor zwei Monaten war ich in Nazareth zusammen mit meinem Freund und Klassenkameraden Faraj zum Priester geweiht worden. Wir hatten uns in der bischöflichen Schule in Haifa kennengelernt, als wir zwölf Jahre alt waren.

Während unseres gemeinsamen Studiums in Paris sprachen wir oft darüber, wie wir unser Priestertum leben würden und kamen überein, niemals andere auszubeuten, Sakramente zu verkaufen oder materiellen Gewinn für uns selbst zu erstreben. Daß unsere Kirche in Palästina überlebt hatte, war, wie wir wußten, ein göttliches Wunder, und wir sahen unsere Aufgabe darin, Gottes Liebe zu lehren und dabei unsere Gläubigen, die als Christen geboren waren, davon zu überzeugen, dieses Christentum mit Bedeutung zu füllen.

Faraj und ich waren seit sechsundzwanzig Jahren die ersten Priester, die in der melkitischen Diözese Galiläas geweiht worden waren. 1947 und 1948 wurde die Christliche Gemeinschaft auseinandergerissen, weil die Palästinenser innerhalb Israels und den umliegenden arabischen Ländern zu Flüchtlingen wurden. Schätzungsweise 390 000 Christen waren verängstigt aus Galiläa geflohen, einschließlich des melkitischen Bischofs und etlicher Priester, so daß die restlichen Christen sich selbst ohne Seelsorger überlassen waren.[1]

Da es nach der Errichtung des Staates Israel für arabische Priester unmöglich war, ins Land zu gelangen, waren wir in unseren Dörfern uns selbst überlassen. Unsere Ordination bedeutete also eine Wiedergeburt christlicher Hoffnung im Heiligen Land. Bischof Hakim lud alle melkitischen Christen Galiläas, die gesamte Hierarchie der anderen christlichen Glaubensgemeinschaften und die diplomatischen Repräsentanten ein, der Weihe in der St. Josefskirche im griechisch-katholischen Seminar in Nazareth beizuwohnen.

Ich stellte mir vor meiner Weihe viele Fragen. Traf ich die richtige Entscheidung? War ich einer Ordination würdig? Mit fünfundzwanzig Jahren tat ich damit einen Schritt, der nicht zurückgenommen werden konnte. In vielen Gebeten hatte ich Gott versprochen, daß ich weder mein Priestertum noch mich selber verraten würde.

Am 24. Juli 1965 konnte die Kirche die vielen Menschen nicht fassen, unter ihnen meine eigene Familie, mit Ausnahme meines Bruders Chacour, der 1961 während meines Aufenthaltes in Paris gestorben war. Viele Verwandte und Freunde waren da, auch Father Longère und vierzig andere Gäste, die den weiten Weg aus Frankreich hierher gemacht hatten. Meine beiden Priesterzeugen standen jeweils an meiner Seite, legten ihre Hände auf meine Schultern und sagten laut: »Der Diener Gottes, Elias, ist zum Priester berufen und er ersucht Eure Exzellenz, den Erzbischof von Galiläa, darum, ihm das Sakrament des Priestertums zu spenden.«

Dann führten sie mich zum Altar, dessen vier Ecken ich dreimal küßte, um meine Befolgung des Evangeliums Jesu Christi damit zum Ausdruck zu bringen. Ich kniete mich vor den Altar und lehnte meine Stirn an den kalten Stein. Ich spürte meinen Pulsschlag. Dann legte der Bischof seine Hand auf mein Haupt. Sie war schwer, aber liebevoll.

»Die Kraft des Heiligen Geistes, die jede Sünde vergibt und jede Schwachheit mit Stärke erfüllt, wird den Diener Gottes, Elias, befähigen, Priester des allmächtigen Gottes zu werden und der Kirche an den Altären Galiläas zu dienen«, intonierte der Bischof. Dann kleidete mich der Bischof von der Altarseite aus in meine priesterlichen Gewänder. Bei jedem Kleidungsstück rief er auf Griechisch aus: »Axios, axios, axios. Er ist würdig, er ist würdig, er ist würdig!«

Wieder durchschritt ich den Kirchplatz. War ich wirklich würdig? Hier litt ich in Ibillin und fragte mich, ob ich hierher gehörte, da ich mich doch gänzlich verloren fühlte und mich selber bemitleidete. War es das, Gottes Ruf würdig zu sein? Jüngst hatte ich auch den Schmerz des früheren Priesters zu verstehen begonnen, den dieser verspürt haben mußte. Wieviele Priester litten, wie ich es tat? War dieses Würdigsein mit Leiden verbunden? War es das, was Priestersein ausmachte? Gott, ich bin schon einen Monat in Ibillin. Willst Du, daß ich bleibe und in diesem Prozeß umkomme? Oder willst Du, daß ich zum Bischof gehe und um eine andere Pfarrgemeinde bitte? Ich schwieg, starrte in die Dunkelheit, erschöpft und wie ausgelaugt von der emotionalen Anspannung.

Nach einer ganzen Weile wickelte ich mich in eine Decke und legte mich auf meine Matte nieder. Wie schwebend und mich treiben lassend war ich wieder ein Kind in Biram, schlief Seite an Seite mit meinen Geschwistern auf dem Boden, an jedem Ende ein Elternteil, die darauf achtgaben, daß wir zugedeckt blieben.

Mutter erzählte uns Jesu Gleichnis von einem Mann, der genauso mit seiner Frau und seinen Kindern schlief. Ein Freund im Dorf kam gegen Mitternacht und bat um Brot für einen Gast. »Stör mich nicht«, entgegnete der Mann. »Die Tür ist geschlossen, und meine Kinder liegen bei mir im Bett. Ich kann nicht aufstehen, um Dir etwas zu geben.« Er wußte, daß die ganze Familie aufwachen würde, wenn eine Person aufstand. Aber da das Pochen an der Tür nicht aufhörte, gab der Mann dem Störenfried schließlich Brot. Mutter sagte zu uns: »Wenn Ihr etwas braucht, Kinder, sagt es Eurem himmlischen Vater, seid nicht ängstlich und laßt nicht nach. Müssen wir nicht manches Mal mit Gott streiten und ihm klarmachen, wie verärgert wir über das sind, was passiert, daß der Sturm so gewaltig ist und Gott etwas tun soll? Und wenn Ihr manchmal zornig auf Gott seid, dann heißt das nicht, daß Ihr Gott nicht liebt oder Gott Euch nicht, Kinder. Ihr seid dem am meisten böse, den Ihr am meisten liebt. So erzählt Gott einfach, was Ihr empfindet und was Ihr braucht. Habt keine Angst. Dann vertraut Gott und befolgt seinen Willen.«

Physischer Schmerz und Hunger weckten mich. Was soll ich an diesem Ort, Herr? Wie kann ich meine melkitische Gemeinde erreichen? Was würde geschehen, fragte ich mich, wenn ich anfinge, meine Einsamkeit mit Menschen zu bevölkern, wenn ich mein eigenes Leben, Herz, meinen Verstand und meine Augen für andere öffnete? Wenn ich begänne, an ihren Türen zu klopfen, sie in ihren Häusern besuchte, ihnen alles böte, was ich zu geben habe – mich selbst und die grenzenlose Liebe Gottes? Schläfrig starrte ich nach draußen auf den monderleuchteten Kirchplatz. »Bevor die Kälteperiode einsetzt, werde ich eine Tür machen«, versprach ich mir selber, »eine Tür, die ich schließen kann.«

Plötzlich saß ich aufrecht auf der Matte, hellwach. Eine offene Tür! Zwei offene Türen? Das ist es! Das Haus wird ein offenes Haus werden. Ich werde jeden einladen, den ich besuche. Mit der Hilfe Gottes werde ich die Einsamkeit ersetzen durch Verzicht auf Privatleben, die Kommunikationslosigkeit durch Gespräch und Lachen, Furcht und Mißtrauen durch Hoffnung und Liebe. In jedem Augenblick sollen hier Menschen sein, die leben, miteinander reden und etwas zusammen tun. Morgen werde ich mit den Besuchen beginnen, gelobte ich, als ich mich wieder hinlegte und der Türöffnung zulächelte, die ein solches Versprechen versinnbildlichte.

Kapitel 3

DER BAUM SOLL AM LEBEN BLEIBEN

»Was soll das denn?« fragte der Gemeindevorsteher und zeigte auf eine gesunde, kräftige Pflanze, die am Rande des Kirchplatzes wuchs. Er war mit zwei weiteren Männern erschienen, um das Kircheneigentum zu inspizieren, und ich begleitete sie. »Das ist ein Weinstock, mein Freund«, entgegnete ich sanft.

Der Gemeindevorsteher zog die Augenbrauen unwirsch zusammen und sagte: »Das ist eher ein Weinbaum, Abuna. Halten Sie mich nicht für so dumm! Ich will wissen, wie der hierher gekommen ist, und was das hier überhaupt soll.« Ich stellte mich breitbeinig hin und verschränkte die Arme auf der Brust. Jetzt war der Augenblick der Wahrheit gekommen: »Dieser Weinbaum ist Habibs wunderschönes Geschenk für mich.«

»Was höre ich? Sie lassen diesen Außenseiter, diesen Kommunisten, diesen Verräter hier auf das Grundstück? Sie lassen sogar zu, daß er hier einen Weinbaum einpflanzt. Was fällt Ihnen überhaupt ein?« zischte der Mann zornentbrannt.

»Habib wollte mir nur ein Geschenk machen. Ich finde, das ist eine schöne Geste.«

»Nein, das ist geradezu schrecklich«, schrie der Gemeindevorsteher empört. »Er hat auf diesem Grundstück nichts zu suchen: er lief zur griechisch-orthodoxen Kirche über. Zuerst wird er die Früchte für sich beanspruchen und dann seinen Anspruch auf unser Kirchenland erheben. Das ist ein verdammter Kommunist. Und unser Bischof hat ihn exkommuniziert.«

»Sachte, mein teurer Herr Gemeindevorsteher! Habib wird weder je die Früchte noch das Kirchenland verlangen. Er möchte mir nur die Weintrauben zum Zeichen seiner Freundschaft schenken.«

»Sie kennen Habib nicht. Ich bestehe darauf, daß Sie sofort diesen Baum ausreißen.« Der Gemeindevorsteher blickte die beiden anderen Männer verständnisheischend an, und diese nickten. Ich mußte einsehen, daß dieser Mann aufgrund seiner persönlichen Blindheit, Bitterkeit und seines Zornes fest entschlossen war, den Baum zu zerstören, damit gleichzeitig aber auch jedwede Hoffnung auf Versöhnung mit Habib zerschlug. Jedoch war ich ebenso fest entschlossen, Habib zum Freund zu haben. Er wohnte Tür an Tür mit uns und war unser Nachbar im Norden der Kirche. Ich hielt ihn für einen freundlichen, liebenswürdigen und gottesfürchtigen Menschen. »Nein, mein Herr. Ich werde den Weinbaum nicht zerstören«, sagte ich. »Dieser Baum wird am Leben bleiben.«

»Abuna, entweder Sie reißen diesen Baum aus oder Sie werden aus dem Dorf rausgeschmissen. Ich hoffe, Sie haben mich verstanden?«

Wir starrten einander an, und er wartete auf meine Antwort. Was sollte ich diesem armen, sturen Kerl erwidern? Wie konnte ich ihn dazu bewegen, Habibs Geschenk zu akzeptieren, so daß der Weinbaum unbeschadet blieb? Wie konnte diese mißliche Situation friedlich und versöhnlich zum Guten gewendet werden?

Monate vor dieser Konfrontation war ich an jenem Morgen nach der Entscheidung, mein Leben den Menschen von Ibillin zu öffnen, früh aufgewacht. Ich hatte um neun Uhr mit meinen Hausbesuchen begonnen. An jenem Nachmittag um fünf Uhr verließ ich das achte Haus.

»Bitte sehr«, forderte ich nun Umm Khalil auf, »sagen Sie doch Abu Khalil, daß er mich im Pfarrhaus besuchen soll.

Und ich würde mich sehr freuen, wenn Sie und die Kinder mich auch besuchen kämen. Denken Sie daran, wenn Sie ein Licht am Fenster sehen, wissen Sie, daß ich zu Hause bin und auf Sie alle warte.«

Ich winkte und ging die staubige, steinige Straße zum Pfarrhaus weiter. Mein Magen protestierte gegen die Flut von Kaffee, die ich in mich aufgenommen hatte, aber mein Herz war leicht. Ich hatte es getan! Ich hatte einfach angefangen, an den Türen im Dorf anzuklopfen, und mich selber vorgestellt. Keine einzige Tür war vor meiner Nase zugeschlagen worden. Da die Männer bei der Arbeit waren, hatte ich meistens Frauen und Kinder besucht. Ich hatte ihre scheuen Fragen beantwortet und ihnen von meinem Gefährten und mir selber erzählt. Dann lud ich sie und ihre Männer ein, die Kirche und mich zu besuchen. Nur die Zeit würde zeigen, ob sie die Einladungen annähmen. Aber ich war an jenem Morgen mit dem Entschluß aufgewacht, Menschen in meinen beiden Räumen zu haben. Ich war nicht dazu bereit, meine Isolation und Einsamkeit länger zu tolerieren. Eine Nebenwirkung meiner Besuche bestand darin, daß die Frauen mir außer Kaffee auch Brot, Hummus[1], Oliven, Obst und Gebäck anboten. Ja, ich hatte etwas Brot und Obst für mein Abendessen übrigbehalten.

Klein Khalil und seine Freunde folgten mir auf die Straße. »Fein«, dachte ich bei mir und lachte innerlich. »Wenn ich die Aufmerksamkeit der Kinder erregt habe, werde ich bald bei ihren Eltern Interesse wecken.«

»Kommt zu mir ins Pfarrhaus. Ich werde Euch eine Geschichte erzählen«, rief ich den Kindern zu. Sie rannten lachend fort. Aber ich war sicher, daß sie über kurz oder lang mit ihren Freunden wiederkommen würden.

Mein Wohnraum mutete belebt an. Die Stimmen von Umm Issa, Umm Said, Umm Khalil und all den Kindern waren zu hören. »Das ist wunderbar«, dachte ich. »In Ibillin will ich jede Familie, jede einzelne Person, ungeachtet der

Religionszugehörigkeit, kennenlernen. Ja, ich will das gesamte Dorf innen und außen kennen. Und ich möchte auch, daß die Dorfbewohner ihrerseits mich kennenlernen und wissen, wieviel mir an ihnen liegt. Wenn sie Lust verspüren, mich zu besuchen, werde ich ihnen Geschichten aus der Bibel erzählen. Wir werden zusammen beten, Tee trinken; und vielleicht werden sie allmählich miteinander über sich selbst sprechen wollen. Erneut fühlte ich mich in meiner Entscheidung bestätigt, in Ibillin zu bleiben und dort für die Menschen Tür und Arme weit zu öffnen. In jener Nacht konnte ich dank der Unmenge genossenen Kaffees nicht einschlafen, aber das war nicht so wichtig. Ich war eifrig bestrebt, Pläne für die Gestaltung meines Priesteramtes in Ibillin zu schmieden.

Wie der Gemeindevorsteher mir immer wieder klarzumachen versuchte, trug er die Verantwortung für die Kirche. Dieser Mann hatte seine Position zu mehr ausgebaut, als bloß Aufseher über Kircheneigentum zu sein. Er hatte sich nämlich zum Aufseher der melkitischen Gemeinde ernannt, ja sogar zu einer Art Omnipotenz von ganz Ibillin. In dieser Rolle konnte er sagen, was ihm gut dünkte und Urteile über jedermann fällen. Die Melkiten fürchteten ihn und gehorchten deshalb seinen Befehlen. In der Vergangenheit hatte er bewiesen, daß er die Macht besaß zu bestrafen, auszugrenzen und selbst den Bischof zu überreden, einzelne in den Bann zu tun. Recht bald erfuhr er von meinen täglichen Besuchsrunden.

»Ich dulde Ihre Besuche bei niemandem, der nicht zur melkitischen Gemeinde gehört. Sie haben Ihre Zeit und Ihre Aufmerksamkeit uns allein zu widmen und nicht Muslimen, Orthodoxen, Kommunisten oder Außenseitern. Sie arbeiten für uns; haben Sie das verstanden? Alles, was wir von Ihnen erwarten, ist die Liturgiefeier zu leiten, zu beten, zu taufen, zu trauen und uns zu beerdigen. Verrichten Sie also Ihre Arbeit, dann wird alles okay sein.« Der Gemeindevorsteher betrachtete mich offensichtlich als Teil des Kircheneigentums. Ich hatte zu tun, was er wollte und seinen Befehlen Folge zu leisten, nicht anders als die anderen Melkiten auch.

Bald begann er, mir morgens um 7.30 Uhr schriftliche Anweisungen durch seinen jüngsten Sohn zu überbringen. Darin stand, was ich am Tag zu tun und zu lassen hätte, wen und wen ich nicht besuchen solle. Die Dorfbewohner unterteilte er in die Gruppe der Akzeptierten und der Nicht-Akzeptierten. Die Liste der solchermaßen »Nicht-Akzeptierten« war in der Tat sehr lang. Sie schloß die »orthodoxen Christen« ein, die Muslime, die Kommunisten, diejenigen, welche die Kirche nicht mochten, und jene, die einfachhin »schlechte Menschen« waren. Mir wurde immer klarer, daß es der Gemeindevorsteher war, der die Kirche haßte und andere dazu anstiftete, ebenfalls die Kirche zu hassen. Mit den Wünschen des Gemeindevorstehers gegenteilig zu verfahren, bereitete mir großes Vergnügen. Er lehrte mich geradezu, ihm Widerstand zu leisten.

Nach und nach besuchten mich die Leute. Männer und Frauen schauten rein, um zu grüßen und Tee zu trinken. Die Kinder liefen rein und raus. Manchmal hielten sie inne und ließen sich ein oder auch zwei Geschichten aus der Bibel erzählen. Orthodoxe Christen kamen aus Neugier auf diesen Priester, der nicht nur für seine eigene Gemeinde, sondern ebenso für sie Interesse zeigte. Allmählich besuchten mich auch muslimische Männer, und die Leute fingen an, mir Nahrungsmittel zu schenken.

Eines frühen Morgens feierte ich allein die Messe. Da trat ein kleiner Junge mit Namen Zahran leise in die Kirche. Während ich weiterbetete, näherte er sich mir, setzte vor mich auf den Altar eine große, zeitungsbedeckte Schüssel hin und sagte: »Das ist von meiner Mutter.« Dann lief er so geschwind davon, daß ich kaum zu erkennen vermochte, wer das Kind gewesen war. Vorsichtig hob ich das Papier auf und guckte in die Schüssel. Die war angefüllt mit frischen, saftigen Feigen. Ein ausgezeichnetes Frühstück.

Eines Abends arbeitete ich spät an meinem Schreibtisch, las und studierte beim Schein einer Petroleumlampe. Draußen war es ruhig. Nur dann und wann erklang ein Eselsschrei oder das Kreischen einer Katze. Plötzlich vernahm ich raschelnde Geräusche und gedämpfte Stimmen vor meinem Fenster.

»Wer ist da?« rief ich laut und schritt hinaus auf den Kirchplatz. »Was wollen Sie hier?« Einen Moment lang war es still. Kalte Angst packte mich. Dann traten zwei alte Männer, Abu Karam und Abu Yacub, aus dem Dunkel heraus.

»Was tut Ihr zwei Alten denn zu so später Stunde hier?« fragte ich und lachte erleichtert. »Warum kommt Ihr nicht herein?« »Wir wollen Sie nicht stören«, sagte Abu Yacub und klopfte mir auf die Schulter. »Heute haben Sie genug Besucher gehabt. Wir wissen, daß Sie arbeiten.« »Dann sagen Sie mir doch, warum Sie immer um das Haus herumgehen?« »Weil wir Sie bewachen, Abuna«, erklärte Abu Karam. »Und wir beten darum, daß Sie wissen, was Sie tun und sagen müssen. Wir haben gehört, daß Sie lesen und über uns schreiben. Wenn wir auf Sie aufpassen, fühlen wir uns Ihnen nah und verbunden. Sie sollen wissen, daß Sie nicht allein sind.« Danach verschwanden sie im Dunkel und nahmen ihr Wachen und Beten wieder auf.

Der Gemeindevorsteher war zornig über all meine Besucher. Er verlor dadurch die Gewalt über die Gesamtlage und die Leute. Zweifellos hatte er gemerkt, daß er über den neuen Priester keine Herrschaft ausüben konnte.

Indem ich Häuser und Geschäftslokale aufsuchte, mit den Leuten auf der Straße plauderte und auf die Felder ging, erfuhr ich viel über Ibillin. Die Leute fühlten sich von ihrer

Furcht vor dem Gemeindevorsteher befreit und sprachen mit mir über die großen und kleinen Probleme und die Spaltungen im sozialen, religiösen und politischen Gefüge des Dorfes. Dieses anscheinend so ruhige Dorf war voll von Ärger, Schmerz und Bitterkeit. Es gab Fehden, die seit Jahren und sogar seit Generationen andauerten. Ich erfuhr von dem Konflikt zwischen Griechisch-Orthodoxen und Melkiten, zwischen Christen und Muslimen.[2] Die über die Kommunisten im Dorf erhaltenen Informationen stellten diese als diejenigen dar, die gegen soziale Ungerechtigkeit – wie z. B. die Landbeschlagnahmungen der israelischen Regierung – protestierten und eifrig bemüht waren, sich solidarisch zu engagieren. Wieder andere, die als Kommunisten bezeichnet wurden, stammten sowohl aus den Reihen der Muslime als auch der Christen. Ich konnte feststellen, daß viele Christen, die Kommunisten waren, sehr stark an die Lehre Jesu Christi glaubten und versuchten, sie ins Handeln umzusetzen.[3]

In Ibillin gab es einen Kolonialwarenladen, den sogenannten Laden der Kommunisten. Er gehörte der lokalen kommunistischen Partei. Oft kam ich daran vorbei und winkte jedesmal den Männern zu, die am Türeingang standen. Sie stellten ihre Unterhaltung ein und beobachteten mich; aber keiner von ihnen grüßte zurück. Aufgrund der vorangegangenen Erfahrungen war ich ihnen als der melkitische Pfarrer suspekt.

»Wie ich hörte, haben Sie vor, Ihren Nachbarn Habib zu besuchen«, schrieb mir der Gemeindevorsteher eines Morgens. »Vergessen Sie nicht, daß Habib ein Außenseiter und ein Kommunist ist. Er war griechisch-katholisch und wurde griechisch-orthodox. Sie dürfen das verfluchte, verdammte Haus dieses exkommunizierten Kommunisten nicht betreten.«

Es stimmte. Ich plante einen baldigen Besuch bei Habib. Wie gewöhnlich bewirkte die Opposition des Gemeindevorstehers, daß ich um so mehr das Verbotene tun wollte.

»Heute also werde ich Habib besuchen«, erwog ich.

Am Nachmittag gegen drei Uhr machte mir der Gemeindevorsteher seinen täglichen kurzen Besuch. Als wir den Kirchplatz betraten, sah ich, wie Habib, der von der Arbeit zurückkehrte, die Stufen zu seinem Haus hinaufging. Ich entschuldigte mich, ließ den Gemeindevorsteher stehen, ging schnell zu Habibs Haus und stieg die Außentreppe bis zum ersten Treppenabsatz hinauf.

Von dort blickte ich auf den Kirchplatz hinunter und rief dem Gemeindevorsteher zu. »Ich weiß, was Sie von diesem Besuch halten, denn ich lese Ihre Instruktionen. Aber ich lese auch das Evangelium, und so weiß ich, daß die Leute in dieser Familie Gotteskinder sind. Christus hätte nicht so lange gezögert, sie zu besuchen. Mein Besuch hier, lieber Gemeindevorsteher, wird nicht übermäßig lang dauern. Sie können auf mich warten, wenn Sie wollen. Ansonsten sehen wir uns morgen wieder.«

Mit offenem Mund starrte mich der Gemeindevorsteher an. Ohne seine Antwort abzuwarten, drehte ich mich um und sah Habib freundlich lächelnd im Türeingang stehen.

»Willkommen in meinem Haus, Abuna«, sagte dieser schlimme Kommunist, dieser verworfene Christ, schüttelte meine Hand und zog mich ins Haus. Umm Fat'hee, Habibs Frau, bot uns Obst und Gebäck an und servierte arabischen Kaffee. Mich faszinierte dieser Mann, der vom Gemeindevorsteher so verleumdet wurde. Was für eine Person war er? Habib schien ebenso neugierig auf diesen Priester zu sein, der jedermann im Dorf besuchte und sich den Zorn des Gemeindevorstehers zugezogen hatte.

Während ich eine saftige Orange schälte, fragte ich: »Habib, sagen Sie mir doch, warum Sie in den frühen fünfziger Jahren die melkitische Gemeinde verlassen haben?«

»Lassen Sie mich Ihnen zunächst erklären, Abuna, daß es nicht meine Absicht gewesen ist, aus der melkitischen Gemeinde auszutreten. Ich wurde in diese Gemeinschaft hin-

42

eingeboren und liebte sie deshalb. Das ist immer noch der Fall. Aber ich liebe auch unser Land in Galiläa, das Land unserer Vorfahren. Mein Vater und mein Urahn haben auf diesem Land in Ibillin gelebt, hier ihre Oliven und Feigen kultiviert und hier ihre Tomaten und Gurken gezogen.«[4]

Ich nickte zustimmend und dachte an Biram, und wie mein Vater seine Liebe zum Land und zu seinen Bäumen beschrieben hatte.

»Die israelische Regierung begann in den späten vierziger Jahren unser Land zu beschlagnahmen. Diese Landkonfiszierungen setzten sich in den fünfziger und sechziger Jahren weiter fort. Wir hier in Ibillin verloren Tausende von Dunum (4 Dunum = 1 Ar).«[5]

»Einige von uns hier im Dorf, besonders jene, die sich heute als Kommunisten bezeichnen, protestierten lautstark gegen diese Konfiszierung unseres Landes«, sagte Habib und lächelte mit schmerzlichem Gesichtsausdruck. »Und daraus erwuchs uns eine Unmenge an Schwierigkeiten.«

»Um welche Art von Schwierigkeiten handelte es sich dabei?«

»Die Schwierigkeiten rührten von seiten der israelischen Regierung, der Polizei, aber auch des Bischofs her; und nicht zu vergessen von vielen Mitgliedern der melkitischen Gemeinde. Diese Leute verurteilten uns; ja, viele unter uns wurden sogar festgenommen. Und weiteres Land wurde beschlagnahmt. Abuna, ob Sie es glauben wollen oder nicht, der melkitische Bischof sympathisierte nicht mit uns, die wir das Land verloren, sondern mit der israelischen Regierung. Er stellte sich auf die Seite der Regierung und unterstützte seine eigenen Gläubigen nicht.«

Diese Geschichte hatte ich schon von anderen Dorfbewohnern gehört. Wie hatte der Bischof seine eigenen Leute im Stich lassen können, die ihn doch so sehr gebraucht hätten? Ich konnte mich nur darüber wundern. Wie hatte er sich nur mit dem Unterdrücker verbünden können?

»Die Lage hier im Dorf verschlimmerte sich dermaßen, daß viele von uns, die am Protest beteiligt waren, durch den Bischof und Leute wie den Gemeindevorsteher von der melkitischen Gemeinde abgesondert wurden. ›Solange Sie nicht schweigen‹, beschied uns der Bischof, ›sind Sie keine Christen mehr.‹ Eines Tages starb einer aus den Reihen der Protestierenden, und der Bischof weigerte sich, seine Beerdigung in der Kirche stattfinden zu lassen. Wenig später wollte jemand heiraten, und der Bischof eröffnete ihm, er könne nicht in der Kirche getraut werden, weil er protestiert habe. Schließlich baten wir den griechisch-orthodoxen Priester, Abuna Ibrahim, mit seiner Gemeinde beten zu dürfen, und er hieß uns willkommen. Etwa zweihundert Melkiten wurden alsdann orthodoxe Christen. Das war eine äußerst schmerzliche Erfahrung. Noch jetzt, das weiß ich, können uns unsere melkitischen Verwandten und Freunde den damaligen Übertritt nicht verzeihen.« Habib schüttelte traurig den Kopf.

In der Woche darauf stattete er mir seinen Gegenbesuch ab. »Abuna«, sagte er. »Ich glaube, Sie sind ein guter Mann. Ich habe Ihnen ein Geschenk mitgebracht.« In seinen Händen hielt er einen kleinen Wein- und einen jungen Zitronenbaum. Gemeinsam pflanzten wir die beiden Bäumchen auf dem Kirchplatz ein. Dabei wurde der Weinbaum direkt neben Habibs Haus gesetzt.

»Von Herzen danke ich Ihnen, mein Freund«, sagte ich. »Ich werde mich eigens um ihn kümmern und oft zu ihm über seine Bedeutung sprechen. Gewiß wird der Weinbaum wachsen und reiche Früchte bringen.«

»Nun«, drängte der Gemeindevorsteher. »Machen Sie Anstalten, diesen jämmerlichen Weinbaum auszureißen, oder muß ich das für Sie tun?«

»Würden Sie mir wohl einen Eimer Wasser holen?« bat ich den Gemeindevorsteher. Derweil er den Eimer füllte, ging ich zu dem wunderbaren Weinbaum. Wie schade wäre es, ihn zu zerstören und damit das Vertrauen und die Freundschaft, die ich bei Habib genoß.

»Jetzt werden Sie einsichtig, Abuna«, sagte der Gemeindevorsteher, als ich ihm den Wassereimer abnahm. »Das Wasser wird die Erde lockern und der Baum sich leicht herauslösen lassen.«

Ich schüttete das Wasser über den ganzen Weinbaum, begoß seine Zweige, Blätter und den Stamm. Dann machte ich mit der rechten Hand das Kreuzzeichen über die tropfnasse Pflanze und sprach: »Oh, Du Weinbaum. Ich taufe Dich hiermit im Namen des Vaters, des Sohnes und des heiligen Geistes. Wer Dich ausreißt, soll selbst entwurzelt werden. Wer Dir aber Wasser gibt, soll von Gottes Gnaden überströmt werden.«

Dann warf ich den Eimer beiseite und wandte mich dem erschrockenen Gemeindevorsteher zu: »Mein lieber Herr, reißen Sie doch den Baum jetzt aus, wenn Sie können. Aber Sie können es nicht tun. Er wird wachsen und sehr, sehr groß werden.«

Ich ließ den Gemeindevorsteher und seine beiden Freunde stehen, die auf den frisch getauften Baum starrten. Ich konnte sicher sein, daß Sie es nicht wagen würden, ihn jetzt anzurühren. Wenn auch der Weinbaum wachsen und Früchte bringen würde, so war mir durchaus auch klar, daß noch viel geschehen müßte, um den Dorfbewohnern die gleichen Chancen aufzutun.

KAPITEL 4

GEFANGEN AM PALMSONNTAG

»Wie geht es Dir, Faraj«, schrie ich beinahe. »Ich habe Dich
so sehr vermißt! Bereitet Dir Dein Amt in Rama Freude?«
Ich hatte meinem alten Freund so viele Fragen zu stellen,
daß der Arme selbst kaum zum Zuge kommen konnte.

Bischof Hakim hatte in Nazareth eine Sonderversamm-
lung aller Priester seiner Diözese einberufen. Zum ersten
Male seit unserer Priesterweihe sahen Faraj und ich uns
wieder.

»Es ist prima, und alles läuft gut. Oh, auch ich habe Dich
so sehr vermißt, Elias! Erzähle mir alles über Dich und Ibillin!«

Diese Worte zu hören, war ein kostbares Geschenk und
einzigartiges Erlebnis für mich. Ein anderer Priester erkundigte sich endlich nach meiner Pfarrei und meinen Bedin-
gungen dort. Ich wollte meinem Freund von den Nöten und
dem ertragenen Schmerz berichten, und wie verlassen ich
mich in dem kleinen Dorf fühlte. Ich wollte all das formulieren, was ich so verzweifelt gern mit dem Bischof und den
anderen Priestern erörtert hätte. Aber die Worte, die statt
dessen aus meinem Munde kamen, erstaunten selbst mich.

»Ibillin ist ein wunderbarer Ort, Faraj. Die Leute sind so
gut zu mir, und ich lerne soviel von ihnen. Da ist Habib,
mein nächster Nachbar, der mein Freund geworden ist. Und
dann der Gemeindevorsteher. Was soll ich Dir über ihn sagen? Er bedeutet für mich und mein Amt eine echte Herausforderung. Und erst die Kinder, Faraj! Sie kommen zu mir,
und dann erzähle ich ihnen Geschichten aus der Bibel, so wie
es meine Mutter bei mir getan hat!«

Faraj lauschte mir aufmerksam und nickte dazu. Sein Lächeln war warm, seine Augen glänzten und drückten Anteilnahme aus. Mir war, wie wenn wir wieder in Paris seien und unsere intimsten Gedanken miteinander austauschten.

»Andererseits gibt es viele Probleme, Faraj. Die Leute in einigen Familien sprechen seit Jahren nicht mehr miteinander, weil sie durch Fehden entzweit sind.

Häufig hassen sich Christen und Muslime, Orthodoxe und Melkiten. Leute mit unterschiedlicher politischer Meinung bekämpfen sich erbittert. Einmal versuchte ich, einen Vortrag über Ökumene zu halten, der zu einem totalen Mißerfolg wurde. Das einzig gute Ergebnis war die Bemerkung eines Melkiten namens Ruhe, die er auf einen Nagel an meinen Türrahmen spießte:

›Sie wollen uns Ökumene predigen? Das ist völlig nutzlos. Wir wollen das nicht. Beginnen Sie damit, Brüder, Schwestern, Familien miteinander zu versöhnen. Das ist die Ökumene, die uns not tut. Vage Ideen brauchen wir nicht.‹

Die Worte waren verletzend, Faraj, aber ich wußte, daß der Mann Recht hatte.«

»Und hast Du Wege gefunden, wie Du Versöhnung bewirken kannst. Elias?«

»Bisher noch nicht. Ich höre zu, wenn die Leute mir von ihren Problemen und ihrem großen Leid berichten. Ich beobachte, wie die Beziehungen verknüpft sind und versuche, soviel wie möglich zu lernen. Da ist z. B. Umm Daoud, die schon seit zwanzig Jahren nicht mehr mit ihrer Schwester gesprochen hat. Und da ist Abu Muhib, Polizist bei den Israelis. Er ist ein harter und schwieriger Mann, der fast von allen gehaßt und gefürchtet wird, einschließlich seiner eigenen Familienmitglieder. Grüße ich ihn auf der Straße, werde ich deswegen sofort von Dorfbewohnern zurechtgewiesen. Die Spaltungen in Ibillin sind sehr tief. Ich bete jeden Tag zu Gott, er möge mir die Weisheit und den Mut verleihen, wirksame Vorgehensweisen zu wählen.«

Faraj runzelte etwas die Stirn und sah mich genauer an. »Du erscheinst mir dünner, Elias. Ißt Du genug? Und hast Du ausreichend Schlaf?«

»Gewiß doch«, antwortete ich und wischte seine Bedenken weg. »Anfangs waren die Umstände ein bißchen mißlich, aber die Leute sind mir gegenüber sehr freigiebig mit Nahrungsmitteln. Darüber kann ich mich wirklich nicht beklagen.« Ich entschloß mich, unerwähnt zu lassen, daß ich immer noch auf dem Rücksitz meines Autos nächtigte, wenn ich des Schlafens auf dem Betonfußboden überdrüssig war. »Alles ist prima. Jetzt erzähl Du mir über Dein neues Leben in Rama.«

Als Faraj mir von seinem Dienst in seinem Heimatdorf Rama[1] berichtete, merkte ich, daß seine Erfahrungen sich von den meinen völlig unterschieden. Er schlief in einem richtigen Bett und hatte genug zu essen. Darüber war ich dankbar, denn ich hatte Faraj sehr gern. Ich hätte nicht gewollt, daß er mit denselben Problemen kämpfen mußte, mit denen ich konfrontiert war.

Ja, entschied ich bei mir, ich war stolz auf meine Pfarrei; und die Worte, welche mir so geschwind zum Lobe Ibillins und seiner Bewohner aus meinem Munde gehüpft waren, drückten genau das aus, was ich der Welt mitzuteilen gedachte. Ich hatte nämlich vor, mein Volk in seiner zerstörten Würde wieder aufzurichten und mich auf das Gute zu konzentrieren, das geschah. Anderen wollte ich wie einen Ball die Herausforderung zuwerfen, es bei ihrem Dienst ebenso zu machen. Dabei plante ich auch, meinen Leuten zu helfen, sich miteinander zu versöhnen und sich aus ihren selbstgeschaffenen Gefängnissen des Schmerzes, des Hasses und der Bitterkeit zu befreien.

Die Geschichte Ibillins weist auf eine kontinuierliche christliche Besiedlung seit dem 1. oder 2. Jahrhundert nach Christus. Um 1980 wurde ein christlicher Friedhof aus dem 2. Jahrhundert entdeckt, der mit den alten christlichen Symbolen wie Fisch, Lamm und Brot versehene Glas- und Töpferwaren enthielt. Schon im 4. oder 5. Jahrhundert hatte der Erzbischof von Zebulon seinen Sitz in Ibillin. Auf dem Konzil von Nizäa (325 n. Chr.) war unter den anwesenden Bischöfen Bischof Nisifos von Ibillin.[2] Im 13. Jh. wurde Ibillin Hauptquartier des französischen Kreuzritterführers, des Grafen von Abelin. In den siebziger Jahren entdeckten Dorfbewohner bei Bauarbeiten am melkitischen Gemeindezentrum Reste jener Kreuzritterfestung.[3]

Die derzeitige melkitische Kirche stammt aus dem 17. Jh. und wurde auf den Ruinen einer alten byzantinischen Kirche aus dem 4. Jh. und einer Kreuzritterkirche aus dem 11. und 12. Jh. erbaut. 1920 wurde der auf das 17. Jh. zurückgehende Hauptteil der Kirche durch einen neuen Altarraum und einen Narthex erweitert. Brunnen und Zisterne unter dem Allerheiligsten, die ursprünglich das Taufwasser liefern sollten, wurden in jüngerer Zeit geschlossen und ausgefüllt. Die Feuchtigkeit der Lehmzementierung im Mauerwerk der Kirche verursacht Moder, läßt Farbe abblättern und führt den Verfall der Kirche fort. Wann immer ich darin die Liturgie feiere, verspüre ich über die Jahrhunderte hinweg eine starke Verbindung mit galiläischen christlichen Brüdern und Schwestern, Jüngern des Jesus aus Nazareth, das nur ca. 30 km entfernt liegt.

Dennoch wachte ich am Palmsonntag 1966 mit Gefühlen der Angst und Beklommenheit auf. Die Aussicht, an diesem Festtag die Liturgie zu singen und die Eucharistie zu feiern, erschien mir angesichts der schweren Probleme in meiner Gemeinde wie eine ungeheure Last.

Oh, Gott, ich weiß, daß Du der Herr bist und nur durch Deinen Willen und Deine Macht die Probleme des Hasses überwunden werden können. Gott, was soll ich jetzt tun? Soll ich die Leute sich selbst überlassen? Oder soll ich fortfahren, sie zu einem Leben der Liebe und des Mitgefühls anzuhalten? Soll ich sie schelten oder sie belehren? Oder soll ich einfach nur mein eigenes Leben als ein Zeichen Deiner liebenden Sorge weiterführen? Was könnte ich an diesem Palmsonntagmorgen denn noch sagen, was ich nicht schon vorher gesagt hätte? Oh, Gott, so hilf mir doch und hilf auch diesen Menschen.

Als der Gemeindevorsteher um 9.30 Uhr die Glocke läutete, begannen die Leute, in die Kirche zu strömen. Nachdem ich mein edles Meßgewand aus weißem Satin mit dekorativer roter Stickerei angezogen hatte, bemerkte ich, daß mehr Leute als gewöhnlich auf den Bänken saßen. Kurz darauf stürzte der Gemeindevorsteher sichtlich erregt in den Altarraum. »Abuna, da ist solch eine große Menge Leute, daß wir keinen Platz mehr haben. Es müssen mehr als 250 Leute in der Kirche sein. Andere stehen draußen und wollen noch reinkommen. Was sollen wir tun?« Ein flüchtiger Blick durch den Bogengang bestätigte, was der Gemeindevorsteher gesagt hatte. »Dann bringen Sie sie hier herein«, schlug ich vor und zeigte auf den Altarraum.

Normalerweise hätte der Gemeindevorsteher solch einer unüblichen Lösung nicht zugestimmt. Aber wegen des fürchterlichen Gedränges der Leute wandte er sich schnell um und geleitete sie durch den seitlichen Bogengang in den Altarraum. Die Leute erstaunten selbst darüber, zusammen mit dem Priester sich hinter der Ikonostase zu befinden. Sie standen nahe der Wand entlang und ließen mir und den Meßdienern gerade genügend Raum, die liturgische Handlung zu vollziehen.

Während der Liturgiefeier zu Ehren des Heiligen Johannes Chrysostomus lief alles glatt. Abu Jirius und ein paar andere sangen die Refrains. Die beiden Meßdiener verhielten sich so, wie ich es sie gelehrt hatte. Eine beträchtliche Anzahl von Leuten empfing die heilige Kommunion.

Trotz der Menschenmenge und der gestiegenen Zahl von

Kommunionempfängern fühlte ich mich weiterhin unwohl und bedrückt. Ich sah so viele Leute, die im Streit miteinander lagen. Abu Muhib war in seine israelische Polizeiuniform gekleidet zum Palmsonntagsgottesdienst erschienen. Mit Ausnahme von seiner Frau und seinen Kindern würde normalerweise niemand neben ihm Platz genommen haben, aber heute saß er eingekeilt wie alle anderen auch. Umm Daoud war mit ihrer Familie da, aber ihre Schwester und deren Familie saßen auf der anderen Seite. Unten im Kirchenschiff stand der Gemeindevorsteher, hatte die Arme auf der Brust gefaltet und überwachte, was er als sein Königtum verstand. Und Ruhe war auch anwesend, dessen schriftliche Botschaft sich in mein Hirn eingebrannt hatte: »Versöhnen Sie zuerst Brüder, Schwestern und Familien, Abuna.« Jedesmal, wenn ich mich umdrehte, um die Gemeinde zu segnen und ihr den Frieden Christi zuzusprechen, fiel mir erneut ein, daß in Wirklichkeit kein Friede unter den Leuten herrschte. Diesen hatten sie immer abgelehnt.

Als die Liturgie beendet war, faßte ich einen Entschluß. Bevor überhaupt jemand auch nur eine Bewegung machen konnte, eilte ich das Hauptschiff hinunter und erschreckte die Andächtigen. Es ist üblich, daß ein Priester, der sein Meßgewand trägt, hinter der Ikonostase bleibt, während die Leute geordnet die Kirche verlassen. Aber hier schritt ich mit fest entschlossenem Gesichtsausdruck durch sie hindurch. Meine langen Ärmel wirkten wie wehende Flügel in der Brise, die durch meinen eiligen Gang entstand. Ich schritt geradewegs auf die beiden Türen zu beiden Seiten des Haupttrakts der Kirche zu, schloß sie unter den Blicken der Leute ab, die schweigend an ihrem Platz verharrten. Ich nahm den großen, alten Schlüssel aus dem Schloß, schritt durch das Kirchenschiff zum mittleren Bogengang zurück und wandte mich den Leuten zu. Dann sprach ich laut und mit fester Stimme: »Ich möchte Ihnen versichern, wie gern ich Sie alle habe und wie traurig ich darüber bin, daß Sie sich gegenseitig hassen und in Verruf bringen. In den vergangenen sechs Monaten habe ich alles daran gesetzt, Ihnen dabei zu helfen, sich miteinander zu versöhnen. Aber das ist mir nicht gelungen. Ich habe mich natürlich gefragt, ob alle Dörfer dieselben Probleme wie Sie hier haben. Und ich sage Ihnen die Wahrheit, daß in ganz Galiläa niemand außer Ihnen in solcher Bitterkeit und solchem Haß lebt. Sie hier in Ibillin sind schrecklich komplizierte Leute.« Tödliches Schweigen lastete auf den in der Kirche Versammelten. Keine Bewegung war festzustellen.

»Während ich heute morgen die Liturgie feierte, fand ich einen, der Ihnen wirklich helfen kann. Er ist tatsächlich der einzige, welcher das Wunder der Versöhnung im Dorf bewirken kann. Diese Person, die zu versöhnen vermag, ist Jesus Christus, der hier unter uns weilt. Wir sind zusammengekommen in seinem Namen, der im Triumph in Jerusalem einzog und dem die Hosiannarufe der Menschen in den Ohren klangen.

So spreche ich zu Ihnen im Namen Christi: Die Türen der Kirche sind verschlossen. Entweder Sie bringen sich jetzt hier um aus Haß. Dann feiere ich gratis Ihr Begräbnis. Oder aber Sie ergreifen die Gelegenheit und versöhnen sich miteinander, bevor ich wieder die Türen aufschließe. Wenn sich diese Versöhnung ereignet, wird Christus wirklich Herr Ihres Lebens. Und ich weiß dann, daß ich Ihr Pastor und Ihr Priester geworden bin. Die Entscheidung liegt nun bei Ihnen.«

Die Leute sahen sich an. Einige schienen gehen zu wollen. Aber ich hob meine Hand und gebot ihnen Einhalt.

»Nein, versuchen Sie nicht, hinauszugehen. Die Türen sind zu, und der Schlüssel ist in meiner Hand. Sie können ihn nur bekommen, wenn Sie mich töten. Der einzig mögliche Weg, von hier wegzukommen, ist der, Frieden miteinander zu schließen und sich mit dem zu versöhnen, der Sie verletzt hat oder den Sie verletzt haben.«

Ich stand mit über dem Bauch gefalteten Händen da und schaute auf die gefangene Gemeinde. Keiner sagte auch nur einen Ton. Sie sahen mich an, sie sahen einander an. Sie blickten auf die bröckelnde Farbe in der Kuppel und im Gewölbe. Sie blickten auf den Boden. Das Schweigen dauerte an.

Ich sah unverwandt die Leute an. Da waren sie, fast meine gesamte melkitische Gemeinde, versammelt am Fest des Palmsonntags und wurden von einem verrückten Priester festgehalten.

Autos fuhren auf der Straße entlang der Kirche vorbei. Leute, die draußen vorbeigingen, redeten sich an. Ein Esel schrie, und Kinder lachten. Ein verspäteter Hahn krähte seinen Morgengruß in die Welt. Und die Melkiten verharrten im Schweigen und waren in der Kirche eingeschlossen.

Gute zehn Minuten verstrichen. Ich spürte, wie mir der Schweiß den Rücken hinunterlief. Ein dicker Angstkloß drückte in meinem Magen. Oh, Gott, was habe ich bloß getan? Ist das ein weiterer Fehlschlag? Da ich wußte, daß mir nichts anderes übrig blieb, als auf dem einmal beschrittenen Weg weiterzugehen, stand ich mit nunmehr auf der Brust gekreuzten Armen vor meiner Gemeinde. Meine Eltern und Geschwister hätten diesen Leuten erzählen können, wie stur Elias sein konnte.

Dann nahm ich plötzlich eine leichte Bewegung unter den Leuten wahr. Zu meinem größten Erstaunen sah ich Abu Muhib sich erheben, der durch seine Polizistenuniform für jedermann in der Kirche sofort erkennbar war. Er streckte seine Arme aus, blickte im Kreis herum und dann auf mich. »Abuna, ich bitte jeden hier um Vergebung, und ich vergebe jedem. Und ich bitte Gott, mir meine Sünden zu vergeben.«

Ich schritt den Gang hinunter und streckte meine Arme nach der einsam in der Versammlung stehenden Gestalt aus. »Fein«, rief ich ihm zu. »Das ist ausgezeichnet! Kommen

Sie, kommen Sie zu mir, Abu Muhib, damit ich Sie umarmen kann!«

Der Polizist kämpfte sich durch die Reihe hindurch und ging mir durch das Kirchenschiff entgegen. Tränen liefen ihm die Wangen hinunter; seine Arme waren ausgestreckt. Wir umarmten uns vorne in der Kirche, und unsere Gesichter wurden feucht von unseren Tränen. Während ich noch Abu Muhibs Arm festhielt, rief ich den Leuten zu: »Warum umarmen wir einander jetzt nicht? Ich werde jeden umarmen, und jeder wird den anderen umarmen. Okay?«

Jeder stand auf und trat nach vorn. Sie umarmten mich in meinem Meßgewand. Sie umarmten Abu Muhib und standen aufgereiht, um jeden zu umarmen, der an ihnen vorbeikam. Tränen und Lachen vermischten sich, als Menschen, die zueinander solch häßliche Worte gesagt hatten, oder die viele Jahre lang nicht mehr miteinander gesprochen hatten, jetzt Christi Liebe und Frieden miteinander teilten.

Nachdem jeder umarmt worden war, rief ich: »Jetzt hört nicht auf Schwätzer und auf Leute, die nur ein Interesse daran haben, Euch zerstritten und voneinander getrennt zu sehen. Ihr seid zu einer Gemeinschaft geworden.

Meine Brüder und Schwestern, dies ist nicht länger Palmsonntag. Dies ist unsere Auferstehung! Wir sind eine Gemeinschaft, die vom Tode auferstanden ist, und wir haben neues Leben. Ich schlage Euch vor, daß wir nicht bis nächsten Sonntag, bis Ostern also, warten, um die Auferstehung zu feiern. Ich werde die Türen wieder aufschließen. Dann laßt uns durch das ganze Dorf von Haus zu Haus ziehen und jedem die Hymne der Auferstehung singen!«

Die Leute begannen sogar schon die Auferstehungshymne zu singen, als sie aus den offenen Kirchentüren hinausströmten:
Christus ist von den Toten auferstanden!
Durch seinen Tod hat Er den Tod mit Füßen
getreten und denen Leben gegeben, die im
Grabe liegen!

Den ganzen Nachmittag hörte ich Singen, Geheul, glückliche Stimmen und Lachen. Ich wußte, daß das ein völlig neues Leben für Ibillin bedeutete. Wie eine Mutter, die nach Stunden harter Arbeit ein wunderschönes Baby zur Welt gebracht hatte, so vergaß ich jetzt den Schmerz und die ertragenen Härten. Ich hatte nur die Vision von meiner versöhnten Pfarrgemeinde vor Augen.

Ich bin in dem Wissen aufgewachsen, daß Vergebung Heilung und Frieden bringt. In Biram gingen meine Eltern jeden Samstagabend in die Vesper. Das war eine Abendandacht, die mit dem Sündenbekenntnis endete. Dann kehrten Mutter und Vater wieder nach Hause zurück und pflegten uns um Vergebung zu bitten, bevor wir miteinander aßen. »Kinder, wir lieben Euch. Wir mögen Euch in der vergangenen Woche vielleicht irgendwie verletzt haben. Wenn dem so ist, bitten wir um Eure Vergebung. Wenn wir Euch gegenüber in irgendeiner Weise versagt haben, vergebt uns.« Das ist das schönste Bild von meiner Familie, an das ich mich erinnern kann.

Am späten Palmsonntagnachmittag entfernte ich die Schlösser von den Kirchentüren und warf sie zusammen mit den Schlüsseln weg. Solange ich Priester in Ibillin bleiben sollte, würden diese Türen nie wieder verschlossen werden. Die unverschlossenen Türen würden ein Symbol für unser neues Vertrauen und unsere Offenheit sein.

Jetzt sind sowohl die Türen der Kirche als auch die des Pfarrhauses offen, dachte ich, als ich die Reste der zerstörten Schlösser wegfegte. Ich hatte an meine Gemeinde eine Ansprache gerichtet und sie daraufhin zu einer Etappe der Versöhnung geführt. Ich hatte sie ermutigt, jedermann im Dorf die Hand zur liebenden Versöhnung zu reichen. Was nun? Wie konnten wir auf dem heute errichteten Fundament weiterbauen?

KAPITEL 5

EIN NEUER »PROPHET JEREMIAS«

»Guten Morgen, Abuna Ibrahim«, rief ich, als ich den griechisch-orthodoxen Priester unter einem Johannisbrotbaum in seinem großen, schönen Hof sitzen sah. »Ich bin gekommen, um Ihnen meinen Besuch abzustatten.«

In der Woche nach Palmsonntag beschloß ich, daß die zwischen Melkiten und Orthodoxen existierende Feindschaft in diesem Dorf beseitigt werden müßte. Den ersten Schritt in Richtung von Gerechtigkeit, Frieden und Versöhnung hatte ich zu machen, da ich als neuer Priester von der schweren Bürde der Geschichte des Dorfes unbelastet war.

»Guten Morgen, Abuna Elias«, sagte der 86 Jahre alte Mann, erhob sich langsam, um mich zu begrüßen und schüttelte mir die Hand. »Sie sind bei mir herzlich willkommen.«

Unsere Unterhaltung verlief angenehm. Bald entdeckte ich, daß ich in dem weisen, älteren orthodoxen Priester von Ibillin einen vertrauenswürdigen Freund gefunden hatte.

»Abuna Elias, haben Sie wirklich die Melkiten in der Kirche eingeschlossen, bis sie sich miteinander versöhnten?« fragte er und lächelte breit.

»Ja, Abuna Ibrahim, das habe ich getan.«

»Oh, mein Gott. Ich wünschte, ich wäre dabei gewesen, um das mitzuerleben.« Der alte Priester lachte schallend vor Vergnügen, und bald stimmte ich in sein Lachen mit ein. Passanten konnten beobachten, wie zwei Abunas lachten und kicherten wie Kinder, sich gegenseitig auf Knie und Schulter schlugen und Tränen wegwischten.

Nachdem ich Tee und Obst genossen hatte, sprach ich von den Schwierigkeiten zwischen Melkiten und Orthodoxen. Abuna Ibrahim seufzte tief und schüttelte sein Haupt.

»1948 war ich hier in Ibillin, als die jüdisch-zionistischen Soldaten von Dorf zu Dorf zogen. Wir waren sehr eingeschüchtert, weil wir die Berichte von Tragödien und selbst Massakern, wie das von Deir Yassin in der Nähe von Jerusalem, gehört hatten. In Deir Yassin wurden 250 Palästinenser getötet.[1] Viele verließen für kurze Zeit ihre Heimat und flohen zu vermeintlich sichereren Orten. Andere blieben in der Hoffnung, ihren Besitz und ihre Familien schützen zu können. Ich war damals jung, Abuna Elias, noch nicht ganze 70 Jahre alt.

Viele palästinensische Flüchtlinge strömten nach Ibillin. Einige hausten in leeren, verlassenen Häusern, andere in Zelten auf den Feldern, und wieder andere lebten unter Bäumen. Tagtäglich drohten uns die zionistischen Soldaten mit dem Verlust unseres Besitzes und auch unseres Lebens. Viele Bischöfe und Priester flohen und überließen ihre Leute sich selbst und ihrem Schicksal. Ich konnte das nicht tun, was auch immer mir zustoßen würde. Ich bin Palästinenser und kein Fremder.«

Er seufzte tief und erforschte mein Gesicht mit seinen dunklen, wachen Augen. »Nicht nur die Priester und Bischöfe verließen uns, sondern auch unsere städtische Führungsschicht. Die soziale und politische Struktur der palästinensischen Bevölkerung Galiläas wurde zerstört. Jedes Dorf mußte für sich selbst sorgen. Müßig zu erwähnen, daß von der israelischen Regierung keine Hilfe kam. Die arabischen Palästinenser innerhalb des neuen Staates Israel waren unerwünscht und wurden als Sicherheitsrisiko betrachtet. Sie besaßen Land, das Israel für sich verlangte. Bald konfiszierte die israelische Regierung unser Ackerland. Tausende von Dunum wurden von der Regierung eingefordert und einfach »geschluckt«.

Sobald Anspruch auf das Land erhoben worden war, durften wir nicht einmal mehr den Fuß darauf setzen. Das Land wurde dann als notwendig für militärische Zwecke oder zu Staatsland erklärt. So einfach war das.[2]

Die Situation von Druck und Ungerechtigkeit der israelischen Regierung einerseits und der Zusammenbruch der palästinensischen Sozialstruktur andererseits schufen hier im Dorf und in ganz Galiläa verheerende Probleme. Die Leute gerieten untereinander in Konflikte darüber, wie sie die Probleme handhaben sollten, anstatt zusammenzuarbeiten. Große Zerwürfnisse waren in Ibillin die Folgeerscheinung. Einige Leute wollten gegen die Landbeschlagnahmung kämpfen; andere wollten sich mit der israelischen Regierung arrangieren; die meisten waren schlechthin verwirrt.

Diejenigen, welche protestierten, setzten sich aus der Gruppe der Orthodoxen, Melkiten und Muslime zusammen. Sie alle mußten dafür büßen, daß sie ihre Meinung vertraten. Diese gottesfürchtigen Menschen wurden von der israelischen Regierung und sogar auch aus den eigenen Reihen der Palästinenser bestraft. Aber sie zogen es vor, lieber das Risiko zu tragen, über die Ungerechtigkeit zu sprechen, als sie einfach hinzunehmen.«

Ich nickte: »So wurden sie zu Ausgestoßenen unter ihren eigenen Leuten, sogar in den Augen der Kirche.«

»Genauso war es«, antwortete Abuna Ibrahim und unterstrich seine Worte mit seinem Gehstock. »Und ich will Ihnen nicht verhehlen, daß ich mit den Protestierern sympathisierte. Ich ermutigte sie sogar und betete mit ihnen.«

»Das hätte ich auch getan«, versicherte ich dem alten Mann.

»Einige der Protestierer aus der melkitischen Gemeinde suchten mich auf und klagten mir ihr Leid. Der Bischof hatte sie exkommuniziert. Sie konnten von ihrer Kirche weder getauft noch getraut, geschweige denn begraben werden. Sie wollten gar nicht orthodox werden, aber sie wollten und mußten in Gemeinschaft mit der Kirche leben. Nun denn, so frage ich Sie, Abuna Elias«, sagte der alte Priester, rückte in seinem Sessel nach vorn, prüfte mich mit seinen Augen und stellte mich mit seinen Worten auf die Probe: »Wie hätte ich

diesen Leuten Gottes Gnade in den Sakramenten verweigern
können? Anfangs dachte ich, zwanzig oder dreißig würden
vielleicht zu unserer Kirche stoßen; aber das Endergebnis
belief sich auf eine Anzahl von fast zweihundert. Ich weiß,
daß die Melkiten mich seither hassen.«

Abuna Ibrahim hielt mir seine Hand hin, die ich nahm.
Als er wieder zum Sprechen ansetzte, war seine Stimme ernst
und gebrochen von Emotionen: »Abuna Elias, ich bekenne
Ihnen, daß ich gesündigt habe. Ich war zu denen, die mich
haßten, weder liebevoll noch freundlich. Ich bitte Sie um
Vergebung. Nicht länger will ich mit solcher Uneinigkeit und
Feindschaft leben müssen.«

Seine Reuetränen flossen jetzt reichlich.

Vor diesem heiligen Mann fühlte ich mich gering, und
meine eigenen Tränen quollen über. »Abuna Ibrahim, ich
vergebe Ihnen im Namen Gottes, des Vaters, des Sohnes und
des Heiligen Geistes. Und ich bitte Sie, auch mir mein vor-
schnelles Urteilen und meine selbstsüchtigen Gedanken zu
vergeben.«

»Ich vergebe Dir, mein Sohn«, wisperte Abuna Ibrahim,
»und Ihnen soll durch den Herrn Jesus Christus vergeben
werden.«

Auf meinem Heimweg kam ich am Laden der Kommunisten
vorbei.

»Salaam alekhūm, der Friede sei mit Ihnen«, rief ich den
Männern zu und winkte, wie ich es immer tat. »Ist das nicht
ein wunderschöner Tag?« Wie gewöhnlich brachen die Männer ihr Gespräch ab, als ich näherkam; aber diesmal lächelten alle und winkten mir zu, noch ehe ich an ihnen vorbei-
gegangen war.

Von diesem Tage an erhoben die Männer ihre Hand zum
Gruße, bevor ich ihnen zuwinken konnte, wann auch immer
ich am Laden der Kommunisten vorbeikam. Endlich hatten

sie begriffen, daß dieser Priester sie respektierte und liebte. Die Palmsonntagshaltung erwies sich als ansteckend.

»Abuna, wir bitten Sie, den kleinen Ibrahim, meinen Enkelsohn, zu taufen.«

Die alte Frau und ihre Schwiegertochter, die Mutter des Kindes, hatten sich nach der Liturgie noch verweilt, um privat mit mir zu sprechen.

»Gern, mit dem größten Vergnügen taufe ich ihn.« Dies würde die erste Taufe sein, die ich als Priester vornahm.

Der byzantinische Taufritus dauert fast dreiviertel Stunden. Nachdem das Kind mit gesegnetem Öl gesalbt worden ist, wird es augenblicklich in das Taufbecken getaucht. Dann erfolgt die Salbung mit Chrisam und eine weitere mit Öl, das den Heiligen Geist verleiht. Vom Erhalt der Taufe an kann der Täufling jeden Sonntag die heilige Kommunion empfangen.

Als ich den nackten, sich windenden, zwei Monate alten Ibrahim in meine Hände nahm, ihn vorsichtig hielt, wie eine Mutter ihr Baby halten würde, war ich sehr bewegt. Ich durfte das Instrument sein, durch welches dieses winzige, kreischende Baby in Christus wiedergeboren werden würde.

Einige Wochen danach besuchte ich Bischof Hakim in Haifa. »Bischof, ich erhielt das Vorrecht, einem kleinen männlichen Säugling die Taufe zu spenden.«

»Wieviel haben Sie für die Taufe verlangt?«

»Ich erbat kein Geld, Bischof«, stotterte ich, wie bei einer Unachtsamkeit ertappt. »Man gab mir 2 Pfund als Geschenk (etwa 1 US $).«

Der Bischof war erzürnt: »Zwei Pfund? Und Sie haben das akzeptiert? Abuna Elias, ich verbiete Ihnen, weniger als 5 Pfund für eine Taufe anzunehmen. Andernfalls geben Sie ein schlechtes Beispiel, das die Leute nur ermutigt, geringe Summen zu bezahlen. Wenn andere Priesterkollegen eine

Taufe spenden und dafür weniger als fünf Pfund bekommen, werden sie gewiß sehr empört sein.«

Verebbt war der Andrang großer Freude, die ich mit dem Bischof hatte teilen wollen. An ihrer Stelle machten sich zornige Entschiedenheit und Eigensinn breit. »Bischof Hakim, ich gelobe Ihnen vor Gott, daß ich, solange er mir das Privileg beläßt, als Priester zu wirken, niemals von irgend jemandem für irgendeinen religiösen Dienst Geld annehmen werde.«

Unglaublich! Wie konnte mein Bischof sich auf das Geld ausrichten und nicht auf das Wunder der Taufe selbst? Faraj und ich hatten oft über die Gefahr gesprochen, die für einen Priester darin bestand, seine Gläubigen auszubeuten. Aber ich hatte nicht im Traum daran gedacht, daß ich sie bei meinem eigenen Bischof entdecken würde.

An jenem Abend erneuerte ich mein Gelübde am Altar. Als mein Ärger wieder abflaute, flehte ich zu Gott, mir die Kraft zu geben, der Versuchung von Geld und Reichtum nicht zu unterliegen und derart meine Leute nicht zu schädigen. Schließlich vermochte ich sogar für meinen armen Bischof zu beten, den ich doch herzlich liebte und verehrte.

Im Juli 1966 trafen Faraj und ich uns wieder anläßlich der jährlichen Priesterexerzitien in Nazareth. Unsere anfängliche Verzauberung von der Idee, Priester zu sein, war von der Realität der Alltagsaufgaben und Verantwortlichkeiten überdeckt worden. Später sollte ich mich daran erinnern, daß Faraj müde schien und nicht so schnell ging, wie das noch in Paris der Fall gewesen war. Damals tat ich das als Ermüdung infolge der sommerlichen Hitze ab.

Am letzten Morgen der Exerzitien lud Bischof Hakim Faraj und mich ein, beim Abschiedsfrühstück zu seiner Rechten und zu seiner Linken Platz zu nehmen. Es war Tradition, daß jeder Priester sich erhob und einige Worte an den Bischof richtete. Ich verstand bald, was da ablief. Dem Bischof wurde von seinen Priestern mit Komplimenten geschmeichelt.

»Bischof Hakim, Sie sind ein Prinz der Kirche. Sie werden als solcher von uns allen und auch vom Patriarchen anerkannt«, deklamierte einer der Priester. »Ja, ja«, pflichteten die anderen ihm bei.

Ein älterer Priester stand auf und sagte: »Mein Bischof, es ist nicht übertrieben, wenn ich feststelle, daß Sie ohne Zweifel die brillanteste arabische Persönlichkeit im heutigen Israel sind. Habe ich Recht?«, wandte er sich fragend an die anderen Priester. »Oh, ja«, bestätigten diese, »das ist absolut wahr!«

Dann rief ein weiterer Priester aus: »Bischof Hakim, Sie sind der großzügigste Wohltäter, den die Diözese je erlebt hat. Unsere Gläubigen verdanken Ihnen die Kirchen und Schulen, die Sie erbauten, aber auch private Zuwendungen.«

»Nun zu Euch, meine Söhne«, sprach der Bischof zu Faraj und mir, als der Beifall geendet hatte.

»Was habt Ihr uns mitzuteilen? Abuna Faraj, wollen Sie reden?« Faraj wurde plötzlich sehr scheu und schüttelte lächelnd den Kopf. »Also dann, Abuna Elias; es ist an Ihnen, das Wort zu ergreifen«, sagte der Bischof und wandte sich mir zu. Auch ich schüttelte den Kopf. Das Lächeln auf dem Gesicht des Bischofs begann sich zu verzerren.

»Was heißt das denn! Ich muß etwas von diesen beiden jungen Priestern hören, die ich vor einem Jahr geweiht habe.« Immer noch lehnten Faraj und ich die Einladung ab und spürten, wie die Blicke der Priester uns durchbohrten.

»Abuna Faraj, Abuna Elias, ich bestehe wirklich darauf, daß einer von Ihnen spricht.« Die Stimme des Bischofs hatte jetzt eine autoritäre Schärfe, die nicht mißachtet werden durfte. Faraj, der ein sehr sturer Kerl war, überrundete mich in dieser Situation mit seiner Hartnäckigkeit.

Schließlich stand ich zur Erleichterung aller im Raum auf. Ich ordnete meine graue Soutane, glättete meinen Bart, schaute Bischof Hakim an, der schon in Vorwegnahme meiner Worte strahlte.

»Nun, mein teurer und geliebter Bischof. Sie haben all das Lob dieser Priester vernommen. Aber wenn Sie mich bitten zu sprechen, zögere ich, weil ich wie Jeremias bin. Sie erinnern sich, daß Jeremias, als er aufgefordert wurde zu sprechen, zu Gott sagte: ›Oh, bitte nicht! Ich bin wie ein kleiner Junge, der plappert; ich kann nicht gut reden.‹ Und Gott sprach zu Jeremias: ›Sag nicht: Ich bin ein Kind. Ich lege meine Worte in Deinen Mund. Sieh: heute weise ich Dich an, aufzureißen und niederzuschlagen, zu zerstören und umzustürzen, zu bauen und zu pflanzen.‹«

Im Raum war es sehr still geworden. Sogar der Bischof lächelte nicht mehr und lauschte angestrengt auf meine Worte. Ich schluckte schwer. Wieder einmal formulierte ich gefährliche und herausfordernde Worte. Mir blieb keine andere Wahl, als auf dem eingeschlagenen Weg fortzufahren. »Mit demselben Geist, den Gott Jeremias gab, sage ich Ihnen, Bischof, daß ich nicht stolz darauf bin, wenn Sie ein Fürst der Kirche sind. Und wenn Sie ein hochrangiger Politiker in diesem Lande sind und viel Geld verteilen, bin ich darauf nicht stolz.«

Der Bischof starrte mich unentwegt an, ohne auch nur zu blinzeln. Farajs Gesichtsausdruck war gespannt. Er hatte seinen Mund zusammengebissen.

»Eher, Bischof, werde ich stolz auf Sie sein können, wann immer ich sehe, daß Sie sich selbst erniedrigen und die Füße Ihrer Gläubigen und Priester küssen. Dann erkenne ich in Ihnen Christus, den Mann aus Galiläa; und nicht mehr den Fürsten, den sozialen Führer oder die Person, welche begierig ist nach Geld und Macht; sondern den Diener aller. Bischof, es ist dieser Christus ähnliche Diener, den ich mehr und mehr in Ihnen erkennen möchte. Dann will ich meinen Mund auftun und stolz auf Sie sein.« Ich setzte mich schnell wieder hin.

Der Bischof schwieg einen langen Moment. Dann legte er seine großen Hände vor sich auf den Tisch, blickte uns alle reihum durchdringend an und sagte: »Nun gut, dieser Jeremias ist nicht schlechter als der erste.« Und alle Priester atmeten wieder auf.

Nach dem Krieg von 1967 besuchte ich die École Biblique in Jerusalem in Begleitung eines französischen Priesters. Dieser erzählte mir, Bischof Hakim habe im Anschluß an die Konferenz in Nazareth in Jerusalem eine Woche im Gebet verbracht. »Verraten Sie mir doch«, wollte der französische Priester wissen, »wer dieser Priester gewesen ist, der es wagte, zu Bischof Hakim zu sagen, er erwarte von ihm, daß er seinen Leuten die Füße wasche?«

In diesem Augenblick liebte und schätzte ich meinen Bischof mehr, als ich es je für möglich gehalten hätte. Sein Beten in Jerusalem und seine Mitteilung über das, was für ihn ein schwieriges und verwirrendes Ereignis in seinem Leben gewesen sein muß – das alles war für mich ein Zeichen der wahren Größe und echten Demut Bischof Hakims, eines wahren Beters.

»Wenn aber der Mann gelähmt war, Abuna, wie konnte er dann in das Haus gelangen, um Jesus dort zu sehen?« fragte Marwan. Die anderen Mädchen und Jungen schauten mich mit weit aufgerissenen und erwartungsvollen Augen an. Dies war jetzt die vierte Woche, in der ich Kinder am Sonntagnachmittag einlud, eine biblische Geschichte zu hören. Mehr als 60 Jungen und Mädchen, zwei Großmütter und ein paar junge Mädchen waren in der Kirche versammelt.

»Der Mann besaß gute Freunde und Verwandte, die ihm behilflich waren. Jesus saß drinnen. Und der Hauseigentümer, wahrscheinlich Petrus, hatte ihm den Ehrenplatz zugewiesen. Ihr alle wißt, wo der bei Euch zu Hause ist?«

Die Kinder nickten heftig. Ehrengäste wurden immer noch mit dem Rücken zur Wand gegenüber der Außentür hingesetzt, wie es schon zu Jesu Lebzeiten in Galiläa Sitte war.

»Die Freunde des Gelähmten sahen, wie voll das Haus war. Daher trugen sie ihn auf das flache Dach und fanden eine Öffnung...«

Ein Kind unterbrach mich: »Abuna, wir haben auch in unserem Dach eine Öffnung. Dadurch kommt das Heu für unser Vieh in den Lagerraum in unserem Haus!«

»Ja, das weiß ich. Als ich ein Kind war, gab es in meinem Haus auch einen Lagerraum und auch eine Öffnung auf dem flachen Dach. Das ist genau die Stelle, welche die Freunde des Mannes entdeckten. Und dann ließen sie den Gelähmten ganz vorsichtig ins Innere des Hauses hinunter, bis er ganz nahe bei Jesus war.«

Feda konnte ihre Aufregung nicht zurückhalten. »Und hat Jesus dem Mann geholfen, daß er wieder gehen konnte, Abuna?«

»Zuerst sagte Jesus: ›Mein Sohn, Deine Sünden sind Dir vergeben‹, und dann sagte er, ›steh auf, nimm Dein Bett und geh nach Hause.‹ Was glaubst Du, Feda, passierte dann?«

»Der Mann ging nach Hause. Das tat er, ja!« rief sie laut, und die anderen Kinder jubelten. »Ja, der Mann war geheilt; und er ging nach Hause und trug sein Bett. Jeder war so glücklich wie Ihr jetzt, und sie lobten Gott und sagten: ›Wir haben dergleichen nie zuvor gesehen!‹«

»Heute sollt Ihr alle Euren Familien zu Hause von dem starken Vertrauen jener Leute erzählen, das sie in Gott setzten. Das ist die Art von Glauben und Vertrauen, welche wir alle zu unserem Freund und Gefährten Jesus Christus haben können.«

Die Zukunft unserer melkitischen Gemeinde in Ibillin ruhte auf den winzigen Schultern dieser Kinder. Meine Aufgabe als ihr Priester bestand darin, ihnen zu helfen, ihren Herrn Jesus Christus zu lieben und sich in der Kirche wie zu Hause zu fühlen. Der Dienst an den Kindern begann für mich von großer Bedeutung zu werden. Ich ertappte mich dabei, alle möglichen Wege zu erträumen, wie ich die Jungen und Mädchen von Ibillin erreichen könnte. Meine Träume nahmen Dimensionen an, für die meine Kräfte allein nicht ausreichten. Wenn auch nur einige meiner Hoffnungen sich erfüllen sollten, brauchte ich dringend Hilfe, um sie in die Wirklichkeit umsetzen zu können.

KAPITEL 6

WO IST GOTT?

»Im Neuen Testament gibt es Geschichten über Menschen, die wie wir in galiläischen Dörfern lebten«, erzählte ich den jungen Frauen im Bibelunterricht, der Mittwochabends stattfand. »Nehmen wir das Lukasevangelium, Kap. 15. Hier finden wir drei Geschichten, in denen Jesus über Verlorengegangenes erzählt.«

Die jungen Frauen hatten an den Bibelstunden der Kinder am Sonntagnachmittag teilgenommen. Aber ich merkte, daß sie eine weitere Vertiefung in der Schrift benötigten. Seit einigen Monaten hatten wir uns wöchentlich versammelt, um gemeinsam das Neue Testament zu lesen.

»Die erste Geschichte berichtet über ein verlorenes Schaf, und wie der Schafhirte danach suchte. Habt ihr jemals unentwegt nach etwas gesucht, das verlorengegangen war?«

Miriam hob die Hand. »Einmal suchten meine Familie und ich unsere Kuh. Mein Bruder Issa hatte sie weglaufen lassen. Wir suchten überall nach der Kuh, sogar auf dem Jabal el Ghoul, dem Berg des ›Ogre‹, aber wir konnten sie nicht finden. Am späten Abend suchten viele von unseren Nachbarn und jeder aus unserer Familie im Mondlicht immer noch nach dieser Kuh. Endlich hörten mein Vater und mein Onkel Khalil die Stimme des armen Tieres. Sie war in einigen hohen, stacheligen Büschen auf der anderen Seite der Felder gefangen.«

»Was geschah, als Dein Vater die Kuh ins Dorf zurückbrachte?«

»Oh, es gab ein großes Fest mit Essen und Tanz, das bis in den frühen Morgen hinein dauerte.«

»Und warum mußte solch ein Fest für die Rückkehr einer verlorenen Kuh gefeiert werden? Das ist doch nur ein Tier.« Ich stellte mich unwissend. »Oh, Abuna«, protestierte Rawda, »wir brauchen unsere Kühe, um die Felder zu bestellen, das Land zu pflügen und große Felsbrocken wegzutransportieren. Hätten wir unsere Kühe nicht, würden wir nicht viel zum Essen, zum Handeltreiben und zum Verkaufen haben.«

»Und was wäre z. B. geschehen, wenn man die Kuh mit zwischen Felsgestein eingeklemmten und gebrochenen Beinen gefunden hätte?«

»Die Kuh wäre geschlachtet worden«, antwortete Gislaine, »und ihr Besitzer würde das Fleisch an seine Freunde und Bekannten verteilt haben.«

»Und diese würden dem Mann Geldgeschenke für das Fleisch machen, um ihm zu helfen, sofort wieder eine neue Kuh kaufen zu können«, fügte Miriam hinzu. »Das gleiche wäre, wenn es um ein verlorenes Lamm oder um ein Schaf gegangen wäre.«

Gemeinsam lasen wir jetzt Jesu Geschichte vom verlorenen Schaf, und die anwesenden Frauen konnten sich über die Vergleichbarkeit mit ihren eigenen Erfahrungen nicht genug tun. »Jetzt sehen wir, daß die nächsten Verse von einer Frau erzählen, die eine Silbermünze verlor und ihr ganzes Haus ausfegte, um sie wiederzufinden.« – »Abuna, das passierte einmal in der Kirche«, wußte Zada zu berichten. »Umm Rami verlor ihr Opfergeld; und wir mußten eine Petroleumlampe holen und nach den Münzen suchen. Wir konnten sie nicht sehen, weil der Boden so dunkel war.« – »Das ist richtig, Zada«, beschied ich der jungen Frau, die im dörflichen Kindergarten arbeitete. »In vielen Häusern und Kirchen haben wir noch diese schmutzigen Fußböden, die geschützt und versiegelt sind mit dem dunklen, öligen Restbestand aus den Olivenpressen. Das war auch so, als Jesus vor vielen

68

Jahren in Nazareth lebte. Wie wir auch verloren Menschen damals Dinge auf den dunklen Fußböden.«

Mir gefielen die Antworten, die auf eigenen Erfahrungen beruhten. Wie sehr wünschte ich mir, diesen jungen palästinensischen Frauen helfen zu können, sich mit Jesus Christus zu identifizieren, diesem Mann aus Galiläa, diesem Palästinenser, der doch ihr Erlöser und Freund war. Umgekehrt ließen auch sie mich Christus erkennen.

»In den nächsten Versen lesen wir die Geschichte von dem liebevollen Vater, der seinen verlorenen Sohn willkommen heißt. Könnt Ihr mir sagen, wen Jesus meint, wenn er vom Schafhirten, der Frau mit dem Besen und dem liebevollen Vater spricht?« Die jungen Frauen brüteten über den Textstellen. »Das muß wohl Gott sein, Abuna.«

»Warum sagt Ihr das?«

Rawda wagte sich vor: »Gott liebt uns so sehr, daß er uns nachgeht, wenn wir uns verirrt haben. Ich glaube, Gott ist glücklich, wenn er uns dahin zurückbringen kann, wohin wir gehören.«

»Und wie kommt Gott zu uns?«

Die Antworten folgten schnell: »In der Bibel und in all ihren Erzählungen... Durch die Liturgie... In der heiligen Kommunion... Bei der Taufe.«

»Ja, das sind all die Wege, auf denen Gott zu uns gelangt und uns hilft, ihm gleich zu werden. Aber da ist noch ein anderer Weg, den ihr noch nicht erwähnt habt.«

Zögernd meinte Miriam: »Vielleicht dienen diese Geschichten dazu zu sagen, Gott komme zu uns in Jesu Christus.«

»Richtig, Miriam. Jesus lebte hier in Galiläa als ein Mensch wie wir. Jeder kann von ihm lernen, wer und wie Gott ist. So wie für den Schafhirten das Schaf kostbar war und die Münze für die Frau, ist jede Person für Gott von unschätzbarem Wert und von unschätzbarer Bedeutung. Gott lehrt uns, unsere Mitmenschen weder aus Nächstenliebe oder Mitleid zu lieben, noch um ihm damit zu gefallen, sondern weil jede Person liebenswert und würdig ist, geliebt zu werden. Warum? Weil jeder Mensch – ob Christ, Muslim, Jude, Palästinenser, Amerikaner oder Russe – nach dem Ebenbild Gottes geschaffen ist.«

Jeden Freitag führte ich meine Bibelgruppe an eine andere heilige Stätte in Galiläa, mit der wir uns gerade beschäftigten. Die israelische Regierung bestand 1966 und 1967 noch darauf, daß arabische Palästinenser, die in Isreal lebten, die Genehmigung einholen mußten, wenn sie irgendwohin reisen wollten. Jede Woche aufs neue stellte ich die entsprechenden Anträge beim zuständigen Militärgouverneur in Akko.

Für die meisten jungen Frauen bot sich derart die seltene Gelegenheit, das Dorf mit seiner deprimierenden Einsamkeit und Isolation hinter sich lassen zu können und vor allem die nahgelegenen Orte zu sehen, wo Jesus gelebt und gewirkt hatte. Bei vorangegangenen Ausflügen hatten wir den Berg der Seligpreisungen, den See Genezareth und den Berg Karmel besucht.

An diesem besonderen Freitag fuhren wir über die mit Bäumen gesäumte Haarnadelkurve auf den Berg Tabor hinauf. Der Berg Tabor, oft auch Berg der Verklärung genannt, liegt am nordöstlichen Ende der Ebene von Jezreel, Megiddo oder Esdraelon. Nur ein paar Kilometer von Nazareth entfernt, erhebt sich der Tabor sehr majestätisch über die Ebene. Hier sammelten sich die Armeen mit Deborah und Barak und schlugen General Sisera. Die frühchristliche Tradition berichtet, daß Jesus Petrus, Jakobus und Johannes mit auf diesen Berg nahm, damit sie Zeuge seiner Verklärung würden. Der Tabor war mir wohlvertraut. Immer wieder war ich von Nazareth aus bis zum Gipfel des Berges gewandert, oft zusammen mit Faraj. Unterwegs pflückten wir Blumen und aßen viele verschiedene Kräuter oder Samen. Wir lernten dabei, uns als Teil unseres geliebten Galiläas zu begreifen, wie es vor uns unser Gefährte Jesus Christus getan hatte.

Auf dem Berggipfel angekommen, besichtigte unsere Bibelgruppe zunächst die Verklärungskirche und begann danach, die Gegend zu erkunden. Die Sicht von der Höhe des Berges, einem kegelförmigen Block aus Kalkstein, ist wirklich prachtvoll. Im Nordosten kann man den schneebedeckten Berg Hermon erkennen. Im Osten sind die Golanhöhen, die sich über dem ruhigen See Genezareth und der Jordansenke erheben, die entlang dem großen afro-asiatischen Senkungsgraben verläuft. Im Süden liegt das kleine Dorf Nain, wo Jesus den Sohn der Witwe von den Toten erweckte. Und dahinter erstrecken sich die Hügel von Samaria. Im Westen dehnt sich die grüne, fruchtbare Ebene von Jezreel aus. Jesus durchquerte dieses ganze Land viele Male allein oder in Begleitung seiner Jünger.

Schließlich ließen wir uns auf einer grasbedeckten Fläche nieder, um zu Mittag zu essen. Gislaine, Zada, Rawda und Miriam hatten zusammen mit den anderen jungen Frauen Brot, Käse, Obst und köstliche arabische Süßigkeiten eingepackt. Wir taten uns gütlich daran und genossen das herrliche Panorama vor uns. Die Jahrhunderte alte Geschichte von Gott und der Menschheit lag wie ein aufgeschlagenes Buch vor unseren Augen.

»Jesus wanderte mit Petrus, Jakobus und Johannes diesen Berg hinauf, genauso wie wir heute hier heraufgefahren sind. Dann schliefen sie ein wenig, während Jesus betete. Und während er betete, begann sein Gesicht zu leuchten wie die Sonne. Seine Kleider wurden blendend weiß. Moses und Elias erschienen, um mit ihm zu reden. Stellt Euch vor, wie geschockt Petrus, Jakobus und Johannes gewesen sein müssen, als sie aufwachten und Jesus in seiner Glorie sahen. Und was für eine Überraschung muß es gewesen sein, Moses und Elias zu erblicken. Petrus schlug vor, hier drei kleine Zelte zu bauen, damit alle für immer dableiben könnten, um den verklärten Herrn anzubeten. Eine Riesenwolke überschattete sie alle«, so erzählte ich meinen Begleiterinnen weiter, »und als sie verschwunden war, stand Jesus wieder allein bei seinen Jüngern und sah so aus wie zuvor. Die wahre Schönheit dieser Verklärungsszene aber lag in der Verklärung der Jünger selbst begründet. Ihre Augen waren imstande gewesen, die wahre Wirklichkeit ihres Herrn und Meisters Jesus Christus zu erkennen. Das aber machte Gott möglich, indem er ihre Augen, ihre Herzen und ihren Verstand hier auf dem Berge Tabor dafür öffnete. Auch uns wäre zu wünschen, daß Gott uns Augen, Zungen und Hände verklärt, damit wir sie mehr zum Segnen gebrauchen und weniger dazu, anderen Übles anzutun.«

Wir schwiegen eine Weile miteinander und betrachteten die Schönheit Christi, und wie Gott uns das Geschenk der Verklärung in unserem täglichen Leben verleiht. »Ihr alle kennt die Ikonenart, welche auf Holz gemalt wird«, fuhr ich fort. »Aber ich frage mich, ob Ihr auch die andere Art von Ikonen kennt.«

Für byzantinische Christen bilden Ikonen einen Zugang zum Gebet. Ikonen sind Darstellungen von Jesus, Maria und den Heiligen, die wunderbar auf Holz gemalt sind. Und manchmal werden wertvolle Metalle für die Gloriolen um Köpfe oder die Gewänder verwendet. Jedes byzantinische Haus besitzt wenigstens eine Ikone, üblicherweise die der Jungfrau Maria; und diese nimmt einen Ehrenplatz im Hause ein.

Die allererste Ikone, die ein Ikonograph malt, ist die der Verklärung Christi. Bevor er damit oder mit jeder anderen Ikone beginnt, meditiert der Künstler und bittet Gott, er möge die Farben, Pinsel und selbst die Person des Künstlers verklären. Er bittet im Gebet, daß die Menschen, welche die Ikone betrachten, im heiligen Geiste durch die besondere Vergegenwärtigung der göttlichen Liebe verklärt werden.

»Die wahre Ikone ist Euer Nachbar, der nach dem Bilde Gottes geschaffen wurde«, erklärte ich auf dem Tabor meinen Begleiterinnen. »Wie herrlich ist es, wenn unsere Augen verklärt werden und wir in unserem Nachbarn die Ikone Gottes erkennen. Ihr und ich, wir alle sind Ikonen Gottes. Wie bedenklich aber ist es, wenn wir das Bildnis Gottes hassen, wer auch immer es sein mag, ob ein Jude oder ein Palästinenser. Wie gefährlich erst recht, wenn wir nicht hingehen und sagen können: ›Es tut mir leid, daß die Ikone Gottes durch mein Verhalten verletzt wurde.‹ Wir alle müssen verklärt werden, so daß wir Gottes Glorie im Anderen wahrnehmen können.«

Wir blieben bis zum späten Nachmittag auf dem Tabor, beteten, sangen und meditierten. In einer wundervollen Ruhe fuhren wir über die gewundene Straße auf die Ebene zurück und weiter den kleinen Hügel hinauf, auf dem Nazareth liegt.

Im Vorbeifahren wies ich auf die kleine orthodoxe Kirche, die über einem alten Brunnen aus der Zeit von Jesus errichtet worden ist, den Maria benutzt haben muß. Ich zeigte meinen Begleiterinnen das melkitisch-katholische Seminar auf dem Hügel, wo ich die Höhere Schule besucht hatte und die Kapelle, in der ich geweiht worden war. Als wir uns dem Kloster der Josefsschwestern näherten, hielt ich an, um den jungen Frauen zu zeigen, wo Nonnen aus diesem Orden ausgebildet werden und wo sie leben.

»Ihr kennt gewiß Miriam von Ibillin?« fragte ich. Alle nickten zustimmend. Ihr Bild hing überall im Dorfe. Miriam Bawardy[1] war vor ungefähr 75 Jahren als Kind in Ibillin aufgewachsen. Schließlich wurde sie Karmelitin und nahm den Namen Miriam (Maria), die Schwester von Jesus, dem Gekreuzigten an. Die Leute nannten sie »die kleine Araberin«. Schwester Miriam gründete Karmelgemeinschaften und erbaute Klöster in Palästina und in Indien. Beim

Schleppen von Wassereimern für die Arbeiter, die in Bethlehem an einem Karmelkloster bauten, fiel sie hin und brach sich beide Beine. Brand befiel die Wunden, und sie starb im Alter von 33 Jahren. Man erzählt gern, daß die Glocken in Bethlehem, Ibillin und an vielen anderen Orten läuteten, als sie starb.

Nach ihrem Tod wurde Schwester Miriam in Ibillin einfach als »Die Heilige« bezeichnet. Wann auch immer die Leute an sie denken mußten, dachten sie gleichzeitig an Gott. Die Dorfbewohner begannen damit, Kerzen anzuzünden und an den Ruinen ihres Elternhauses in Ibillin zu beten. Hunderte von Kerzen und abgebrannter Weihrauch zeugen jeden Abend davon, daß an dieser Stelle täglich zu Gott gebetet wird.

Als ich die hohen Steinmauern erblickte, fühlte ich den mir vertrauten Überdruß in mir aufsteigen, den ich schon als Schuljunge in Nazareth empfunden hatte. »Oh, meine Güte«, pflegte ich zu mir zu sagen. »Mit diesen Außenmauern allein könnte ich den Leuten von Biram ein ganzes Dorf erbauen. Warum identifizierte sich die Kirche mit Reichtum, Macht und Prestige? Spiegelte das Jesus Christus, den Mann aus Galiläa, wider?« Ich wußte, daß die Leute, die hinter diesen Mauern lebten, beteten, studierten und Gott priesen. Aber sie halfen armen Leuten nicht, ihre tägliche Not zu bestehen. Für mich war das wirklich ein Skandal.

Ich ließ den Motor meines Wagens an und wollte diesen Ort wieder verlassen, als mich ein Gedanke blitzartig überfiel. Viele Nonnen saßen hinter diesen Mauern. Wie wäre es, wenn ich zwei von ihnen einlüde, nach Ibillin zu kommen und mir beim Dienst an den Menschen dort zu helfen? Würden überhaupt welche in das Angebot einwilligen? »Nun gut«, dachte ich, als ich in Richtung Ibillin zurückfuhr, »ich muß bald einmal mit Mutter Josephat reden.«

Kapitel 7

GEHT IN JEDES HAUS!

»So, was hat sich getan?« Was hat der Bischof gesagt? Ich stand erwartungsvoll vor dem Schreibtisch der Provinzoberin im St. Josefskloster in Nazareth.

Mutter Josephat schniefte etwas und schürzte die Lippen. »Ich habe schlechte Nachrichten für Sie. Wie Sie vorgeschlagen haben, versuchte ich, den Bischof davon zu überzeugen, zwei Nonnen nach Ibillin zu senden. Als er aber erfuhr, daß es im Dorf weder Katholiken gebe noch irgendeine Aussicht bestehe, daß die Nonnen dort Leute als Katholiken gewinnen könnten, lehnte er das Ansinnen ab.« Ich schüttelte meinen Kopf und fühlte meine Hoffnungen schwinden. »Dieser Mann hat keine Visionen; und was noch schlimmer ist, er gibt den Nöten der Menschen nicht die Priorität.«

Drei Tage nachdem ich die dicken Außenmauern des Klosters angestarrt hatte, hatte ich mit Mutter Josephat über meine große Liebe und mein Interesse an den Menschen in den galiläischen Dörfern gesprochen und dargelegt, daß sie von fast jedermann im Stich gelassen worden seien, einschließlich der Kirche. »Wäre es nicht wunderbar, wenn zwei Nonnen aus diesem Kloster mir helfen könnten, die Kinder Bibelgeschichten zu lehren und sie im Singen der Liturgie zu schulen? Außerdem könnten sie Hausbesuche machen und die Frauen und Mädchen Nähen lehren.«

Mutter Josephat zeigte Verständnis und erkannte in meiner Anfrage eine Chance für die Nonnen. »Jedoch, Abuna«, wandte sie ein, »ich muß unseren Bischof um Erlaubnis bitten.«

Mein Herz sank, aber Mutter Josephat beschwichtigte meine Besorgnis. Dabei handele es sich nur um eine Formsache. Wir legten den Termin für die folgende Woche fest, in welcher der Bischof nach Nazareth kommen würde. Bei dieser Gelegenheit sollte ihm die Anfrage vorgetragen werden. Jetzt aber sah ich alle herrlichen Möglichkeiten sich in Nichts auflösen.

»Nun, Mutter Josephat, was werden Sie tun?« Die Provinzoberin stand hinter ihrem Schreibtisch auf. »Abuna Elias, der Bischof hat sehr eindeutig die Erlaubnis nicht erteilt, daß zwei Nonnen nach Ibillin kommen. Darin kann ich ihm nicht den Gehorsam verweigern.« Ich nickte und verstand ihre Situation. »Deshalb, Abuna, werde ich Ihnen drei Nonnen schicken!«

Ich bekam die Maulsperre: »Was? Wie? Sie werden es tun?« Mutter Josephat lachte über meine Reaktion. »Ja, ich werde drei Nonnen nach Ibillin senden. Ich weiß, die Not dort ist sehr groß. Außerdem scheint mir, daß einige unter meinen Frauen in ihrem Denken zu steril werden und daher in einem pastoralen Leben geistlich erneuert werden müssen. Wir können viel von den christlichen Dörfern lernen. Jesus war ein einfacher Dorfbewohner. Ich hoffe, die Nonnen werden Jesus im Dorf begegnen.«

Am nächsten Sonntag traf ich sehr früh im Kloster ein, um die Nonnen mit nach Ibillin zu nehmen. Mutter Josephat führte mich in einen Aufenthaltsraum und stellte mich den drei Frauen vor, die in die genau gleiche graue Montur gekleidet waren. »Abuna, ich möchte Ihnen Mutter Macaire, Schwester Gislaine, und Schwester Nazarena vorstellen. Schwestern, das ist Abuna Elias Chacour, mit dem Sie im Dorfe Ibillin zusammenarbeiten werden.« Ich schüttelte jeder von ihnen die Hand.

Mutter Macaire hatte ein würdevolles Benehmen und betonte in ihrem Verhalten eine gewisse Ferne. Später erfuhr ich, daß das aus ihrem Amt als Oberin eines Klosters her-

76

rührte. Sie war beträchtlich älter als die beiden anderen Nonnen. Schwester Gislaine war klein, ziemlich rundlich und lachte über das ganze Gesicht. Sie schien sehr intelligent zu sein. Bald sollte ich ihre grenzenlose Großzügigkeit und ihren unerschütterlichen Glauben kennenlernen. Schwester Nazarena war mittelgroß und sehr dünn. Ihr Lächeln war reizend, und sie liebte Kinder über alles. Später stellte ich fest, daß sie eine schwache Gesundheit hatte und manchmal wegen Magenleiden ins Krankenhaus mußte.

»Willkommen!«, sagte ich. »Wir freuen uns auf Ihren Besuch in Ibillin.«

Mutter Macaire erwiderte sofort: »Sind Sie damit einverstanden, daß Sie uns nach der Liturgiefeier sofort wieder ins Kloster zurückbringen?«

Ich war schockiert, hatte ich doch erwartet, die Nonnen würden den ganzen Tag in Ibillin verbringen. Ja, sie würden vielleicht sogar die Nacht in Ibillin bleiben, so daß sie am Montag Hausbesuche machen könnten. Ich schaute Mutter Josephat etwas bestürzt an. Die Provinzoberin lächelte mir beruhigend zu und nickte unmerklich, wie wenn sie mir damit sagen wollte: »Nur vorwärts; gehen Sie darauf ein!«

»Das ist versprochen«, sagte ich zu den drei Nonnen, die schon viel glücklicher aussahen, als ihre Rückkehr garantiert schien. »Jetzt kommen Sie, ich bringe Sie zum Gebet nach Ibillin.«

In der Sicherheit, nach Nazareth zurückgefahren zu werden, stiegen die Nonnen sofort nach der Liturgiefeier in mein Auto und warteten ungeduldig, während ich jedermann begrüßte. Ich war höchst ärgerlich, weil ich keine Zeit dafür hatte, Fahrer zu spielen, Nonnen nur zum Beten den ganzen Weg von Nazareth und wieder zurück zu transportieren. Aber ich erinnerte mich an das Lächeln von Mutter Josephat, nickte und entschied mich, meine Zunge zu beherrschen. Ich betete auch darum, daß der Heilige Geist handeln möge und zwar schnell.

An den Folgesonntagen verhielten sich die Nonnen ebenso. Dann, am sechsten Sonntag endlich, kündigte Mutter Macaire an: »Abuna, vielleicht können wir es einrichten, nach der Liturgie zu bleiben. Wir möchten uns mit den Leuten bekanntmachen, die hinreichend freundlich aussehen.«

»Fein, Mutter Macaire«, sagte ich und war bemüht, nicht zu breit zu lächeln. Nach der Liturgie saßen die Nonnen mit mir zusammen in meinem Raum, und bald kamen Dorfbewohner, um Geschenke zu bringen. »Abuna, wir wissen, daß die Nonnen bei Ihnen bleiben. Und so möchten wir unser Essen mit Ihnen teilen«, sagte eine Frau.

Die Nonnen waren vollkommen überwältigt von diesem Strom an Liebe und Zuneigung, der sich über sie ergoß. Als ich sie schließlich am Abend ins Kloster zurückfuhr, teilten sie mir schon mit, sie würden am nächsten Sonntag wieder bleiben. Ich schlug ihnen vor, doch in die Häuser der Leute zu gehen und beruhigte sie, daß sie ja nur die »guten christlichen Familien« zu besuchen brauchten. Sie zauderten noch, waren aber bereit, diesen radikal neuen Schritt zu erwägen.

Es war Schwester Gislaine, welche als erste einige Wochen später die Feuertaufe bei Besuchen im Dorfe erhielt. Am Palmsonntag erzählte ich ihr, daß ich an Ostern alle melkitischen Familien besuchen würde und lud sie ein, mich zu begleiten. »Jetzt kommen Sie, Schwester Gislaine«, sagte ich nach der großen Liturgiefeier am Ostersonntag. »Wir müssen heute in viele Häuser gehen.« – »Gern bin ich dazu bereit«, sagte sie lächelnd. Ihr grauer Habit und Schleier waren makellos und ohne das geringste Fältchen. »Gehen wir also.« Und so begannen wir, die Runde der Osterbesuche zu machen, die uns in Ibillin an einem Tag in mehr als 60 Häuser führte.

Das hieß, felsige Hügel hinauf-, kieselige, staubige Straßen hinunterzuklettern; über Felder, unter Olivenbäumen, durch Herden von Schafen und Ziegen uns den Weg zu unseren melkitischen Familien zu bahnen und ihnen zuzurufen: »Christus ist auferstanden!« Worauf sie entgegneten: »Er ist wirklich auferstanden!« Wir erhielten dann ein oder zwei Plätzchen und pflegten unsere Einladung auszusprechen: »Wir würden uns freuen, Sie am nächsten Sonntag in der Kirche zu sehen«, und weiter ging's zum nächsten Haus, wohin wir gleichfalls unsere Wünsche und unsere Einladung trugen.

Gegen sieben Uhr am Abend kamen wir vom letzten Haus zurück und schritten langsam zum Pfarrhaus zurück. »Nun, was denken Sie jetzt?«, fragte ich Schwester Gislaine. »War dieser Tag mit den Familienbesuchen eine gute Sache?« Sie antwortete nicht. »Hat es Ihnen gefallen?«

Als sie immer noch nicht antwortete, blieb ich stehen und blickte zurück. Schwester Gislaine war hinter mir zurückgeblieben, ging langsam und schnaufte dabei. Ihr Gesicht war hochrot, ihr hübscher grauer Habit stark zerknittert und von den Strapazen arg in Mitleidenschaft gezogen. Ihre Schuhe waren staubbedeckt, und ihr Schleier saß schief auf ihren Kopf. Ich ging ihr entgegen und nahm ihren Arm.

»Ist alles in Ordnung, Schwester Gislaine? Sie sehen erschöpft aus.«

»Ich bin tatsächlich erschöpft, Abuna«, sagte sie keuchend. »Ja, es war ein guter Tag, aber ich vermag kaum mehr einen Schritt zu tun!«

Arm in Arm schleppten wir uns mühsam den Hügel hinauf zum Pfarrhaus. Nachdem Schwester Gislaine sich eine Weile ausgeruht und mit viel Wasser ihren Durst gelöscht hatte, kletterte sie mit den beiden anderen Nonnen in mein Auto. Prompt fiel sie auf der kurzen Fahrt nach Nazareth in Schlaf. Aber ich jubilierte.

Am Ostersonntag 1967 hatten wir in Ibillin jede melkitische Familie besucht! Die Leute hatten vernommen, daß Christus von den Toten auferstanden war. Alle hatten auch erfahren, daß Abuna Elias und Schwester Gislaine sie so sehr liebten, daß sie an diesem Tag der Auferstehung zu ihnen und in ihre Häuser gekommen waren, um sie zu beglückwünschen.

Wieder an einem Sonntag etwa drei Monate danach hatten die Schwestern ihre Koffer gepackt, als ich sie wie üblich abholte, um sie nach Ibillin zu fahren. Mutter Josephat winkte »Auf Wiedersehen«. Auf ihrem strahlenden Gesicht las ich ihr freudiges Einverständnis. Allem Anschein nach war es hinter den Klostermauern also doch lebendig.

»Sie werden hier schlafen«, teilte ich den Nonnen mit, als wir in meinem Raum standen.

»Abuna, wo werden denn Sie schlafen?«, sagte Schwester Nazarena und schaute sich um.

»Machen Sie sich meinetwegen keine Gedanken. Ich habe einen Schlafplatz. Dieser Raum und die Küche sind ganz für Sie bestimmt. Seien Sie willkommen!«

In jener Nacht kampierte ich wieder auf dem Rücksitz meines Volkswagens und versuchte, es mir dort einigermaßen bequem zu machen. Aber es war mir im Grunde auch nicht so wichtig. Die Nonnen waren jetzt im Dorf stationiert, und das bedeutete, daß in dieser Gemeinde viel in Angriff genommen werden konnte.

Nachdem ich einige Monate lang entweder im Auto oder auf Küchenbänken genächtigt hatte, half mir die Gemeinde dabei, einen separaten Raum auf dem Pfarrhaus zu erbauen.

»Wer geht mit mir die Leute aufwecken?«, fragte ich die Nonnen eines frühen Sonntagmorgens. Schwester Gislaine und Schwester Nazarena erklärten sich dazu bereit. »Salaam alekhum«, rief ich und klopfte laut an Abu Nimers Tür. »Wachen Sie auf, es ist acht Uhr. In einer Stunde werde ich die Messe feiern, und ich möchte Sie und Ihre Familie dabeihaben.« Abu Nimer steckte verschlafen seinen Kopf durchs Fenster und winkte uns mit der Hand nach, als die Nonnen und ich schon wieder unseren Weg fortsetzten.

»Hallo, Abu Muheb«, sagte ich zu einem Mann, der in seiner Tür stand, als wir vorbeikamen. »Bald läute ich die Glocke für die Messe. Die Nonnen und ich erwarten Sie mit Ihrer Familie zum Gebet.« – »Wacht auf, wacht auf!«, riefen die Nonnen beim nächsten Haus. »Wir erwarten Sie zum Gebet und laden Sie herzlich ein, später mit uns gemeinsam Kaffee zu trinken.«

Jeden Sonntag besuchten uns nach der Messe Leute, die oft Kuchen und Konfekt mitbrachten. Dies wurde miteinander geteilt, während die Anwesenden den Kaffee und vor allem die von den Nonnen geschaffene freundliche Atmosphäre genossen. Der Geist war am Werk, und die Famiie versammelt.

Die Nonnen verstanden schnell, daß ich die Besuche als eine heilige Aufgabe betrachtete. »Wir sind dabei, in Ibillin eine neue Realität zu schaffen«, sagte ich bald nach ihrer Ankunft zu ihnen. »Wir werden systematisch jede Familie in unserer melkitischen Gemeinde besuchen. Unsere Botschaft lautet, daß wir einander brauchen, daß wir zusammengehören und einander lieben.«

Im ersten Jahr des Aufenthaltes der Nonnen in Ibillin besuchten wir viermal jede melkitische Familie und erstellten einen durchführbaren Arbeitsplan. »Heute werden wir Umm Mousa und Umm Khalid besuchen«, eröffnete ich den Nonnen. »Aber, Abuna, das sind doch keine Melkiten!« protestierte Mutter Macaire. »wir besuchen nur melkitische Familien.« – »Bis jetzt haben Sie nur melkitische Familien besucht, Schwester. Aber heute beginnen wir auch mit den Besuchen bei den orthodoxen Familien. Abuna Ibrahim freut sich darüber. Ich habe ihm schon mitgeteilt, daß Sie das tun werden.« – »Aber ... Sie sind doch orthodox!« Die Augen von Schwester Nazarena wurden ganz weit. »Was

81

werden wir denn zu ihnen sagen?« – »Sie sind Christen wie Sie auch, Schwester. Und sie warten darauf, daß Sie kommen.« Ich erhob mich und ging zur Tür. »In zehn Minuten bin ich wieder zurück. Dann können wir mit den Besuchen beginnen.« – »Das ist ja eine schöne Bescherung!«, hörte ich Mutter Macaire schnauben. »Sie können sich darauf verlassen, daß er uns als nächstes auffordern wird, muslimische Familien zu besuchen!« Ich steckte meinen Kopf zur Tür herein, grinste die überraschten Nonnen an und sagte: »Nächste Woche, Schwester! Nächste Woche!«

Eines Tages im Spätherbst 1967 fiel anhaltender Regen und jagte Ströme von Wasser den Hügel von Ibillin hinunter. In der Nacht verschlimmerte sich der Sturm. Ich wachte durch grelle Blitze und gleichzeitiges Donnergetöse auf. Ich lag auf einer Matratze, dankbar, wohl geborgen im Pfarrhaus zu sein und horchte auf den Sturm, der durch das Dorf peitschte.

Plötzlich ertönte ein ungeheurer Krach, und der Raum wurde erhellt, wie wenn es mitten am Tag sei. Ich sprang auf und zog mich an. Etwas in der Nähe mußte vom Blitz getroffen worden sein. Oh, mein Gott, hoffentlich nicht die Kirche! Ich rannte hinaus in den Sturm und fürchtete schon, einen Steinhaufen anstelle der Kirche zu sehen; doch das Gebäude war nicht getroffen worden. Da ich Alarmrufe auf der anderen Hügelseite hörte, rutschte und schlitterte ich durch Schlamm, wo tags zuvor noch eine begehbare Straße gewesen war.

»Was ist los?«, schrie ich, als ich Habib und einige Männer erkannte. »Wo hat es eingeschlagen?« Sie zeigten auf die Moschee. Und wir standen beieinander und starrten auf den gähnenden Riß in dem kuppelförmigen Dach.

Viele andere Männer stießen jetzt dazu, unter ihnen Ibillins muslimisches Oberhaupt, Scheich Ahmad oder Abu

Muhammad. Er schlug sich in seinem Kummer an die Brust, und die übrigen muslimischen Männer taten es ihm nach. Die Christen versuchten sie zu trösten, indem sie den Schock und die Trauer mitfühlten. Nach geraumer Zeit gingen wir wieder auseinander, versprachen jedoch, bei Tageslicht den Schaden mit festzustellen.

Am anderen Tag bauten die Kinder aus dem Schlamm Festungen und Burgen. Die Erwachsenen schritten indessen bedächtig um die Moschee herum und schüttelten bedenklich ihre Köpfe. Bei Tageslicht wurde offensichtlich, daß der entstandene Schaden beträchtlich war. »Abu Muhammad, es tut mir leid um die Moschee«, sagte ich zum Scheich, als dieser gerade dabei war, Steinschutt beiseite zu räumen. Ich half ihm, einen großen Steinblock aus dem Weg zu schaffen.

»Danke, Abuna Elias«, erwiderte der Scheich und legte eine Pause ein, um sich mit dem Taschentuch den Schweiß von der sorgenzerfurchten Stirn zu wischen. »Das ist solch ein Schock. Noch gestern beteten wir hier, und heute ist die Moschee nahezu zerstört.«

»Nun, warum kommen Sie dann nicht in unsere melkitische Kirche, um zu beten?«

Der Scheich schaute mich ungläubig an. »Wie? Sie laden mich ein, in Ihrer Kirche zu beten?«

»Ja, warum denn nicht?«

»Aber wir sind doch Muslime und keine Christen.«

»Und wenn schon? Sie preisen doch Gott in Ihren Gebeten?«

»Ja natürlich.«

»Ich bete nicht besser als Sie auch, Abu Muhammad. Sie sind herzlich eingeladen, unsere Kirche für Ihr Gebet zu benutzen, bis die Moschee wieder hergerichtet ist.«

Von diesem Augenblick an verbesserten sich die Beziehungen zwischen Christen und Muslimen in Ibillin.

Einige Monate zuvor hatten einige von uns aus der melkitischen und der orthodoxen Gemeinde für die Vergrößerung und Reparatur der verfallenden, orthodoxen Kirche einen Fonds gesammelt. Die Mauer um den christlichen Friedhof herum wurde auch instand gesetzt, so daß Tiere nicht hinein konnten. Der restliche Fonds befand sich in meiner Obhut. Der Blitzschlag veranlaßte mich dazu, meinen ersten Rundbrief an die Dorfbewohner zu verfassen.

»Vielen Dank für Eure Spenden, die uns ermöglicht haben, Reparaturen an der orthodoxen Kirche auszuführen und eine Mauer um den Friedhof zu ziehen. Ich habe noch etwas Geld übrig behalten. Und da ich weiß, wie tolerant Ihr seid, meine christlichen Freunde, und wie sehr Ihr Eure muslimischen Schwestern und Brüder liebt, habe ich es dazu verwendet, Baumaterial für den Wiederaufbau der Moschee zu erstehen.«

»Der christliche Priester hat uns etwas Geld gegeben, damit die Moschee wiederaufgebaut werden kann«, sagten die Muslime zueinander. »Es ist eine Schande, wenn wir ihm nicht helfen, die Moschee zu vergrößern und wieder aufzubauen.« Christen und Muslime also bauten die Moschee gemeinsam wieder auf. Sie errichteten eine große Mauer drumherum und hingen das Haupttor aus Stahl ein. Darauf steht in arabischen Lettern: Allahu akbar. Gott ist groß.

»Inzwischen sind wir in fast allen Häusern im Dorf gewesen«, teilte mir Schwester Nazarena eines Mittags nach dem Essen mit. »Und wir konnten eine große Not feststellen.« »Eine sehr große Not«, unterstrich Schwester Gislaine mit Nachdruck. Und Mutter Macaire nickte bekräftigend dazu. »Abuna, wir möchten für die kleinen Kinder im Dorf einen Kindergarten eröffnen«, sagte Schwester Nazarena und ihre Worte überschlugen sich beinahe. »Es gibt so viele Kinder, und sie spielen auf der Straße oder in den Feldern, bis sie in die erste Schulstufe eintreten. Abuna, es wäre wirklich förderlich für sie, wenn sie täglich einen Kindergarten besuchen könnten. Sie würden dort lernen zu singen, zu zeichnen und zu malen, auch Spiele, biblische Geschichten, Zahlen und Buchstaben.« Schwester Gislaine zählte die in Aussicht genommenen und angestrebten Errungenschaften für die Kinder an ihren Fingern auf. »Die Kinder sind so gescheit und aufgeweckt. Aber ihre Mütter sind beschäftigt und finden daher keine Zeit, sie all dies zu lehren.« – »Deshalb möchten wir sie gern unterrichten, Abuna. Könnten wir hier im Pfarrhaus einen Kindergarten einrichten?« Schwester Nazarena ging die Luft aus.

»Mutter Josephat, ich wünschte, Sie wären da,« frohlockte ich. Monatelang hatte ich dafür gebetet und darauf gehofft. Die Nonnen waren wachsend erfinderisch und wagemutig geworden. Aber jetzt das! Diese Idee zur Gründung eines Kindergartens erforderte Wunsch und Wollen, Engagement und Courage! Nicht länger konnte ich das große Lächeln zurückhalten, das sich unweigerlich auf meinem Gesicht ausbreiten wollte. Die Nonnen hüpften hoch, quietschten wie Schulmädchen. »Einverstanden? Wir können das wirklich tun?« Sie stürzten sich auf mich. »Unbedingt! Es ist eine phantastische Idee! Wann können wir damit beginnen?« Jegliche Antwort wurde von der lauten Freude übertönt, die mich umgab.[1]

KAPITEL 8

WIR JUNGEN PRIESTER

1967 begann ich mit dem Studium an der Hebräischen Universität. Bischof Hakim hatte mich darum gebeten, denn er wollte, daß ich mehr von der jüdischen Bibel und der jüdischen Theologie verstünde. Um die Studiengebühr und das Studium bezahlen zu können, gab ich Privatunterricht, hielt öffentliche Vorträge an der Universität über christliche Theologie und erhielt auch ein Stipendium. Ende 1969 näherte ich mich dem Abschluß mit M. A.-Examen und zwar als erster Palästinenser und erster christlicher Priester, der an der Hebräischen Universität in Bibel und Talmud einen akademischen Grad erwarb. Die beiden Universitätsjahre waren anregend und interessant für mich gewesen, wenngleich auch extrem anstrengend. In regelmäßigem Rhythmus hielt ich mich einige Tage in Jerusalem auf, kehrte dann wieder nach Ibillin zurück und arbeitete mit den Leuten weiter an unseren zahlreichen Projekten.

Eines Morgens besuchte mich Abu Yakub, Mitglied unserer Gemeinde, als ich gerade einen Vortrag vorbereitete. Er setzte sich bequem neben meinen Schreibtisch und lockerte seine Keffiyeh. »Abuna, letzten Sonntag haben Sie in der Kirche gesagt, wann immer wir an Ihrer Tür vorbeikämen und sie offen fänden, seien wir eingeladen, Sie zu besuchen. Hier bin ich.«

»Das ist gut«, antwortete ich und warf einen schrägen Blick auf meinen unvollendeten Vortrag. Abu Yakub berichtete über seine Gesundheit, sein Land und seinen Esel. Bald wiederholte er einige seiner Geschichten. Dann verfiel er in Schweigen. Es wurde 10. 30 Uhr; 11. 00 Uhr. Er hatte nichts mehr zu sagen, blieb aber weiter an meinem Schreibtisch sitzen. Die ungeschriebenen Gesetze palästinensischer Gastfreundschaft hielten mich an, ein guter Gastgeber zu sein, solange er mein Gast zu bleiben wünschte. 11.30 Uhr, 12.00 Uhr Mittag.

Endlich sprach er wieder. »Abuna, ich weiß, daß Sie meiner überdrüssig sind.« – »Nein, nein, Abu Yakub. Aber heute muß ich einen Vortrag vorbereiten, den ich vor Universitätsprofessoren halten muß. Und das ist sehr schwierig.«

»Ich weiß das, Abuna«, sagte der alte Mann und lehnte sich mit seinem Ellenbogen auf meinen Schreibtisch. »Deswegen bin ich ja auch hier. Wir wollen nicht, daß Sie noch mehr studieren. Was Sie wissen, reicht für uns. Wir wollen nicht, daß Sie sich die Augen verderben.«

Ich mußte laut auflachen. Was für ein kauziger und liebevoller Mann! Er versuchte mir dabei zu helfen, daß ich aufgebe, womit ich aber diesen Menschen gerade helfen wollte. Was für ein einfacher, aber doch guter Mensch! »Ja, Abu Yakub, ich weiß das sehr zu schätzen.«

Der Telefonanruf erreichte mich um 9.30 Uhr, als ich mich in meinem Abschlußsemester für meinen Vormittag an der Universität fertig machte. »Abuna Elias, hier spricht der Sohn von Abuna Ibrahim. Es tut mir leid, Sie in Jerusalem zu belästigen. Aber meine Familie und ich möchten Sie wissen lassen, daß mein Vater heute morgen gestorben ist.«

Palästinensische Begräbnisse werden innerhalb von wenigen Stunden nach dem Tod vollzogen. Der Leichnam wird gewaschen und für die Beerdigung hergerichtet. Schnell versammeln sich Freunde und Verwandte, um die Trauernden zu trösten. Dann begleiten sie den Leichnam in einer Prozession. Der Tote ist in ein Leichtentuch gehüllt und wird auf den Schultern einiger Männer in einem hölzernen Sarg getragen zuerst zum Trauergottesdienst in der Kirche, danach zur Bestattung auf den Friedhof.

Abuna Ibrahims Requiem würde am Nachmittag dieses Spätherbsttages im Jahre 1969 stattfinden. Ich wollte meinem lieben, alten Freund Lebewohl sagen und an den Abschiedsfeierlichkeiten der Gemeinde teilnehmen.

Am Karfreitag 1968, vor genau 18 Monaten, hatte ich Abuna Ibrahim und die griechisch-orthodoxe Gemeinde zum Gottesdienst mit den Melkiten in unsere Kirche eingeladen. Das bedeutete einen radikalen Schritt nach vorn, zum einen aufgrund der in der Vergangenheit in Ibillin geltenden Feindschaft und zum anderen auch wegen der länger währenden Geschichte der griechisch-orthodoxen und griechisch-katholischen Kirchen.

»Die Royalisten« oder Melkiten waren Gefolgsleute des Königs von Konstantinopel, der sich im 11. Jh. mit dem Papst in Rom verbündete. Die Christen, welche dem Patriarchen von Konstantinopel die Treue hielten, waren die Orthodoxen. Seit dieser Zeit betrachten die Orthodoxen die Melkiten als Verräter und die Melkiten die viel größere orthodoxe Kirche dagegen mit Argwohn und Furcht. Erst als Abuna Ibrahim und ich allmählich zu Freunden und als Priester zu Partnern wurden, fielen die alten Mauern von Bitterkeit, Haß und Furcht in Ibillin. Am Karfreitag 1968 war es sogar möglich, gemeinsam einen Gottesdienst zu feiern.

Orthodoxe und Melkiten drängten sich in unserer kleinen Kirche zusammen. Abuna Ibrahim saß in der Vorderreihe und strahlte mich an, als ich das Beten anleitete. Am Ende der Liturgiefeier war ich ihm behilflich, in den Hauptbogengang zu gelangen, wo er sich der Versammlung zuwandte. Abuna Ibrahim zitterte vor Erregung und seine Augen glänzten.

»Lob sei Gott, meine Brüder und Schwestern! Wir erleben ein Wunder! Seit fast 20 Jahren habe ich es nicht gewagt, meinen Fuß auf dieses Kirchengrundstück oder in dieses Kirchengebäude zu setzen. Und heute bin ich hier sogar eingeladen, für Euch alle, Orthodoxe so gut wie Melkiten, zu predigen.« Viele Leute weinten. »Abuna Elias«, sprach mich der Priester an und wandte sich mir zu. »Ich liebe Sie! Ich wünschte, ich könnte noch 20 Jahre mit Ihnen hier im Dorfe zusammenarbeiten. Ich möchte betonen, daß wir junge Priester nicht so sind wie die altmodischen, engstirnigen... Wir jungen Priester lieben die Kirche. Wir wollen ihre Einheit. Daher sehe ich Ihre Kirche als meine Kirche an. Und ich bitte Sie darum, meine Kirche als die Ihre zu betrachten.« Die Leute klatschten Beifall, als ich in den Bogengang ging, um meinen alten Kollegen und Freund zu umarmen.

Schnell verließ ich Jerusalem und begann die dreistündige Reise nach Ibillin. Am Kloster Latrun vorbeifahrend, dachte ich an das nahe Dorf Imwas (Emmaus), das 1967 zerstört worden war. Von 1948 an waren 385 palästinensische Dörfer in Israel zerstört worden, was den Mythos vom »leeren Land« verstärkte. Die verbleibenden palästinensischen Dörfer, weniger als einhundert, lagen in erster Linie in Galiläa[1].

Die Palästinenser, welche Israel 1948 nicht verlassen hatten, waren auf ihre verbliebenen Dörfer beschränkt. Kommunikation mit den anderen Dörfer war untersagt. Weitgehend entbehrten sie einer Führungsschicht. Sie versuchten, palästinensische Flüchtlinge aus zerstörten Dörfern in ihren Dörfern unterzubringen. Indessen wurden sie zu Zeugen, wie große Teile ihres Ackerlandes beschlagnahmt wurden, was sie um die Zukunft ihrer Dörfer bangen ließ.

Obwohl Palästinenser in Israel israelische Staatsbürgerschaft besaßen, waren sie nur Bürger zweiter und dritter Klasse. Viele Rechte und Privilegien, die jüdischen Israelis zuerkannt waren, wurden gewöhnlich arabischen Israelis verwehrt. Dazu gehörten die Rechte auf gleiche Erziehungschancen, Wohnungen, Arbeit, soziale Einrichtungen und

Freizeitannehmlichkeiten. Das Ziel schien die Isolation und Abhängigkeit der Araber in Israel zu sein.[2]

1968 hatte ich eine Studie über die palästinensischen Dörfer in Galiläa unternommen und darin festgestellt, daß 75 % der Bevölkerung unter 28 und 50 % unter 14 Jahre alt waren. Schnell erkannte ich, daß für diese junge Generation nichts geschah. Kinder und Teenager in den Dörfern verbrachten viele Stunden am Tag müßig zu und spielten gewöhnlich auf den staubigen Straßen. Wegen nicht vorhandener schulischer Einrichtungen und entsprechender mangelnder Zugangsmöglichkeiten machten einige in der Schule und andere nach der achten Klassenstufe nicht mehr weiter. Menschenrechte, Würde und Zukunftschancen dieser jungen Menschen wurden unterdrückt, sogar ausgeschlossen. Verwirrung, Verzweiflung, Bitterkeit und große Angst herrschten unter den palästinensischen jungen Leuten vor, auch in Ibilllin.

Ich war entschlossen, die gegenwärtige Situation und die Zukunft für die palästinensischen jungen Leute in Galiläa zu verbessern. Zweifellos durchlebte ich wieder meine eigene Kindheit, als ich im Alter von acht Jahren aus Biram floh, in Gish mit elf Familienangehörigen in einem Raum lebte, in den staubigen Straßen Gishs spielte und in der jämmerlich unzulänglichen Schule lernen mußte. Dank der Entschlossenheit meines Vaters und der Gnade Gottes konnte ich mit zwölf Jahren Gish verlassen und eine Erziehung und Ausbildung durchlaufen, die mich nach Paris und zum Priestertum führten. Aber ich bildete eine Ausnahme. Fast alle anderen jungen Erwachsenen meines Alters waren in den Dörfern gefangen, hatten nur geringfügig Bildung erhalten und magere Zukunftsperspektiven. Ich verbrachte viel Zeit im Gebet und bat Gott, mir die Weisheit, Gelegenheit und die Mittel zu gewähren, eine neue Realität für diese Kinder und mein Volk zu schaffen.

Instinktiv hatte ich gemerkt, daß Hausbesuche, Bildung, Liebe und Versöhnung für die Würde der Leute und ihr

Gemeinschaftsgefühl wesentlich waren. Daher hatte ich alle diese Punkte versucht zu beachten und auch die Nonnen gebeten, es zu tun. Aber jetzt ... jetzt konnte ich erkennen, was es alles mit meinem Priestertum auf sich hatte. Ich sollte den palästinensischen jungen Leuten in Galiläa Chancen und Möglichkeiten für die Gegenwart und für die Zukunft bieten. Mein Kopf sprühte vor Ideen.

Eines Sonntags machte ich eine spezielle Ansage am Schluß der Messe. »Meine Freunde, ich freue mich, Euch mitteilen zu können, daß hier in Ibilllin eine kleine Bibliothek entstanden ist. Ein paar hundert Bücher stehen bei mir im Pfarrhaus. Sie sind alle eingeladen zu kommen, besonders die jungen Leute, Bücher auszuleihen. Außerdem benötigen wir Bücherspenden. Falls jemand von Ihnen zuhause Bücher hat, die er beisteuern möchte, möge er sie bei mir abgeben.«

Die »Öffentliche Bibliothek Ibillins« wurde mit meinen eigenen Büchern aufgefüllt, die ich in meiner Schul- und Studienzeit gesammelt hatte. Als Kind besaß ich nie ein Buch. Mein Vater sagte mir, ich solle alles aufheben, was bedruckt sei. Und so sammelte ich Papierfetzen, die ich fand und las die Wörte immer wieder. In der bischöflichen Schule in Haifa verschlang ich die Bücher aus der kleinen Bibliothek und bat dringend um mehr Zeit am Abend zum Lesen. Meine private Bibliothek war mein Schatz. Aber jetzt wollte ich sie den jungen Leuten von Ibillin schenken. Bald wurden Bücher sowie Geld für die Bibliothek gespendet. Die Kinder liehen jeden Tag Bücher aus und trugen sie stolz über die Straße. Ich stellte nicht nur bei Kindern, sondern auch bei Erwachsenen ein ungeheures Verlangen fest zu lesen, zu lernen, etwas zu wissen und gebildet zu sein.

Der Kindergarten der Nonnen erwies sich als großer Erfolg. Sie begannen mit zwanzig Kindern und mußten bald auf fünfzig erweitern. In jüngster Zeit hatten zwei zusätzliche Räume dem Pfarrhaus angefügt werden müssen, um den privaten Wohnraum der Nonnen zu vergrößern. Ich schlief

wieder in meinem Auto. Mein Raum, diente nämlich bei
Tage als Kindergarten, nachmittags und abends als Bibliothek und nachts als Lagerraum. Diese Situation war unhalt-
bar.

Bald wurde nahe der Kirche eine einfache, zweiräumige
Baracke als Kindergarten erbaut. Derart war es uns möglich,
siebzig Kinder aufzunehmen. Aber noch immer fehlten uns
weitere Räume. Eine Wohltat für mich war es, daß ich die
Öffentliche Bibliothek Ibillins wieder als mein Büro und
Schlafzimmer nutzen konnte.

Die Nachrichten von Bibliothek, Kindergarten, Erzähl-
stunden, Bibelunterricht und Erkundungsausflügen verbreiteten sich bald in den anderen palästinensischen Dörfern in
Galiläa. Anfragen, beim Start ähnlicher Projekte in anderen
Dörfern zu helfen, trafen ein. Aber ich hatte keine Sonder-
fonds. Vielleicht würde ich eines Tages durch ein überra-
schendes Ereignis allen Dörfern helfen können; aber diese
Zeit war nocht nicht gekommen.

Die Menschenmenge außerhalb von Abuna Ibrahims Haus
war riesig. Orthodoxe und melkitische Christen ebenso wie
viele Muslime aus ganz Galiläa hatten sich im Hof und auf
der Straße versammelt, um dem beliebten Priester Respekt
und Ehre zu zollen. Der orthodoxe Bischof saß mit etwa
fünfundzwanzig orthodoxen Priestern auf einem erhöhten
Ehrenplatz. Sie waren alle in schwarze Soutanen gekleidet
und trugen ihre flachzylindrigen Hüte.

Ich begrüßte Abuna Ibrahims Sohn; wir umarmten uns
und weinten miteinander. Nachdem ich auch die Enkel umarmt hatte, wandte ich mich dem Bischof und dem priesterlichen Gefolge zu. »Der Friede sei mit Ihnen, Exzellenz«, sagte
ich zum Bischof, der mich mit einem Wink aufforderte, mich
neben ihn zu setzen. Der Bischof neigte sich zu mir herüber,
um ungestörter mit mir sprechen zu können.

»Abuna Elias, es ist gut, Sie zu sehen. Aber ich fürchte, wir haben ein Problem. Ich habe einen Brief vom Patriarchen bei mir.« Der Bischof zog aus der Innenseite seine Gewandes ein Papier hervor, zögerte dann und sprach stirnrunzelnd in seinen Bart: »Es ist eine ziemlich schwierige Zeit... Doch ist es auch der ideale Zeitpunkt, um Anweisungen des Patriarchen mitzuteilen, weil hier Orthodoxe aus ganz Galiläa anwesend sind.« Er warf einen flüchtigen Blick auf die Menge, die von dem erhöhten Aussichtspunkt aus leicht auf mehr als 2000 Leute gezählt werden konnte.

»Wie lauten die Weisungen des Patriarchen?«

»Daß orthodoxe Christen mit keinen anderen Christen zusammen beten sollen; sei es in ihrer eigenen oder in einer anderen Kirche. Hier, lesen Sie doch selbst.« Ich ergriff das Schreiben und überflog es geschwind. Die Anordnungen waren schrecklich und einfach unglaublich. Der griechisch-orthodoxe Patriarch verbot doch tatsächlich seinen Gläubigen, mit nicht-orthodoxen Christen zu beten. »Das ist ja schrecklich; einfach unerhört!«, rief ich aus. »Sie werden diesem Befehl gewiß nicht gehorchen?«

»Das ist der Wille des Patriarchen. Ich habe keine andere Wahl, Abuna.«

»Aber das wird die Trauerfeier und die Beerdigung stören und auch das Vermächtnis des guten, heiligen Priesters antasten, der sich in Ibillin so tatkräftig für die Einheit eingesetzt hat! Können Sie das nicht verstehen? Die Orthodoxen und melkitischen Christen in diesem Dorf lieben einander, und sie arbeiten zuammen, sowie Abuna Ibrahim und ich es auch getan haben. Solch einen Befehl zu erteilen, ist überall schrecklich, hier in Ibillin aber absolut undenkbar, und besonders an diesem Tag.« Mein ganzer Körper bebte, und meine Stimme nahm an Volumen und Heftigkeit zu.

Der orthodoxe Bischof ergriff meinen Arm und sprach leise und in vertraulichem Ton: »Sehen Sie, Abuna Elias, ich möchte hier keine Schwierigkeiten haben, aber ich muß den Brief des Patriarchen bekanntgeben.«

Ich holte tief Luft und bemühte mich, Ruhe in die Turbulenz meiner Gedanken zu bringen. »Bischof, darf ich noch etwas sagen, bevor Sie dieses Schreiben bekanntgeben?« – »Ja, gern. Sagen Sie, was Sie wollen«, erwiderte der Bischof und blickte erleichtert drein.

Ich ging bis zum Rand des erhöhten Plafonds und rief den Tausenden von Menschen, die sofort ruhig wurden, zu: »Wir sind hierher gekommen, um Abuna Ibrahim die letzte Ehre zu erweisen und seine Familie in dieser Zeit der Trübsal zu trösten. Dieser tote Priester, dieser wertvolle Abuna Ibrahim, den wir alle geliebt haben, ist nicht nur der orthodoxe Priester gewesen, meine Freunde. Er war der Priester von Ibillin und wurde in gleicher Weise von Muslimen, Melkiten und Orthodoxen verehrt.«

Ein Murmeln des Einverständnisses durchlief die Menge. Einige Priester wisperten dem Bischof zu.

»Damit wir Abuna Ibrahim die würdige Ehre und Achtung bezeugen, schlage ich vor, daß wir mit seinem Leichnam zuerst zur melkitischen Kirche ziehen und die Trauerfeier dort abhalten, daß wir danach seinen Leichnam zur orthodoxen Kirche tragen und noch einmal die Trauerfeier vollziehen, ehe wir ihn dann beerdigen.«

Die Leute klatschten Beifall und drückten laut ihre Zustimmung aus: »Das hätte Abuna Ibrahim selbst so gewollt! Wir sind eine Kirche in Ibilllin!«

Als ich mich wieder neben den Bischof setzte, funkelte der mich an: »Sie machen sehr gute Vorschläge, Abuna Elias. Was soll ich jetzt mit dem Schreiben des Patriarchen machen?«

»Lassen Sie es bis nach der Beerdigung, Bischof. Warten sie bitte, bis der Leichnam unter der Erde ist. Danach machen sie mit diesem verdammenswerten Dokument, was Sie wollen.«

Nachdem beide Trauerfeierlichkeiten gesungen waren, wurde Abuna Ibrahim auf dem orthodoxen Kirchplatz direkt neben dem Eingang bestattet, wo er an diesem Ort großer Ehrbezeugung und tiefen Achtungserweises seine letzte Ruhe fand. Dort würde sich jeder an den beliebten Priester erinnern, Gott loben und für Abuna Ibrahims Leben und Andenken danken.

Heute bin ich der einzige christliche Priester in Ibillin, dachte ich und streckte mich weit nach Mitternacht auf meinem Bett aus. Mein Freund ist fort. Heiße Tränen des Kummers, Zornes und Schmerzes quollen über, und ich schluchzte in mein Kissen. Für jedermann an diesem Tag war ich stark gewesen. Ich weinte lange Zeit.

Schließlich saß ich auf dem Bettrand und putzte mir die Nase. Meine Nebenhöhlen waren verstopft, und ich klang wie eine brüllende Kuh. Plötzlich überfielen mich Schwindel, Übelkeit und Benommenheit. Hilfesuchend griff ich nach der Bettkante. Oh, Gott, es passierte schon wieder. Was war bloß mit mir nicht in Ordnung? Nach und nach flauten die Symptome wieder ab, und vorsichtig legte ich mich wieder nieder. Diese Anfälle traten immer häufiger auf. Sie müssen wohl mit der schweren Arbeitslast zusammenhängen, die ich in Ibillin und Jerusalem trage, dachte ich. Und die lange, angespannte Rückfahrt von Jerusalem zum Dorfe hin würde jedermann überanstrengt haben.

So schlief ich alsbald ein und träumte. Ich leitete eine Liturgiefeier, in der melkitische Kinder kräftig die Antworten sangen, so wie sie es bei Schwester Nazarena gelernt hatten. Die Erwachsenen stimmten in den Gesang mit ein. Die Feier war schön, und ich fühlte mich glücklich. Als der Augenblick gekommen war, die Eucharistie zu empfangen, kommunizierte jeder, angefangen bei den Kindern. Mein armer Gemeindevorsteher sah von hinten zu. Wie in Wirklichkeit auch hatte er die Macht über die Leute verloren und wirkte einsam. Ich bedeutete ihm unentwegt, sich uns anzuschließen, aber er ignorierte mein Winken. Dann erkannte ich Faraj in der Kirche. Er sah fürchterlich krank aus. Und plötzlich fiel mir ein, wie sehr ich mir um ihn bei den letzten Priesterexerzitien in Nazareth Sorgen gemacht hatte. Was war mit meinem treuen Freund los? Ich mühte mich, Faraj zu erreichen, aber schien mich nicht durch die große Menschenmenge hindurchbewegen zu können. Ich muß zu ihm..., ich muß...

Mit einem Ruck wachte ich auf, schweißdurchtränkt, am ganzen Körper zitternd. Oh, Gott, ich bin erschöpft. Ich bin krank. Hast Du mich soweit gelangen lassen, um mich jetzt zu verlassen? Ist es Zeit für mich, von Ibillin wegzugehen? Wenn ja, wohin? Was willst Du von mir, das ich tun soll? Keine Antwort. Gott schwieg wie gewöhnlich. Nach einer langen Weile schlief ich wieder ein.

KAPITEL 9

FLUCHT

Ich hatte den Brief immer aufs neue gelesen. Er fühlte sich an wie ein weiches Stück Stoff. Das Bossey-Institut bei Genf in der Schweiz lud mich ein, für ein Jahr Gastprofessor in Christlicher Theologie und Vergleichender Religionswissenschaft zu sein. In jenem Frühjahr 1970 genoß ich einige Tage lang die erhaltene Einladung.

Aber wie konnte ich Ibillin verlassen? Nach Jahren des Kampfes war ich jetzt als Priester und Freund voll akzeptiert. Bibliothek, Kindergarten und verschiedene Jugendaktivitäten waren in vollem Gang; und wir hofften, bald ein Gemeindezentrum zu bauen. Die Dinge entwickelten sich gut.

Mir selber jedoch ging es überhaupt nicht gut. Die Schwindelanfälle traten immer häufiger auf. Aber ich besaß kein Geld, um einen Arzt konsultieren zu können. In emotionaler Hinsicht, so fühlte ich, konnte ich nicht länger den Schmerz und Druck aushalten, ein in Israel lebender Palästinenser zu sein und unter einem politischen System zu leiden, das mich nicht haben wollte. Mir war von den Leiden bekannt, welche das jüdische Volk während des Zweiten Weltkrieges in Europa durchgemacht hatte; ich wußte, daß die Juden fast 1900 Jahre lang kein Heimatland besessen hatten, und daß unser Land Palästina ihnen Heimat gewesen war, bevor die Römer sie daraus vertrieben. Aber ich wußte auch um anderes:

– daß meine palästinensischen Ahnen in diesem Land gewesen waren, bevor der irakische Nicht-Jude Abraham 20 Jahrhunderte vor Christus eintraf;

– daß Juden und ebenso Nicht-Juden in diesem Land ge-

lebt hatten, als Jesus von Nazareth hier lebte, was aus allen
Evangelienberichten selbstverständlich bekannt war;

– daß meine Ahnen dieses Land wie die Juden geliebt und
geschätzt haben, hier ihre Oliven- und Feigenbäume pflanzten, die uns noch 20 Jahrhunderte, nachdem Jesus Christus
auf diesen Pfaden und Feldern gewandert war, ernährten;

– und daß wir Palästinenser nicht verantwortlich für das
Leiden der Juden in Europa gewesen sind. Aber wir sind
diejenigen, die von ihrem eigenen Lande verjagt wurden
und leiden mußten, damit die Welt ihr Gewissen beruhigen und vorgeben konnte, das den Juden angetane Unrecht wieder gutgemacht zu haben.

Ich mißgönnte den Juden beileibe eine Heimat nicht. Wie
hatten mein Vater, unsere Freunde und Verwandten in Biram oft gesagt: »Ahlan wassahlan, willkommen in unserem
Haus, unsere jüdischen Freunde. Wir schätzen es, Sie hier als
unsere Nachbarn und Landsleute zu haben. Wir trauern mit
Ihnen, teilen Ihren Schmerz und erfreuen uns an Ihrer Freiheit. Aber dies Willkommenheißen berechtigt Sie nicht, uns
unser Land und unsere Dörfer wegzunehmen, uns zu bedrohen, sogar unsere Leute zu töten. Herr und Gebieter über
uns zu werden, uns zur Sklaverei, Enteignung, sogar zur
Nicht-Existenz zu verurteilen. Kommen Sie, lassen Sie uns
zusammen wie Geschwister in diesem wunderbaren Land
leben, in dem wir alle unsere Wurzeln und unsere Geschichte
haben. Hier ist Platz genug für uns alle. Sind wir nicht Ihre
mitverfolgten Brüder und Schwestern?«

Israel wurde nach den Prinzipien des modernen Zionismus ausgerichtet. Dieser erstrebte einen eigenen Staat, in
dem das jüdische Volk geschützt und für sein eigenes Schicksal verantwortlich sein könnte. Jedoch zielt der Zionismus
aufgrund seines Charakters auf Fundamentalismus und
Rassismus. Der Zionismus beruht auf einer rassistischen
Theorie; und alles, was auf Rasse oder Blut basiert, wie
Nation oder Volk oder Heimatland, läuft immer Gefahr, rassi-

stisch zu werden. Rassistisches Denken trennt eine Gruppe von Menschen von der anderen, zieht die eine Gruppe gegenüber denjenigen vor, die anders sind. Sobald eine wirkliche oder auch nur vorgestellte Bedrohung des begünstigten Volkes wahrgenommen bzw. empfunden wird, kann jedwedes Vergehen zur Garantierung von Schutz und Sicherheit legitimiert werden.

Angesichts der Realität des Staates Israel müssen jüdische Persönlichkeiten, Gruppen und die israelische Regierung Selbstkritik üben, damit der Zionismus nicht rassistisch und zu einem neuen Ausdruck der »Herrenrasse« wird, die eine Gruppe von Menschen als allen anderen überlegen ansieht. Die Welt erlebte das unter den Griechen und Römern. Palästinenser waren Sklaven unter den ottomanischen Türken, die sich selbst als Herren betrachteten. Hitler trieb diese Theorie auf einen Gipfel des Greuels, als er die arische Rasse über alle stellte. Zwischen dem Schützen und Verteidigen einer unterdrückten Gruppe von Menschen und der Erkärung, daß die Rechte dieser Gruppe wichtiger seien als die Rechte anderer, sind nur einige kleine Schritte. Was in einem Punkt als gerechte Notwendigkeit erscheinen mag, kann zu blinder Arroganz werden, wenn dieser nicht ständig durch ausgewogene und realistische Prüfung und Beurteilung vorgebeugt wird.

Menschlicher Wert und menschliche Qualitäten sind hochrangiger als jüdischer, palästinensischer oder amerikanischer Nationalismus, Volkstum oder Land. Manchmal dünkt es mich, wie wenn der Zionismus Juden dazu veranlaßte, eher zionistisch als zunächst einmal menschlich zu reagieren. Wenn eine bestimmte Gruppe von der eigenen Identitätssuche blind gemacht wird, können ihr Denken und ihre Wahrnehmung verstellt sein durch intellektuelle Spiegelfechterei: »Wir sind anders. Es ist normal, daß andere uns verfolgen und uns hassen, weil wir anders sind als sie. Wir sind besser als sie, und sie sind geringer als wir. Wir sind mehr wert; sie sind weniger wert.« Dieses Denken ist sehr gefährlich.

Ich habe immer darum gebetet, daß Juden nicht in diese gefährliche Falle geraten. Menschen begehen Selbstmord, wenn sie an ihr eigenes Blut glauben. Sie töten andere mit sich selbst; sie erheben ihre Vorstellung von Recht und Wert über jede andere Betrachtungsweise. Nein, ich mißgönnte den Juden eine Heimat wirklich nicht, aber ich wollte auch meine Heimat behalten. Und 1970 war ich es überdrüssig geworden, meine Existenz ständig rechtfertigen zu müssen.

Bischof Hakim war melkitischer Patriarch in Beirut geworden. Und in Galiläa hatten wir einen neuen Bischof bekommen, Joseph Raya, einen Mann, den ich achtete. Nichtsdestotrotz wurde mir die pastorale Sorglosigkeit in meiner eigenen Kirche unerträglich. Ich kämpfte an gegen die Überbetonung von persönlichem und politischem Status, von Geld und Prestige. Aber ich fühlte mich wie in einer verlorenen Schlacht.

Genf und die Schweiz hingegen verlockten mich die ganze Zeit mehr.

Nach dem vierten Gedenktag des Todes von Abuna Ibrahim traf ich mich mit den Ältesten der orthodoxen Christen in ihrer Kirche.

»Es tut mir leid, aber ich bin jetzt der einzige Priester im Dorf«, sagte ich. »Ich weiß, daß Ihr Patriarch Ihnen befohlen hat, nicht mit uns zusammen zu beten. Aber ich fühle mich verantwortlich, für ihr Seelenheil zu sorgen.«

»Wir haben nicht vor, diesen Befehl zu beachten, Abuna Elias«, sagte Abu Kamil. »Wir bilden eine christliche Familie hier in Ibillin. Und wir sind sicher, daß Sie uns ein ebenso guter Priester sein werden wie den Melkiten.«

»Ja, ich bin bereit, Ihnen zu dienen, solange ich lebe, meine Freunde. Aber bei aller Bereitwilligkeit, Ihnen zu helfen, kann diese Übereinkunft nicht immer klappen. Für Ihre Gemeinde, die mehr als 3000 Mitglieder zählt, brauchen Sie Ihren eigenen Priester, der die Sonntagsmesse feiert und all die Hochzeiten, Beerdigungen und Taufen vollzieht.«

»Sie haben Recht, Abuna Elias, aber der Bischof hat keinen Priester verfügbar. Und wir kennen keinen neuen Kandidaten. Was bleibt uns anderes übrig, als von Ihnen abzuhängen?«

»Nun, es könnte schon eine Möglichkeit geben.« Dann berichtete ich ihnen, daß ich mit Awad Awad, einem gläubigen und frommen orthodoxen Mann aus Ibillin, gesprochen hatte, der bereit sei, Priesterkandidat zu sein. Die Älteren waren glücklich über diese Wahl und beschlossen, die Petition zirkulieren zu lassen, die ich aufgesetzt hatte. Sie wurde von 350 Personen unterzeichnet. Der orthodoxe Patriarch willigte ein, den jungen, verheirateten Bauern, Vater von acht Kindern, zum Priester zu weihen. Er ahnte nicht, daß ich der Aufwiegler gewesen war, der diese Angelegenheit in Gang gebracht hatte.

Awad Awad wurde in Jerusalem ordiniert und war binnen zwei Wochen als Abuna Awad mit einem neuen Bart und einer neuen Soutane wieder zurück in Ibillin. Er konnte zwar die Liturgie singen, hatte aber keine weitere Vorbereitung für seinen Dienst erhalten.

Eines Tages saß Abuna Awad vor meinem Schreibtisch und lächelte mich an. »Abuna Elias, wollen Sie mich alles lehren, was Sie über Theologie und Philosophie wissen? Sie sind der Grund, weshalb ich Priester bin. Deshalb denke ich, daß Sie mich auch unterrichten müssen.«

Ich war der Meinung, daß es einen besseren Weg gäbe, diesem neuen Priester zu helfen. »Abuna Awad, haben Sie jemals das ganze Neue Testament Seite um Seite gelesen?« »Nein, aber ich hörte viele Passagen, die in der Kirche verlesen wurden.« – »Das ist ausgezeichnet«, sagte ich und lächelte meinem neuen Kollegen zu. »Wenn Sie einverstanden wären, so wüßte ich, wie ich Sie Theologie und Philosophie lehren könnte.« – »Wunderbar! Und wie?« – »Ich komme jeden Tag in Ihr Haus; und dann werden wir das Neue Testament von Anfang bis Ende lesen und darüber reden.«

Ende 1969 und im Frühjahr 1970 studierten Abuna Awad und ich zusammen. Für mich bedeutete das eine Zeit der Gnade und ein Himmelsgeschenk, gemeinsam die gute Nachricht von unserem Meister und Landsmann Jesus Christus zu lesen. An vielen Abenden bereiteten der Priester und seine Frau mir das Abendessen. Derart versuchten sie, mich für die Stunden zu entlohnen. In Wahrheit aber erhielt ich viel mehr von diesem demütigen, ruhigen und klaren Mann, als ich ihm je geben konnte.

Jeden Samstag bäckt Abuna Awads Frau das Kommunionbrot für die orthodoxe Kirche. In dankbarer Erinnerung bäckt sie als Dauergeschenk das Brot für die melkitische Feier der heiligen Eucharistie mit. Jeden Sonntag bete ich während unserer Liturgiefeier für diesen Priester, seine Frau und ihre Kinder. Abuna Awad und ich halten oft Trauungen oder Beerdigungen gemeinsam ab. Und im Monat Juni, wenn Abuna Awad sich um seine Gurkenfelder kümmern muß, kommen die Orthodoxen und beten mit den Melkiten zusammen. Wenn ich außerhalb des Dorfes bin, gehen die Melkiten in der orthodoxen Kirche beten. Mir scheint, Ibillin ist der einzige Ort auf der Welt, wo orthodoxe und melkitische Christen in Gemeinschaft leben.

Während meiner beiden Studien- und Dozentenjahre an der Hebräischen Universität wollten mich Menschen kennenlernen, mich in ihren Zusammenkünften und auf ihren Podien sehen. Eines der ausgezeichneten Geschenke, die ich in jener Zeit bekommen habe, war die Freundschaft gewisser jüdischer Studenten und Professoren. Eine Familie insbesondere hieß mich in ihrem Haus willkommen, und unsere Beziehung zueinander war immer die von Menschen, die Gefallen aneinander fanden und sich gegenseitig schätzten. Ich spielte gern mit den Kindern in dieser jüdischen Familie und beobachtete, wie sie zu starken, empfindsamen jungen Menschen heranwuchsen.

Als ich schließlich Ende 1969 meinen akademischen Grad erwarb, ehrte mich die Universität. Auch gab sie eine internationale Presseverlautbarung heraus, die meinen Lebenslauf und dieses erstmalige Ereignis, daß ein palästinensischer christlicher Priester einen M. A. im Bibel- und Talmudstudium davontrug, beschrieb. Die daraus resultierende Bekanntheit verband mich mit vordem unbekannten Familien in anderen Teilen der Welt. Sie zeitigte auch Einladungen, auf verschiedenen Konferenzen zu sprechen; und so begannen meine internationalen Kontakte. Jetzt, im Frühjahr 1970, kämpfte ich mit der Entscheidung, ob ich nun die Einladung in Genf zu lehren, annehmen oder ablehnen sollte.

Eines Morgens wurde dieses Problem durch meinen gesundheitlichen Zusammenbruch gelöst. Es war mir schier unmöglich, aufzustehen, weil ich nicht richtig aufwachen konnte. Erst als Schwester Gislaine an meine Tür klopfte, riß ich mich soweit zusammen, um ihr zu sagen, alles sei in Ordnung. Aber dem war nicht so. Und tatsächlich fragte ich mich, ob ich sterbenskrank sei. Geld oder kein Geld. Es war mir klar, daß ich in Nazareth einen Arzt konsultieren müßte!

»Wie sind Sie zum Krankenhaus gekommen, Abuna?«, wollte der Arzt wissen, als er mich untersuchte. »Ich bin selber mit meinem Auto hierhergefahren.« – »Mein Gott, Sie müssen verrückt sein! Wenn Ihnen schon Ihr eigenes Leben gleichgültig ist, sollten Sie zumindest an das der anderen denken. Sie stehen kurz vor dem Zusammenbruch und Tod, Abuna. Wenn Ihr Blutdruck noch ein paar Grade niedriger wäre, würden Sie schon tot sein. Sie müssen hier im Krankenhaus bleiben, damit wir Ihren Blutdruck heben und herausfinden können, warum er so gesunken ist.«

Ich war so krank und schwach, daß ich alles tat, was sie mir sagten. Nach drei Tagen fühlte ich mich besser und fing an, mir Sorgen zu machen, wegen der Kosten für das Krankenzimmer: 60 Pfund am Tag (ca. 30 US $). Ich mußte nach Hause zurück. Der Arzt hatte weitere Untersuchungen angeordnet und angekündigt, daß ich eine Woche im Krankenhaus bleiben müsse. Aber das war unmöglich. Ich besaß kein Geld, um zu begleichen, was ich jetzt schon schuldig war. Außerdem, meinte der Arzt, sei ich entkräftet, weil ich weder regelmäßig äße, noch die richtige Ernährung bekäme. Auch müsse ich mehr schlafen, stellte er fest. Meine Güte, dies alles konnte ich in Ibillin tun.

»Nun, der Arzt hat mich entlassen«, sagte ich, in meine Soutane gekleidet, zur Rezeptionistin im Foyer des Krankenhauses und setzte mein gesündestes Lächeln auf. Hastig prüfte diese einige Listen und sah verwirrt aus. Aber ich steuerte unaufhaltsam auf die Ausgangstür zu. »Das Geld für die Rechnung schicke ich recht bald.« Ich winkte ihr zu und verschwand nach draußen. Aha! Ich war entkommen.

Aber ich hatte mich zu früh gefreut. Gerade als ich mein Auto aus dem Parkplatz lenkte, kam Schwester Gislaine und erkannte mich. »Abuna! Wohin fahren Sie? Ich komme Sie besuchen!« – »Ich bin wieder geheilt und ganz gesund«, rief ich ihr zu, gab Gas und machte mich davon.

Am Tag nach Pfingsten im Juni 1970 verließ ich Ibillin, um ein Jahr in Genf zu lehren. Eine Prozession von fünfunddreißig Autos gefüllt mit Leuten aus dem Dorfe begleitete mich zum Flughafen Ben Gurion. Ehe mein Flugzeug startete, beteten und weinten wir zusammen. Und ich fühlte mich wie der Apostel Paulus, der sich von den Ältesten in Ephesus verabschiedete. Ich wollte in Genf lehren und die Lasten des Priesteramtes in Israel wenigstens eine Zeitlang hinter mir lassen. Aber ich trug die Tränen und Gebete meiner Leute mit mir von Galiläa über das Mittelmeer hinweg nach Europa.

Die Verbindung von Gebet, Ruhe, regelmäßigen Mahlzeiten und relativ druckfreier Arbeitsumgebung während des Sommers in der Schweiz führte dazu, daß ich meine Gesundheit schnell wiedererlangte. Ich blühte auch auf, weil ich als Person geschätzt und geachtet wurde, nachdem ich so viele Jahre in Israel als ungewollter Bürger zweiter Klasse behandelt worden war. Jetzt im September hatte ich einen vollen Stundenplan.

Mein Eingespanntsein in Genf beeinträchtigte aber nicht meine Verbindung mit Ibillin. Ich erhielt viele Briefe wie auch täglich Telefonanrufe von dort.

»Guten Morgen, Abuna! Wie geht es Ihnen heute!«, erkundigte sich etwa eine fröhliche Stimme. Die Leute hatten ein System ausgeklügelt, wonach jemand zum Telefonieren ins nächste Dorf gehen mußte, um Abuna zu grüßen. Diese Person gab mir die neuesten Nachrichten durch: »Umm Faisal hat gestern ihr Baby bekommen, Abuna! Es ist wieder ein Junge!«

»Dem kleinen Rafi geht es jetzt nach seinem Sturz vom Feigenbaum wieder gut!«

»Abu Jamal hat seinen Esel wiedergefunden, Abuna! Der lief ins Nachbardorf. Hätten Sie das gedacht?«

Dann fragte der Anrufer nach dem Stand meiner Gesundheit und meinen Tätigkeiten. Wieder zurück in Ibillin, erzählte der ernannte Bote jedem die Neuigkeiten von Abuna. Wie sehr liebte und vermißte ich diese Menschen und mein geliebtes Galiläa!

Einmal sprach ich zu einer Gruppe von vierzig Theologen aus ganz Europa, die zum Graduiertenstudium in Ökumene ans Institut in Bossey gekommen waren.

»Eines Nachts vor nicht allzulanger Zeit ging ein schweres Unwetter auf mein Dorf Ibillin nieder, und der Blitz schlug in die Kuppel der Moschee ein. Diese war dadurch völlig unzugänglich geworden. Deshalb luden wir Abu Muhammad und seine muslimische Gemeinde ein, die melkitische Kirche für ihre Freitagsgebete zu benutzen.« Sehr deutlich sah ich das Gesicht des Scheichs vor mir, und ich beschrieb ihn meinen Studenten. Plötzlich tauchten viele Gesichter von Dorfbewohnern vor meinen Augen auf. Das war sehr verwirrend, so daß ich meinen Kopf schüttelte. »Die muslimische Gemeinde begann, in der melkitischen Kirche zu beten«, fuhr ich fort, »und eine gänzlich neue Beziehung entwickelte sich fortan in unserem Dorfe. Es war eine Art von ... von ökumenischer ... Beziehung.«

Ich sah Schwester Gislaine mich strahlend lächelnd zu sich heranwinken, um Hausbesuche mit ihr machen zu gehen. Mutter Macaire bot mir eine Tasse ihres wundervollen Tees an. Schwester Nazarena hielt ein kleines Mädchen auf dem Arm, und beide winkten mir zu. Diese mich aus der Fassung bringende Parade von Leuten aus Ibillin dauerte an. Sie riefen mir zu: »Was machen Sie da, Abuna? Was tun Sie in Genf?«

Mich der Kreidetafel zuwendend, begann ich, Ideen zur Ökumene aufzuschreiben. Dabei versuchte ich, die Stimmen zu ignorieren, die mir jetzt zuzurufen schienen: »Jeder kann diese Stunde geben. Aber wer unterrichtet denn *uns*, Abuna? Wer vermag es, auf einfache Weise mit uns zu sprechen und hilft *uns*, um diese Dinge zu wissen? Das können nur *Sie* tun, Abuna. Was tun Sie dort, Abuna?«

Irgendwie wurstelte ich mich durch die Vorlesung hindurch und fühlte mich dabei sehr beunruhigt und verwirrt. War ich dabei durchzudrehen?

Nach der Vorlesung eilte ich in die Kapelle und fand eine abgesonderte Ecke, in der ich beten konnte. Oh Gott, was geschieht mit mir? Bin ich krank? Ist in meinem Verstand etwas entzweigegangen?

Ich zwang mich, ruhig zu werden und meine Gedanken ganz auf Christus zu konzentrieren. Ich dachte an seine

Schönheit und Liebe, sein Erbarmen, seine Gnade und seinen Frieden. Ich stellte mich mir als das Kind vor, welches durch die Hügel um Biram streifte und die Gegenwart seines Meisters, des Mannes aus Galiläa, erfuhr.

Als ich mich wieder ruhiger fühlte, brachte ich Gott meine Verwirrung zum Ausdruck. Ich dachte, ich wohne in Genf, aber es zieht mich nach Ibillin, nach Galiläa zurück. Soll ich immer ein Flüchtling sein, der von Ort zu Ort gezerrt wird und nirgends hingehört? Herr, was willst Du, das ich tun soll?

Bald kannte ich die Antwort Gottes. Zwei Wochen später befand ich mich auf dem Rückflug von Genf nach Israel, voll von Ideen und Plänen. Wenn ein Gemeindezentrum erbaut würde, könnten wir viel mehr Kindergartenkinder unterbringen und die öffentliche Bibliothek aus meinem Schlafzimmer wegschaffen. Vielleicht könnten wie das unbebaute Stück Land gegenüber der Kirche erstehen? Ich jubelte innerlich.

Wenngleich ich auch unterwegs war, um wieder in meine geliebte Gemeinde zurückzukehren, war ich dennoch gezwungen, der Realität unserer Identität und Situation als Palästinenser ins Gesicht zu sehen. Am 17. September 1970 waren viele Palästinenser von König Husseins Soldaten in Amman, Jordanien[1], getötet worden. Die Israelis waren kampfbereit. Ich fuhr zwar nach Hause, aber Spannungen, Furcht und zu erwartenden Vergeltungsmaßnahmen entgegen.

Trotzdem freute ich mich weiterhin. Ich würde bald wieder in Galiläa sein, in Ibillin, bei den Menschen, deren Liebe so stark war, daß sie mich selbst in der Schweiz erreicht hatte. Beinahe spürte ich wieder die Hand des Bischofs auf meinem Haupt, der mich zu einem dynamischen, zuverlässigen und aufopferungsvollen Priester geweiht hatte.

KAPITEL 10

VON GURKEN, BÜCHERN UND SCHWEINEN

»Wieviele Gurken haben Sie schon gepflückt?« – »Millionen!« gab ich zurück und schleuderte dem zehn Jahre alten Butros eine zu, der mich neckte und in der nächsten Reihe arbeitete.[1]

Es war ein Sonntagnachmittag im Juni 1972. Ich arbeitete in der Krume Galiläas, in einem von Ibillins entlegenen Feldern. Es war, wie wenn ich meine Kindheit in Biram wieder erlebte.

Als kleines Kind spielte ich am Rande des Feldes, während meine Familie arbeitete. Als ich älter war, brachte ich meinen Eltern Wasser. Meine Hauptaufgabe aber bestand darin, auf unser Essen aufzupassen. Am Morgen grub Vater ein flaches Loch neben dem Feld aus und faßte es dann mit Feigen- oder Weinblättern ein. Unser in ein Tuch gewickeltes Mahl wurde in dieses Loch gelegt, mit weiteren Blättern bedeckt und dann völlig eingegraben. Dies hielt das Essen kühl, feucht, frisch und zum Verzehr bereit. Ein verborgener Schatz also. Eines Tages ernteten meine Eltern Linsen, und ich saß neben dem eingegrabenen Proviant. »Seid Ihr noch nicht müde? Wollt Ihr noch nicht essen?« rief ich. »Nein, mein Sohn, wir müssen die Linsen pflücken, solange es noch hell ist«, antwortete Vater.

Die Minuten zogen sich hin und dehnten sich zu Stunden. Mein Magen knurrte. »Ist es noch nicht Zeit zum Essen? Habt Ihr keinen Hunger?« Ich dachte an das schmackhafte Brot, die tanggrünen Oliven und die saftigen Mandarinen, die nur ein paar Meter von mir entfernt vergraben waren. Oh, Gott, betete ich, mach, daß sie müde werden, damit wir bald essen können. Das war schließlich zuviel für einen hungrigen, kleinen Fünfjährigen. Und ich fing an zu weinen.

»Elias«, rief Mutter vom Feld. »Wenn wir nicht arbeiten, kann ich auch keine Geschichte von Jesus unter den Steinen finden. Laß mich doch eine Geschichte für Dich finden.«

Eine Geschichte! Der Gedanke an Mutters Geschichten stoppte sofort meinen Tränenfluß. Obwohl Mutter weder lesen noch schreiben konnte, verfügte sie über ein wunderbares Gedächtnis und eine glänzende Phantasie. Auswendig trug sie lange Strophen arabischer Poesie vor und ließ biblische Geschichten lebendig werden. Die stürmischen Wellen, die im See Genezareth ans Boot von Petrus und Andreas schlugen, entmutigten uns Kinder. Der staubige Sand des Negev blies uns ins Gesicht, als Moses mit dem Volk der Hebräer durch die Wüste zog. Wir atmeten schwer, als Jesus im galiläischen Dorf Nain den Jungen von den Toten erweckte. Wenn ich auf Mutters Schoß ihren Geschichten lauschte, spielte ich mit den kleinen Messingtauben und -fischen an der langen, klingenden Halskette, einem Hochzeitsgeschenk von Vater, das sie immer anhatte. Und ich ließ meine Phantasie schweifen, wohin auch immer Mutter mich mit ihren Worten trug.

»Elias, stell Dir unseren Landsmann auf dem kleinen Berg der Seligpreisung vor, wie er mit den Leuten spricht. Er erkannte, daß sie wie eine Schafherde ohne Hirt waren. Und er wollte ihr Schafhirt sein, Elias.«

Plötzlich krachte eine große, dunkle Masse neben mir auf einen Haufen geernteter Linsen. »Hilfe!« schrie ich vor Schreck erstarrt. »Helft mir!« Ein verwundetes Reh, schwer von Milch, war durch die Felder gestürzt und vor Erschöpfung zusammengebrochen. Schnell grub Mutter unser Essen aus, sammelte unsere Habseligkeiten wieder auf, während Vater das verwundete Reh in einen Korb auf der einen Seite unseres Esels lud und mich auf die andere Seite hob. So ritt ich heim, tätschelte das wunderschöne Tier und versuchte, es zu trösten. Mein hungriger Magen war vergessen.

Zu Hause angelangt, molk Mutter das Reh, um es vom Druck zu erleichtern. Vater goß Olivenöl auf seine Wunden und erklärte, daß dies eine große, tödliche Infektion durch Fliegen verhindern würde.

Zwei Tage später luden sie das Reh wieder auf unseren Esel und transportierten es zum Tal unterhalb unseres Hauses. Dort ließen sie es frei in der Hoffnung, daß es bald seine Kitze wiederfinden würde.

Ich pflückte weiter Gurken mit meinen Leuten, bis die Sonne tief am Himmel versank.

»Es ist Zeit zu rasten und zu essen!«, rief Abu Samir. Ich richtete mich aus meiner gebückten Haltung wieder auf, streckte meinen Rücken und meine Beine. Morgen würde mir alles weh tun und steif sein. Aber heute war ich mit meiner Gemeinde auf dem Land gewesen.

»Kommen Sie zu uns, Abuna, trinken Sie etwas Wasser und nehmen Sie Obst«, so lud mich jeder ein, als ich mich dem Rand des Feldes und den dort stehenden Bäumen näherte, die kühlen Schatten spendeten.

»Haben Sie von den Unruhen in der vergangenen Nacht gehört, Abuna?«, fragte der junge Jamal. »Die Polizei kam nach Mitternacht und wollte das Land unseres Nachbarn in Beschlag nehmen.«

»Als wir die Leute schreien hörten, liefen wir hin, um ihnen zu helfen«, sagte Abu Samir. »Sie standen da in ihren Schlafanzügen und versuchten, die Polizei von ihrem Feld zu vertreiben. Diese hatte schon die Hälfte des Landes mit Stacheldraht abgetrennt, als sie wach wurden und Alarm schlugen. Etwa zwanzig von uns riefen laut und drohten. Schließlich gab die Polizei auf und ließ den Stacheldraht zurück.«

Jeden Sommer lebten die Leute aus Ibillin, die noch Land besaßen, auf ihren entfernten Feldern in dem Bemühen, die Beschlagnahmung durch die israelische Regierung zu verhindern. Schon 1972 hatte Ibillin Tausende von Dunum seines besten Ackerlandes verloren. Und Ende 1980 verblieb ihm nur ein kleiner Teil, der für mehr als 9000 Einwohner zu bebauen war.[2] Das traf nicht allein auf Ibillin zu, sondern seit der Errichtung des Staates Israel auf alle anderen palästinensischen Dörfer in Galiläa auch. Einige Dörfer, wie z. B. Mi'ilyā, das ist ein christliches Dorf nördlich von Ibillin, hatten fast ihr ganzes Land verloren.[3] Die Politik der Regierung schien darauf abzuzielen, bei israelischen Palästinensern jedwedes Gefühl von Permanenz zu beseitigen, sie nicht nur von ihrem Land und aus ihren Dörfern zu entfernen, sondern sie auch alle aus Israel wegzubringen wie nach 1967 aus der West-Bank und dem Gazastreifen.

Von 1948 an und durch die fünfziger Jahre hindurch war die Landbeschlagnahmung leicht, weil die in Israel verbliebenen Palästinenser ängstlich, isoliert und ohne Führerschaft waren. Das beste Land wurde enteignet und zu Staatsland erklärt, dabei oftmals israelischen Kibbuzim hinzugefügt, die 25 oder 30 km entfernt sein konnten.[4] Einmal zu Staatsland erklärt, wurde es auf ewig für Juden beansprucht und als »wiedererlangtes« Land bezeichnet. Gleichgültig, was dabei Grund oder Grundprinzip war, das Endresultat blieb immer das gleiche: Palästinenser mit der israelischen Staatsbürgerschaft verloren und verlieren weiterhin ihr Land durch Beschlagnahmung von seiten der israelischen Regierung. Es ist ihnen solange verwehrt, Hand an das Land zu legen, welches von der Regierung eingefordert wurde, bis sie angestellt worden sind, um darauf zu arbeiten.[5]

Nachdem meines Vaters Oliven- und Feigenbäume in Biram 1950 beschlagnahmt worden waren, willigten er und unsere Familie ein, auf unseren eigenen Feldern zu arbeiten und die Erträge für die neuen jüdischen Besitzer zu ernten.

Vater überzeugte uns, daß wir, die eigentlichen Besitzer, wie es sich gehört, uns um unsere schönen Bäume kümmern und sie sicher und gesund für das nächste Jahr bewahren würden. Fremde, die keine solch gewachsene Beziehung zu den Bäumen hätten, würden die Zweige brechen, die Frucht abnehmen und die Bäume töten.

Einige unserer Bäume waren mehr als 1000 Jahre alt. Die Vorfahren der Chacours hatten sie gepflanzt, gehegt und sie an uns weitergegeben. Andere Bäume in unserem Dorf waren fast 2000 Jahre alt. Leute aus unserer Generation pflanzen Bäume für ihre Enkelkinder. Es war zuviel, sich vorzustellen, diese kostbaren Bäume könnten von gleichgültigen Fremden vernachlässigt oder sogar zerstört werden. Jedoch nach drei Jahren weigerte sich selbst Vater, noch länger dort zu arbeiten. Wir wurden zu Sklaven, und unsere persönliche Würde, unsere wahre Seele, all das, war zu viel wert, um dafür geopfert zu werden. Falls die Bäume zerstört seien, wenn wir zurückkämen, sagte Vater, würden wir neue pflanzen und ganz von vorn beginnen.

1951 entschied der Oberste Gerichtshof, daß die Leute von Biram und Ikrit – das ist ein anderes christlich-palästinensisches Dorf in Galiläa mit dem gleichen Schicksal – das Recht zur Rückkehr hätten.[6] Im Gegenzug erließen die Militärbehörden in Galiläa rückwirkende Mitteilungen zur Ausweisung an die Dorfbewohner und erklärten die Gebiete von Biram und Ikrit zu militärischen Zonen, die von der Verfügung des Gerichtshofes ausgenommen seien.[7] Wieder einmal gingen die Dorfbewohner von Biram vor Gericht und beriefen sich auf die Erklärung. Und im Januar 1952 entschied der Oberste Gerichtshof wieder zu ihren Gunsten.[8]

Das Biram-Komitee bat den Militärgouverneur daraufhin um einen Termin für die Rückkehr der Dorfbewohner in ihr Dorf Biram. Statt dessen wurde das Land von Biram der israelischen Entwicklungsbehörde übertragen. Und am

16./17. September 1953 wurde das Dorf von israelischem Militär zerstört. Die in Gish lebenden Dorfbewohner aus Biram versammelten sich auf einem nahen Hügel und weinten, als sie beobachten mußten, wie Sprengsätze um die Häuser herum gelegt wurden. Dann brausten Flugzeuge der israelischen Luftwaffe darüber hinweg und bombardierten das Dorf.[9] Mit Grauen war meine Familie Zeuge, wie die Häuser explodierten und die Bäume Feuer fingen. Die schreienden Dorfbewohner liefen an den Rand von Biram und sahen, daß schon Planierraupen dabei waren, die Zerstörung zu vollenden. Soldaten stießen auf diese Leute und sagten höhnisch zu ihnen: »Wenn Ihr jetzt zurückkehren wollt, könnt Ihr gehen. Die Planierraupen werden Euch unter dem Schutt der Häuser begraben.«

Meine Familie besuchte mich in der bischöflichen Schule in Haifa, um mir die niederschmetternden Nachrichten zu erzählen. Wir weinten miteinander und hielten uns eng umschlungen. Wie waren dankbar, daß wir alle noch lebten, litten aber unter dem schrecklichen Verlust an Identität und Hoffnung. Ich betrachte die Bombardierung von Biram als einen tragischen und satanischen Akt.[10]

An westliche Mobilität gewöhnte Menschen werden Schwierigkeiten haben, die Bedeutung des Landes für Palästinenser zu verstehen. Wir gehören zum Land. Wir identifizieren uns mit dem Land, das von zahllosen Ahnengenerationen bebaut, gepflegt und gehegt wurde.[11] Als Kind war ich dabei, wenn meine Familie schwere Steinbrocken von den Feldern entfernen mußte. Wir lagen mit dem Rücken auf dem Boden und unsere Füße auf dem Stein. Dann drückten und stemmten wir alle zusammen dagegen. Nach und nach wurde der schwere Stein Stück für Stück an den Rand des Feldes bewegt. Schweiß rann von unseren Körpern, oft auch Blut aus unseren Füßen und sickerte in den Boden. Es dauerte Monate, die Steine auch nur ein kleines Stück wegzuwälzen.

Das Land ist so heilig, so geweiht für uns, weil wir ihm unseren Schweiß und unser Blut gegeben haben. Es belohnt uns dafür mit wunderbar reichen Ernten. Vater konnte bis zu drei Tonnen trockener Feigen von seinen Feldern ernten. Palästinenser sind mit ihrem Land eins, und ein Teil von ihnen stirbt, wenn sie davon getrennt werden.

Einer der zionistischen Mythen besagt, daß Palästina Ödland gewesen ist, als der Staat Israel errichtet wurde. In der palästinensischen Agrarwirtschaft verfügte man natürlich über keine modernen Techniken; aber die angewandten Techniken waren der Natur des Landes angemessen. Herrliche Terrassen mit handgemachten Steinmauern umgaben die Hügel, machten das Land nutzbar und schützten es. Oliven-, Feigen- und Mandelbäume wurden sorgsam gehegt und die Felder liebevoll bestellt.[12]

Der Mythos vom Ödland geht einher mit dem Mythos vom menschenleeren Land. Palästina wurde als ein »Land ohne Menschen für ein Volk ohne Land« dargestellt. Der Mythos vom menschenleeren Land machte den Mythos vom Ödland glaubwürdig. Die Welt ließ sich von diesen Mythen überzeugen und erkannte daher nicht den Verlust und den Schmerz der Palästinenser.

»Abuna, was gibt es für Neuigkeiten vom Gemeindezentrum zu berichten?« fragte jemand. »Wir sind schon seit drei Wochen auf den Feldern und haben nichts über den Fortgang erfahren.«

Jeder war erfreut zu hören, daß das Erdgeschoß fertig und der Betonfußboden im ersten Stock gegossen war. Dann beschrieb ich die verschiedenen Aktivitäten, die in dem vollendeten Gebäude stattfinden sollten: Kindergarten, Treffen, gesellschaftliche Ereignisse, Programme, Spiele, Altenclub und Bibliothek.[13]

»Dies sind vor allem auch ausgezeichnete Nachrichten für

mich, weil ich mich kaum mehr in meinem Schlafzimmer drehen kann!« rief ich aus. Jeder lachte. Alle hatten die Bibliothek besichtigt, waren zu Treffen erschienen, hatten mit mir in meinen Wohnraum Tee getrunken und wußten daher, wie beengt es bei mir war. In der Tat hatte ich jetzt ein neues Schlafzimmer im ersten Stock des Pfarrhauses, das kurz nach meiner Rückkehr aus Genf erbaut worden war. Die Nonnen verfügten über das gesamte Erdgeschoß, und ich besaß drei Räume im ersten Stock. Die Bibliothek war in allen drei Räumen untergebracht und quoll über.

Plötzlich spürte ich ein Zerren an meinem Ärmel. Ich wandte mich um und sah Huda. Ihr schwarzes Haar bedeckte fast ihre glänzenden Augen, als sie scheu den Kopf duckte. »Huda, mein Liebes, was willst Du Abuna sagen?« Ich schloß das Kind in meine Arme und umarmte es.

»Abuna«, wisperte das Kind. »Wann haben wir wieder einen Tag des Buches?«

»Das wird im August sein. Hast Du schon viele Bücher gelesen, Huda?« Huda bewegte ihren Kopf auf und ab, und ihre Augen waren immer noch auf mein Gesicht gerichtet.

»Wieviele Bücher hast Du bisher gelesen?« fragte ich und neigte meinen Kopf soweit vor, daß sie die Antwort in mein Ohr flüstern konnte. Als sie es mir verriet, war ich wirklich überrascht.

»Was, Huda, das ist ja großartig! Darf ich den anderen sagen, wieviele Bücher Du schon gelesen hast?« Sie nickte und lächelte.

»Meine Freunde, Huda ist acht Jahre alt und in der dritten Stufe der Grundschule. Seit dem letzten ›Tag des Buches‹ hat sie 127 Bücher gelesen!«

Die Erwachsenen schnappten erstaunt nach Luft und spendeten dem Kind Beifall. Die Bibliothek war zu einem wichtigen Bestandteil des dörflichen Lebens von Ibillin geworden. Zada und die anderen Freiwilligen hatten unermüdlich gearbeitet, um die Bücher einzuordnen und den Leuten bei der Bibliotheksnutzung helfen zu können. Der jährliche »Tag des Buches« begann 1971, als wir einen ganzen Tag dafür ansetzten, die Leseleistungen der Leute im Dorf mit besonderen Ehrungen und Anerkennungen zu feiern.

Wir erlebten in Ibillin eine wirkliche kulturelle Revolution. Mütter sprachen zu ihren Kindern: »Und Du, mein Kind, wieviele Bücher hast Du in diesem Jahr schon gelesen? Wirst Du im nächsten Jahr mehr lesen? Sieh doch, wieviele Bücher Dein Vetter schon gelesen hat!« Kinder und junge Leute schämten sich, auf der Straße ohne ein Buch in der Hand zu gehen.

Das geschah nicht nur in Ibillin, sondern ebenso in anderen Dörfern. Durch Spendensammlungen in den Dörfern und bei Freunden in Europa konnten ich den Dörfern Mi'ilyā[14] und Gish dabei helfen, in Eigeninitiative Gemeindezentren zu erbauen. Alle diese Zentren, zusammen mit Projekten in anderen Dörfern, waren für die Palästinenser in Galiläa von größter Bedeutung. Es bildete sich das Bewußtsein, eine Verpflichtung einzugehen; ja, es entstand das Wissen und sichere Empfinden, nach allem, was vorausgegangen war, nicht mehr allein zu sein. Ein neues Gebäude zu errichten und Verbesserungen an vorhandenen vorzunehmen, verlieh dem palästinensischen Volk in der Tat enormen Mut. Derart aktiv zu sein, bedeutete Bodenständigkeit und dauerhaftes Wachstum gegenüber dem Erleben von Entwurzelung und Heimatlosigkeit.

Bevor ich meine melkitische Gemeinde auf ihren Feldern zurückließ, betete ich mit den Leuten. Während des Tages hatte ich sie beim Gurkenpflücken die Lieder der Liturgie singen hören. Sie mochten wohl an jenem Morgen nicht zur Feier der Liturgie in der Kirche erschienen sein, aber sie beteten mit ihren Händen und auf ihren Knien in der Erde Galiläas, dem Ort, den Gott erwählte, um dort als Mensch in der Person Jesu Christi zu leben.

»Abuna!« Der stellvertretende Gemeindevorsteher von Ibillin, Abu Muhammad stürzte in mein Zimmer. »Die Polizei hat das Schlachthaus in Besitz genommen!«

»Wovon sprechen Sie? Wo sind die Arbeiter?«

»Sie müssen sofort mitkommen! Die jüdischen Besitzer der Schweinefarm trafen vor circa zwei Stunden mit der Polizei ein und vertrieben unsere Leute aus dem Schlachthaus. Wir versuchten wieder hineinzugelangen, aber es ist unmöglich. Bitte kommen Sie und helfen Sie uns!«

Schnell stiegen wir in mein kleines Auto und fuhren die sieben Kilometer zum Ort der Konfrontation[15].

Die Speisevorschriften religiöser Juden verbieten das Essen von Schweinefleisch. Aber die israelische Regierung erlaubte die Schweinehaltung und -schlachtung in bestimmten Gebieten, die vorwiegend von christlichen Arabern bewohnt werden.[16] Eine der größten Schweinefarmen und eines der größten Schlachthäuser Israels lagen zufällig im Bereich meiner Pfarrei. Mehr als hundert christliche und muslimische Männer aus dem Dorf waren dort angestellt.[17] Das Fleisch wurde nach Tel Aviv geschickt und als »Steak Lavan« oder »weißes Steak« verkauft, um die Bezeichnung Schweinefleisch zu vermeiden. Belästigungen von den jüdischen Schweinefarmbesitzern und der Polizei waren ziemlich häufig, aber noch nie waren die Arbeiter vertrieben worden.

Dreißig Polizisten bewachten das Eingangstor. Die jüdischen Schweinefarmbesitzer befanden sich im Schlachthaus. Die Arbeiter und viele Dorfbewohner standen draußen. Die Stimmung war äußerst gespannt.

»Abuna, sie haben uns hinausgedrängt!« schrie einer der Arbeiter. »Sie kamen einfach herein und befahlen uns, hinauszugehen. Und als wir uns nicht rührten, zwangen sie uns zu gehen. Sie sagten, wir könnten hier nicht länger arbeiten. Wir sind von diesem Lohn abhängig, weil wir das Geld für unsere Familien brauchen. Abuna, sprechen Sie mit ihnen. Sagen sie ihnen, sie sollen hinausgehen!«

»Geht bitte vom Tor weg!« rief ich laut. Ich wollte nicht, daß jemand zu nahe bei der Polizei oder den Gewehren stand. Die Leute gehorchten. Ich näherte mich dem Tor.

»Ich möchte mit dem Verantwortlichen sprechen«, sagte ich mit lauter Stimme. Ein stämmiger Mann mit hellblauen Augen kam langsam auf mich zu. »Wer sind Sie?«

»Ich bin der Gemeindepfarrer in Ibillin.«

»Was wollen Sie hier? Gehen Sie in Ihre Kirche zurück.«

»Meine Kirche ist hier, wo es um den Lebensunterhalt meiner Leute geht.«

Ich fuhr fort, laut und vernehmlich zu sprechen, um sicher zu sein, daß mich jeder verstehen konnte.

»Wen repräsentieren Sie?«

Bevor ich antworten konnte, rief jemand aus Ibillin dazwischen: »Er repräsentiert uns alle. Abuna ist das Dorf, und mit seiner Stimme spricht er für uns alle.«

Diese Worte waren ein Echo des Ereignisses vom vorausgegangenen 22. Februar, als ich mit der Ehrenbürgerschaft von Ibillin ausgezeichnet worden war. In Gegenwart meiner Eltern und vieler Gäste hatte mir der Gemeinderatsvorsteher für die vielen Projekte gedankt, die ich initiiert hatte und auch dafür, daß ich in Ibillin für jeden Priester sei. Als die Feier ihren Höhepunkt erreicht hatte, stand meine Mutter auf und stimmte nach arabischem Brauch ein improvisiertes Lied an. Die Leute klatschten dazu den Rhythmus mit den Händen und sangen einen bekannten Refrain. Mutters Gesang war wie ein Magnifikat und drückte ihre Freude aus, daß ihr Sohn mit der Ehrenbürgerschaft in diesem weit entfernten Dorf ausgezeichnet worden war.

Dann sang meine Mutter für mich folgende Worte: »Vergiß nicht, daß Du nicht der Erste in diesem Dorfe bist. Du mußt der Letzte sein, weil Du der Diener aller sein sollst, wie Dein Herr Jesus der Diener aller gewesen ist. Deshalb bist du Priester geworden.« Mutters Lied mutete mich so unglaublich schön und heilig an, daß ich weinte.

Jetzt sprach ich zu dem befehlshabenden Polizisten vor dem Schlachthaus: »Mein Herr, Sie täten besser daran, dieses Tor zu öffnen und mich hinein zu lassen, oder wir werden es mit unseren eigenen Mitteln tun.«

Die Polizisten versteiften sich und faßten an ihre Gewehre. Ich hörte einen kollektiven Seufzer der Leute von Ibillin.

»Was wollen Sie denn jetzt tun, Priester?« höhnte der Offizier.

Ich starrte ihn an und fühlte, wie sich in meinem Magen ein fester Knoten bildete. Was für eine berechtigte Frage, dachte ich. Was soll ich nun tun?

KAPITEL 11

PROTESTMARSCH IN JERUSALEM

»Was wollen Sie denn jetzt tun, Priester?«

Der Polizeioffizier muß angenommen haben, daß ich an Gewalt dachte, als ich ihm sagte, wir würden das Tor mit unseren eigenen Mitteln öffnen.

Gewalt anzuwenden, lag mir fern. Ich kannte bessere Arten, Macht durchzusetzen. Indem ich so laut sprach, wie ich eben konnte, kündigte ich meine Absicht an. »Ich werde Zeitungsreporter und angesehene Persönlichkeiten aus ganz Israel hierher ans Tor führen. Sie werden fasziniert sein von der Geschichte, wie Juden ein Schweineschlachthaus in einem arabischen Dorf beschlagnahmten. Wie interessant auch für sie, festzustellen, daß die israelische Polizei für Unterdrücker Partei ergreift, statt die Gesetze zu unterstützen.«

Die Polizeioffizier sah mich an, als ob ich verrückt sei. »Tun Sie, was Sie wollen«, murmelte er.

Ich bat dann die Dorfbewohner, Wache zu stehen, aber nicht zur Tat zu schreiten, bis ich von zu Hause wieder zurück sei. Dort angekommen, benutzte ich mein neu installiertes Telefon. Ich rief die Zeitungsverleger an, die versprachen, über diese Geschichte zu berichten. Dann telefonierte ich mit mehreren Botschaftern, deren Bekanntschaft ich während meiner Zeit an der Hebräischen Universität gemacht hatte. Sie versicherten mir, sie würden umgehend die Situation prüfen.

Als nächstes rief ich einen Vertreter der Vereinten Nationen in Jerusalem an, der mein Freund war. »Wenn Ibillin das Schlachthaus verliert, bedeutet das den Verlust von mindestens hundert Arbeitsplätzen sowie Steuern für die Kommune. Was diese jüdischen Schweinefarmbesitzer tun, ist absolut ungesetzlich. Denn es ist nicht nur ein Mißbrauch der bürgerlichen Gesetze, sondern auch ein Verstoß gegen jüdische religiöse Gesetze und Traditionen.« Der UN-Vertreter versprach wie alle anderen eine schnelle Untersuchung.

Anschließend telefonierte ich mit dem melkitischen Bischof Joseph Raya. Ich wußte, daß er der erste sein würde, der gegen diese Ungerechtigkeit protestierte.

Als wir gerade miteinander sprachen, hörte ich draußen einen großen Tumult.

»Abuna! Abuna! Kommen Sie schnell!« riefen die Leute von der Straße. Ich lief hinaus und sah viele Dorfbewohner lachend jedem in Sicht Kommenden die Hand schütteln. »Machen Sie sich keine Sorgen, Abuna!« riefen sie. »Fünf Minuten nach Ihnen fuhren Polizei und jüdische Farmbesitzer alle davon. Wir sind im Besitz des Schlachthauses und haben dort Wachen aufgestellt. Journalisten haben uns interviewt. Glauben sie, daß das in den Zeitungen stehen wird?«

Ich lachte und empfand große Erleichterung. Wie ich gehofft hatte, reichte allein der Gedanke an Publizität in Israel aus, die Übernahme des Schlachthauses zu vereiteln. »Ja, und das wird unsere beste Versicherung dagegen sein, daß es nicht wieder geschieht, meine Freunde. Heute haben wir einen großen Sieg mit gewaltlosen Taktiken errungen. Diese sind – auf lange Sicht – wirksamer als Gewalt.«

»Nun, Abuna Elias«, meinte Bischof Raya einige Tage später. »Sie haben ganz schön für Aufregung gesorgt bei Zeitungen, Botschaftern, U. N., orthodoxen Rabbinen und der allgemeinen israelischen Öffentlichkeit!«

»Ja, wirklich!« entgegnete ich und konnte das Lachen nicht zurückhalten. »Die Rabbinen waren völlig entsetzt und sparten nicht mit Worten scharfer Kritik an den Farmbesitzern. Natürlich wollen die orthodoxen Juden die Schweinefarmtätigkeit insgesamt abschaffen. Dafür aber ist sie zu einträglich. Die Farmbesitzer werden von jetzt an ein schwaches Image behalten. Dessen bin ich sicher. Und Ibillin wird keine Probleme mehr haben.«

»Ich gratuliere, mein Sohn! Gott nutzte Ihre Worte und Taten auf mächtige Weise.«

Des Bischofs warme Worte und sein Verständnis für die Lage taten gut. Meine Beziehung zu Joseph Raya gestaltete sich vom ersten Tag seiner Übernahme des Bischofsamtes an ausgezeichnet. Obwohl er Libanese war, zeichnete Bischof Raya eine wache Sensibilität für alle Angelegenheiten aus, die Gerechtigkeit gegenüber Palästinensern anbelangten. Er hatte in den USA gelebt und eng mit dem Bürgerrechtskämpfer Martin Luther King Jr. zusammengearbeitet.

»Das war aber eine umstrittene Stellungnahme, die das Biram-Komitee vor ein paar Wochen abgegeben hat«, sagte der Bischof grinsend und zündete sich seine Pfeife an.

In einer Zeit großer Verzweiflung über die Weigerung der israelischen Regierung, den Leuten von Biram die Rückkehr zu erlauben, hatte das Biramkomitee einen Brief veröffentlicht. Darin wurde die Regierung eingeladen, einige Rabbinen zur Beschneidung aller Männer aus Biram zu entsenden, damit sie das Recht zur Rückkehr in ihr Dorf erhielten. Natürlich würden die melkitischen und maronitischen Christen aus Biram niemals in eine Beschneidung einwilligen, und sie konnten auch davon ausgehen, daß umgekehrt sich keine Rabbinen finden würden, eine solche auszuführen. Aber es war eine Möglichkeit deutlich zu machen: »Wir wissen sehr wohl, daß wir das Rückkehrrecht nicht erhalten, weil wir keine Juden sind. Wenn jedoch der Schritt, Jude zu werden, dazu führt, daß wir in unserem Dorf leben und unser Land bearbeiten können, sind wir bereit, selbst das zu tun.«

Das Rückkehrgesetz von 1950 bietet jeder jüdischen Person in der Welt das Geschenk sofortiger Staatsbürgerschaft in Israel an sowie das Recht, im Land zu leben.[1] Den Palästinensern jedoch, denen das Land weggenommen wurde, wird das Recht zur Rückkehr auf ihr Land und in ihre Heimat nicht gewährt. Diese dunkle Seite des Zionismus zielt darauf ab, nicht einen Staat für die Juden, sondern von Juden und nur von Juden zu errichten. Anderen, darunter insbesondere Palästinensern, selbst denen mit israelischer Staatbürgerschaft, werden nicht dieselben Rechte zuerkannt, ganz besonders nicht in Verbindung mit dem Land. Einige zionistische Extremisten erklären offen, daß alle Palästinenser aus Israel, der West-Bank und Gaza raus müssen.

Das Komitee von Biram wurde von den ehemaligen Bewohnern Birams gegründet, um jedes gewaltfreie Mittel zu versuchen, die Rückkehr nach Biram zu erreichen. Aber noch im Jahre 1972 war es unfähig, genügend rechtlichen oder politischen Druck auf die israelische Regierung auszuüben, die Verfügung des Gerichtshofes endlich auszuführen.[2]

Bischof Raya nahm ein starkes Interesse an den Problemen von Biram und Ikrit. Ihr Land war Teil seiner Diözese, und viele Flüchtlinge aus den beiden Dörfern waren Melkiten. Bald hatte er auch erfahren, daß einer seiner Priester, Abuna Elias, aus Biram stammte. Mit den in den USA gewonnenen Bügerrechtserfahrungen wollte der Bischof sich für die Leute aus diesen zwei Dörfern einsetzen.

»Was würden Sie sagen, Abuna Elias, wenn Sie und ich Golda Meir besuchen würden?«, fragte der Bischof eines Tages im Sommer 1972.

»Das klingt ausgezeichnet! Hat sie uns eingeladen?«

»Nein, das hat sie nicht«, lachte der Bischof in sich hinein. »Aber was wäre, wenn wir einen Vorstoß machten, mit der Premierministerin zu sprechen und ihr den Fall Biram und Ikrit auf persönliche und gewinnende Weise vortrügen?«

»Mein lieber Bischof, wenn Sie mit Golda Meir sprechen, will ich gern an Ihrer Seite sein. Sie könnten mich sogar nicht davon abhalten.«

Am 8. August hatten Bischof Raya und ich unser Treffen mit Golda Meir.[3] Ich hatte ihr Bild viele Male gesehen, aber ich war nicht auf die kalte Persönlichkeit vorbereitet, die wir trafen. Die Premierministerin saß mit ausdruckslosem Gesicht vor uns und schien nahezu unberührt von dem, was wir ihr vortrugen. Der Bischof und ich erläuterten die Gerichtsentscheide, die den Leuten von Biram und Ikrit das Rückkehrrecht gaben und baten sie dringend darum, die Entscheidungen ausführen zu lassen.

»Das ist unmöglich. Aus Staatsgründen können wir ihnen nicht erlauben zurückzukehren«, war alles, was Golda Meir als Antwort auf unser Gesuch entgegnete.

»Sie haben Kritik am Papst geübt, weil er Israel nicht anerkennt und Yassir Arafat empfängt«, warf der Bischof ein. »Aber, Frau Golda Meir, wenn Sie in einem Glashaus leben, dürfen Sie nicht Steine auf Ihre Nachbarn werfen. Sie haben die Gerechtigkeit in diesem Lande getötet, weil Sie den Leuten von Biram und Ikrit nicht erlauben, in ihre Häuser zurückzukehren. Weil Sie die Gerechtigkeit in Israel getötet haben, erklären wir den nächsten Sonntag zum Tag der Trauer. Wir werden weder die sonntäglichen Gebete verrichten noch Eucharistie feiern. Wir werden nur die Kirchenglocken läuten als Zeichen der Trauer für den Tod der Gerechtigkeit in Israel.«

»Oh, Bischof«, protestierte ich. »Wir wollen doch nicht, daß Golda Meir zur Jezebel des 20. Jhs. wird. Naboth lebt noch.«

Naboth, ein Nicht-Jude, besaß einen Weinberg nahe dem Landpalast von König Ahab und Königin Jezebel im nördlichen Königreich Israel im 9. Jh. vor Chr. Ahab wollte den Weinberg käuflich erwerben, aber Nahab lehnte das ab, weil er ihn als Familienerbe behalten wollte. Jezebel fuhr fort, das Land für ihren Gatten durch Hinterlist und große Ungerechtigkeit zu sichern. Jezebel arrangierte es, daß Naboth aufgrund einer Verurteilung wegen Blasphemie zu Tode gesteinigt wurde. Jezebel informierte Ahab, daß Naboth tot sei, und er den Weinberg in Besitz nehmen könne. Der Prophet Elias fand den König in Naboths Weinberg und sagte: »Hast Du getötet und Besitz ergriffen?« Elias beschrieb alsdann, wie Gott beide, Ahab und Jezebel, für diese Tat bestrafen würde.

»Naboth, in Gestalt der Leute von Biram und Ikrit, lebt noch, aber ihr Land wurde genommen«, sagte ich unvermittelt zur Premierministerin. »Aber es ist nicht zu spät dafür, die Ungerechtigkeit wieder aufzuheben. Frau Premierministerin, Sie müssen nur den Mut haben zu sagen: ›Sie haben das Recht zurückzukehren.‹«

Wieder erwiderte Golda Meir nur: »Aus Staatsgründen können wir das Rückkehrrecht nicht einräumen. Das ist unmöglich.« Ihr Gesichtsausdruck wirkte steinern.

»Dann, Frau Golda Meir, laden wir Sie ein, den Tod der Gerechtigkeit zu betrauern, die von Ihren Händen umgebracht worden ist«, sagte Bischof Raya, als wir das Büro verließen.

»Bischof«, fragte ich, als wir nach Haifa zurückfuhren, »wie können wir theologisch rechtfertigen, am Sonntag die Kirchen zu schließen?«

»Sehen Sie, Elias. Unser guter, allmächtiger Gott bat uns zu beten. Und wir beten gern zu unserem Gott. Aber durch die Jahrhunderte hindurch muß Gott an unser Geplapper gewöhnt sein und gibt darauf nicht mehr acht. Wir hören jetzt damit auf zu reden, und dann wird Gott verwirrt sein und sagen: ›Was ist los, Kinder?‹ Dann können wir dem Allmächtigen mitteilen, was wir wollen und brauchen, und der Herr wird unsere Worte erhören.«

Ich lachte, und Bischof Raya lachte auch. Aber für mich beinhalteten seine Worte die beste Theologie, war sie doch gleichzeitig so menschlich und so göttlich.

Der folgende Sonntag bedeutete für die 33 melkitischen Kirchen in Galiläa einen Trauertag. Die Glocken ertönten zum Protest, und an die verschlossenen Kirchentüren wurden Trauerbekundungen angeschlagen[4].

»Wie stehen die Pläne für den Marsch in Jerusalem?« Der Bischof beobachtete mich durch seine Rauchwölkchen. »Haben Sie die Erlaubnis bekommen?«

»Ja, ein jüdischer Freund ging mit mir nach Jerusalem, um den entsprechenden Antrag zu stellen. Die Erlaubnis wurde für den 23. August erteilt. Das Biram-Komitee ist im großen Einsatz für diesen massiven Vorstoß und arbeitet alle Einzelheiten für das geplante Bemühen aus.«

»Der Vorsitzende des Komitees besuchte mich und bat mich, den Marsch anzuführen«, eröffnete mir der Bischof und untersuchte seine Pfeife, die nun ausgegangen war.

»Ausgezeichnet! Sie sind genau die Person, die uns in Jerusalem anführen sollte. Denn Sie waren solch ein starker Befürworter unserer Demarchen für die Rückkehr nach Biram und Ikrit.«

»Hm«, murmelte der Bischof und zündete seine Pfeife wieder an. »Nun, Abuna Elias, obwohl ich mich sehr geehrt fühle durch die Einladung, habe ich das Angebot abgelehnt.«

»Warum das denn?« fragte ich erstaunt nach. »Sie haben sich doch so oft für Biram und Ikrit ausgesprochen; und dennoch weigern Sie sich jetzt, die Demonstration anzuführen? Bedenken Sie, daß dies die bedeutendste Sache ist, die wir bisher getan haben. Überlegen Sie bitte nochmals.«

Er schüttelte seinen Kopf. »Nein, mein Sohn. Ich habe mich entschieden. Sie, Elias Chacour, sollen den Protestmarsch anführen.«

Ich war sprachlos. Ich? Ich sollte den Protestmarsch anführen? Ich schüttelte den Kopf.

»Ja, das Komitee und ich sind einig, daß Sie, Abuna Elias, als Palästinenser, Flüchtling aus Biram und als ein bekannter Graduierter der Hebräischen Universität der Führer des Prostestmarsches sein sollten. Ich unterstütze die Sache, aber ich bin Libanese. Ich will mit Ihnen marschieren, aber der Anführer müssen Sie sein.«

Viel später verließ ich den Bischof mit dem Versprechen, die Demonstration anzuführen. Das war eine Ehre, ja; aber der ganze Protest war gefahrvoll. Nie zuvor hatten die Palästinenser in Israel als Gruppe protestiert. Niemand von uns kannte den Ausgang. Wir wollten natürlich Blutvergießen vermeiden, aber die Möglichkeit, daß es dazu käme, war relativ groß. Die Palästinenser gingen in die Stadt Jerusalem hinein, gewissermaßen in das Herz der Juden, um zu ihnen zu sagen: »Wir sind unglücklich, weil Ihr so ungerecht seid.«

Oh, Gott, das ist so groß, betete ich. Die Konfrontation am Schweineschlachthaus war nichts im Vergleich zu diesem Protestmarsch. Schütze jeden, Herr – die, welche mitmarschieren, die, welche dagegen sind. Und durch all das hindurch laß unsere Schreie um Gerechtigkeit gehört werden.

Der Protestmarsch begann am Jaffator in der Altstadt von Jerusalem am 23. August 1972, und ich erblickte mit Erstaunen Tausende von Teilnehmern. Das Gemisch von Christen, Juden, Muslimen und Drusen war wunderbar. Ich hatte Leute von der Hebräischen Universität eingeladen mitzumachen. Aber ich war geradezu überwältigt von der Tatsache, daß mindestens 70 Professoren gekommen waren, um ihre Solidarität mit uns und unserer Sache auszudrücken. Bischof Raya war da, bereit zum Demonstrieren und Sprechen wie auch zum Mittun.

Vollbesetzte Busse, meine Eltern miteinbegriffen, reisten an diesem Morgen aus Galiläa an. Mutter dachte besorgt an meine Sicherheit. Aber was mir vor allem am Herzen lag, war erstens, daß die Protestierer sich entsprechend dem Plan des Komitees verhalten würden, nur marschieren, sängen und ihre Plakate vor sich her trügen; und zweitens, daß niemandem – Jude, Muslim, Christ oder Druse – irgend etwas zustieße. Die Botschaft, die wir verkünden wollten, war von größter Bedeutung, aber sie würde umsonst sein, wenn Gewalt geschähe. Und Gewaltausschreitungen würden es nahezu unmöglich machen, je wieder in Israel in palästinensischen Belangen Gehör zu finden. Das gesamte Vorhaben eines Protestmarsches für Biram und Ikrit war äußerst riskant, das wußten wir; es barg aber auch die Chance, viel Gutes damit zu erreichen.

Mutter und Vater konnten aus körperlichen Gründen nicht am Protestmarsch teilnehmen und wurden an eine Ecke gesetzt, von wo aus sie zuschauen konnten. Als der Augenblick gekommen war, den Marsch zu beginnen, wurde ich zu einem Jeep gebracht, der langsam der Prozession vorausfahren sollte. Ich saß oben auf dem Jeep, so sichtbar wie möglich. Rechts hinter mir standen Leute mit Plakaten, deren Aufschrift das Recht der Bewohner von Biram und Ikrit erklärte, in ihre Heimat und auf ihr Land zurückzukehren.

Langsam bewegte sich der Jeep entlang der Mamillastraße. Mein Herz hämmerte wild, als ich Slogans proklamierte und die Leute zum Singen anleitete. Wir taten dies wirklich und wahrhaftig, trotz aller Opposition. Hinter mir sah ich das unglaubliche Gemisch von Protestierern. An der Spitze des Zuges konnte ich israelische Polizisten und Soldaten mit schußbereiten Waffen erkennen. Und rundherum erblickte ich neugierige Zuschauer, die unsere Plakate lasen und beobachteten, wie sich die ungewöhnliche Parade durch Jerusalem wand. Viele Fotografen und Journalisten waren dabei und berichteten über das Ereignis.

Ich sah meine Eltern an ihrer Ecke sitzen. Mutter betete offensichtlich. Ich konnte mir vorstellen, wie verwundbar ich ihnen erscheinen mußte, weil ich mich selber auch so fühlte.

Alles war erregend und gleichzeitg furchteinflößend. Oh, Gott, laß heute aufgrund unserer Aktion die Menschen unsere Sache erleben und auch anhören.

Schließlich trafen wir am Ende der Demonstration vor dem Büro der Premierministerin ein. Journalisten drängten sich heran und stellten Fragen, und ich war gern zum Interview bereit. Später brachte die Presse über unseren Protestmarsch eine gute Berichterstattung, und die Nachrichten darüber wurden auch von der ausländischen Presse aufgenommen.

Ich empfand Dankbarkeit, daß es weder zu gewaltvollen Ausschreitungen noch zu Blutvergießen gekommen war. Palästinensern in Israel war die Gelegenheit gewährt worden, offen zu sprechen; und einige Juden hatten ihr Schreien um Gerechtigkeit vernommen und waren bereit, sie öffentlich zu unterstützen. Der Protestmarsch war insofern wirksam, als er Israel und der Welt von Biram und Ikrit Kenntnis gegeben hatte. Aber die israelische Regierung änderte deswegen ihre Politik nicht. Golda Meir wiederholte am Radio, was sie zuvor Bischof Raya gegenüber geäußert hatte: »Aus Gründen der Staatsraison werden wir ihnen nie das Recht zur Rückkehr einräumen.« Sie erklärte ferner, daß, falls die Regierung den Leuten von Biram und Ikrit das Rückkehrrecht gäbe, dies einen nicht wünschenswerten Präzedenzfall schaffen würde. Noch so viel Überredung durch Gerichte oder von seiten betroffener Gruppen und Individuen vermochten je, sie in ihrer Position wankend zu machen.[5]

»Elias, Kräfte sind am Werk, die mich aus dem Amt des Bischofs entfernen wollen.« Joseph Raya war zu einem Privatbesuch nach Ibillin gekommen. »Es ist ein offenes Geheimnis, daß die israelischen Behörden sehr ungehalten über meine öffentliche Unterstützung palästinensischer Fragen sind. Die Regierung haßt mich und will mich hier weghaben.«

»Das ist wahr und zweifellos der Fall«, pflichtete ich ihm

bei. »Sie waren herrlich unverblümt.« Wir lachten flüchtig in uns hinein.

»Aber das ist noch nicht alles, Elias. Ich habe auch über Ungerechtigkeiten innerhalb unserer melkitischen Kirche gesprochen. Ich genieße weder die Unterstützung des Patriarchen noch die der Mehrheit der Priester in dieser Diözese. Es gibt viele Unterströmungen, und ich vermute, daß ich bald aus meinem Amt verwiesen werde.«

Die politischen Unterströmungen waren real. Und es machte einen krank mitanzusehen, wie persönlicher Ehrgeiz bei Priestern die Oberhand über die Nöte der Pfarrgemeindemitglieder gewann; oder auch die Machenschaften gegen diesen empfindsamen und verantwortlichen Mann zu beobachten.

»Nun, wenn der Patriarch Sie weghaben will, Priester in der Diözese gegen Sie arbeiten, und die israelische Regierung Sie ausweisen möchte, haben Sie keine Hoffnung zu bleiben. Einzige Frage ist dann nur, wie lange Ihre Ausweisung braucht.«

»Ich weiß. Nun, in der Zwischenzeit kann ich vielleicht für Menschen ein unterscheidendes Zeichen setzen, solange ich noch über die Macht und Gelegenheit dazu verfüge.«

»Was planen Sie zu tun, wenn Sie wirklich von dem Amt des Bischofs enthoben werden?«

»Oh, wahrscheinlich werde ich nach Kanada oder in die Vereinigten Staaten zurückkehren und dort an Menschenrechtsfragen arbeiten. Wenigstens werde ich mit meinem Gewissen in Frieden sein. Und es wird so gut sein. Machen Sie sich meinetwegen keine Sorgen, mein Freund.«

Wir genossen den Tee, den Schwester Nazarena uns servierte. Als die Dämmerung einbrach, waren wir wie zwei Freunde im Gespräch, welche die Gegenwart des anderen schätzten. Schließlich verschluckten die Schatten Joseph Raya. Achtzehn Monate später war er fort. Ich hatte einen wertvollen Bischof, Unterstützer, Vertrauten und Freund verloren.[6]

KAPITEL 12

WILLKOMMEN IN BEIRUT, ABUNA!

»Ihre neue Soutane sieht gut aus, Abuna.« – »Danke, Schwester Gislaine. Ich werde direkt nach dem Frühstück aufbrechen und in den Libanon reisen. Morgen besuche ich den Patriarchen in Beirut. Als ich ihn zuletzt sah, war er noch Bischof von ganz Galiläa und lebte in Haifa. Das war in der Zeit vor meinem Aufenthalt in Genf.« Ich entfernte ein Insekt von meinem Ärmel. »Die neue Soutane gefällt mir«, dachte ich bei mir, weil sie so makellos ist. Seit Jahren hatte ich keine mehr erstanden.

»Werden Sie Ihre Familie im Libanon wiedersehen, Abuna?« – »Ja, natürlich. Mein Onkel und seine Familie leben immer noch im Lager Dbayeh in der Höhe von Beirut. Nächsten Sonntag werde ich dort die Messe feiern.« Wir setzten uns zum Frühstück nieder und segneten das Mahl.

»Ich habe viele schlimme Geschichten über Schießereien und Entführungen im Libanon gehört«, seufzte Schwester Gislaine. »Ist es nicht zu gefährlich, dorthin zu reisen?«

»Jetzt sprechen Sie wie Mutter Macaire, die in Frieden ruhen möge.« Die alte Nonne war kürzlich in ihrem Kloster in Nazareth verstorben. »Ich besitze einen israelischen Paß, außerdem ein Ausreisevisum des Staates Israel, ein Einreisevisum für den Libanon und noch ein Vatikanisches Durchreisevisum. Das dürfte genügen.«

»Was planen Sie für das Sommerlager in diesem Jahr, Abuna?« wollte Schwester Nazarena von mir wissen. »Gut, daß Sie davon sprechen. Das Komitee kam gestern abend zusammen. Das Sommerlager 1975 wird mehr als zweitausend Kinder aus fünfzehn Dörfern aufnehmen.«

1973 hatte ich mit dem Sommerlagerprogramm begonnen und mit fünfhundert Kindern gerechnet. Statt dessen nahmen mehr als eintausendeinhundert Kinder an dem Programm teil. Statt auf heißen Straßen zu spielen, kampierten die Kinder während drei Wochen unter den Olivenbäumen am Dorfeingang. Sie spielten und lernten zusammen, besuchten die heiligen Stätten und die Dörfer, aus denen sie stammten. Mindestens eine Stunde am Tag lasen sie. Jeden Sommer warteten wir vergeblich auf jüdische Kinder. Aber das schien einfach undenkbar. Allerdings schlossen sich uns jüdische Freiwillige an.

Den Kindern, die sich unter den Olivenbäumen versammelten, pflegte ich zu erzählen, daß ihre Wurzeln hier in Galiläa weiter als die der zweitausend Jahre alten Bäume zurückreichten. »Eure palästinensischen Vorfahren pflanzten diese Bäume und liebten das Land, auf dem sie lebten. Euch hat man von diesem Land entfernt, aber Ihr werdet eines Tages wieder darauf zurückkehren. In diesem Land nahm Gott menschliche Gestalt an. Und in diesem Land vergoß Jesus von Nazareth sein Blut zur Erlösung der Welt. Vielleicht müßt Ihr eines Tages mit Eurem Blut Juden und Palästinenser befreien und einen gemeinsamen Lebensraum schaffen, in dem Hindernisse beseitigt sind und Liebe und gegenseitige Toleranz überwiegen.«[1]

Eine Stunde später überquerte ich die Grenze zum Libanon und nahm ein Taxi nach Sidon. Dort bestieg ich ein Sammeltaxi nach Beirut, das ich mit sechs anderen Personen teilte. Ich freute mich darauf, wieder libanesische Menschen, Dörfer und Landschaften zu sehen. Aber die gespannte politische Lage konnte man im April 1975 selbst noch im Taxi spüren. Niemand traute einem Fremden, selbst wenn dieser ein Priester war. Jegliche Unterhaltung begrenzte sich auf den einzig sicheren Gegenstand, das Wetter.

Das Schweigen erlaubte mir, an meine Predigt zu denken. Jesus und seine Jünger begegneten einem Blinden in Jerusalem. Die Jünger fragten: »Meister, wer hat gesündigt, dieser Mann oder seine Eltern, denn er ist blind geboren?« Was sollte ich meinen Leuten über dieses Evangelium sagen? Sie lebten seit siebenundzwanzig Jahren als Flüchtlinge im Libanon. Wer hatte gesündigt, sie – die Flüchtlinge – oder ihre Familien, weil sie Exil, Pein und Leiden ertragen mußten? Diese Predigt würde nicht leicht werden.

In knapp einer Stunde hatten wir die Außenbezirke von Beirut erreicht. Wir hielten kurz an, da einer der Fahrgäste telefonieren mußte. Alsdann fuhren wir weiter in die Stadt hinein. »Bald werde ich meinen Onkel nach langer Pause einmal wiedersehen«, dachte ich bei mir.

Wir waren nur eine kurze Strecke gefahren, als plötzlich zwei staubige, nicht gekennzeichnete Wagen das Taxi einkreisten. Ein Soldat stieß die rechte Hintertür auf, warf einen schnellen Blick auf die Fahrgäste und zeigte dann auf mich: »Sie da, kommen Sie heraus!«, forderte er mich auf.

»Wer sind Sie?« fragte ich. Ich fühlte, wie mich Angst durchströmte, und ich erstarrte.

»Das geht Sie nichts an! Steigen Sie aus!« Ich rührte mich nicht.

Der Taxifahrer, offensichtlich ein Christ, wandte sich nach mir um und sprach eindringlich auf mich ein. »Abuna, steigen Sie aus, wenn Ihnen Ihr Leben lieb ist.« In seinen Augen las ich eine stumme Bitte, denn ihm war an der Verteidigung der eigenen und der Sicherheit der anderen Fahrgäste gelegen. Ich zwang mich, aus dem Auto zu klettern und sah sechs Männer in grünen Drillichanzügen mit Keffiyehs um Kopf und Hals, die ihre Gewehre auf mich richteten. »Mein Gott«, durchzuckte es mich, »ein einziger von ihnen und ein Gewehr würden ausreichen, um mit diesem Priester fertig zu werden.«

Einer der Soldaten nahm meinen Arm und zog mich vom Taxi weg. »Ich will mein Gepäck mitnehmen«, rief ich und dachte an meine Bibel, meine Meßbücher und die Geschenke für meine Familie. So riß ich mich mit einem Ruck los und versuchte, zu meinem Gepäck zu gelangen.

»Nein, lassen Sie das sein!« schrie der Soldat.

Ich pflanzte mich auf, kreuzte meine Arme über der Brust und nahm eine sture Haltung ein.

»Nein, ich werde mein Gepäck nicht hier lassen. Töten Sie mich auf der Stelle, wenn Sie wollen, aber ohne mein Gepäck werde ich nicht von hier weggehen.«

Der Soldat starrte mich an, und ich starrte zurück. »Holen Sie es«, murrte er. Geschwind öffnete ich den Kofferraum, schnappte meine beiden Taschen, die mir sofort wieder entrissen wurden. Dann wurde ich unsanft ins nächste Fahrzeug gestoßen. Aus dem Taxi hörte ich, wie jemand sagte: »Dieser Mann wird jetzt getötet werden.« Niemand kam mir zu Hilfe.

Zwei Soldaten sprangen links und rechts neben mich auf den Rücksitz und hielten ihre Gewehre auf dem Schoß. Der Fahrer fuhr so schnell an, daß die Reifen quietschten. Der zweite Wagen folgte uns, als wir auf der Straße in Richtung Beirut weiterfuhren. Ich schaute meine Entführer an. Wir saßen Schulter an Schulter. Beide blickten hart und entschlossen geradeaus.

»Wer sind Sie?«, fragte ich, denn ich vermochte nicht zu erkennen, ob es Libanesen, Palästinenser oder Syrer waren, ob es sich bei ihnen um offizielle oder bloß selbsternannte Soldaten handelte. Zu wissen, wer mich da entführte, war von entscheidender Bedeutung für mein Überleben.

»Das geht Sie nichts an«, entgegnete der, welcher mich zuerst entführt hatte und sah mich dabei nicht an.

»Ich muß es wissen«, beharrte ich. »Wer sind Sie?«

Der andere Soldat knurrte zornig: »Wenn Sie am Leben bleiben wollen, halten Sie besser den Mund.« Und zur Unterstreichung seiner Drohung richtete er sein Gewehr auf mich.

»Wenn Sie offizielle Soldaten sind, muß ich Sie nicht fürchten«, sagte ich, um die Atmosphäre zu verbessern. »Sie können keine schlechten Menschen sein.« Danach sprachen die Männer nicht mehr mit mir. Ich betete zu Gott, der auch zu schweigen schien. Warum haben sie mich entführt? Ich habe keine politischen Beziehungen und auch kein Geld. Oh, mein Gott, mein Gott.

Nachdem wir ungefähr dreißig Minuten gefahren waren, bogen wir in einen engen, staubigen Pfad ein. Bald gelangten wir in einen wahren Dschungel dorniger Kaktusbäume, die so dicht standen, daß wir kaum hindurchkommen konnten. Alsdann fuhren wir in ein ummauertes Dorf, in dem winzige Gebäude eng zusammengekeilt waren. Langsam fuhren wir durch ein Labyrinth enger Straßen, die sich nach links, rechts, links wanden. Schnell verlor ich die Orientierung. Jetzt verstand ich, warum mir die Augen nicht verbunden worden waren. Nie würde ich den Weg zurückfinden, und außerdem schienen meine Entführer vorzuhaben, mich zu töten. Mitten im Dorf hielten wir schließlich an.

Man zerrte mich die Treppe zu einem Eckgebäude hinauf und stieß mich in ein kleines Zimmer. Die Männer verschlossen die Tür und verschwanden. »Wo ist mein Gepäck?«, rief ich. Niemand antwortete mir. Ein Tisch und drei gerade Stühle waren das einzige Mobiliar. Das einzige Fenster war mit Brettern vernagelt. Eine Glühbirne hing von der Decke. »Ist dies jemandes Wohnung oder Büro?« Lange Minuten verstrichen. Gott, gib mir die richtigen Worte ein und die Kraft auszuhalten, was auch immer geschieht.

Die Tür wurde geöffnet. Vier Männer mit Gewehren traten ein. Ihr Führer war vielleicht dreißig Jahre alt und hatte seine Keffiyeh lose um die Schultern gewickelt. Er setzte sich auf einen Stuhl hinter den Tisch und befahl mir, ihm gegenüber zu sitzen. Er starrte mich an; ich starrte ihn an. War er Libanese? Palästinenser? Syrer? Oder vielleicht ein jüdischer

Israeli, der als Araber verkleidet war? Das genau festzustellen, war mir nicht möglich. »Wer sind Sie?« fragte er auf Arabisch. »Ich bin Abuna Elias Chacour.«

»Woher sind Sie?«

»Aus Israel.«

»Wo ist das, Israel?« Ich merkte sofort, daß ich einen Fehler gemacht hatte.

»Entschuldigen Sie bitte, aus dem besetzten Palästina.« Endlich der erste Anhaltspunkt, durchfuhr es mich. Entweder hatte ich einen Israeli vor mir, der mit mir sein Spielchen trieb, oder aber einen Araber, der die Realität des Staates Israel ignorieren wollte. Wahrscheinlich war die zweite Vermutung die richtige.

Der Anführer betrachtete sorgfältig mein Gesicht, meine Kleidung, meine Schuhe und wieder mein Gesicht. »Wie sind Sie in den Libanon gekommen?«

»Ich bin offiziell über die Grenze bei Rosh Hanikra eingereist, und hier sind meine Papiere.« Ich reichte ihm das Vatikanische Durchreisevisum.

Er schleuderte es zurück. »Nein, das will ich nicht. Geben sie mir Ihre Papiere.«

Ich las den Ausdruck von Feindseligkeit und Verachtung im Gesicht des Mannes, als er meinen israelischen Paß prüfte. Mein Herz rutschte in meine Schuhe. Wie sollte ich diesem Mann erklären, daß ich ein arabischer Palästinenser mit israelischen Papieren bin? Wie konnte ich ihm klarmachen, daß ich trotz der israelischen Staatsangehörigkeit nicht sein Feind bin? Wie verrückt doch mein Leben ist, dachte ich. Jüdische Israelis sehen mich als Araber und damit als ihren Feind an, obwohl ich einen israelischen Paß besitze. Für Araber bin ich ein Israeli und damit ein Feind wegen meiner israelischen Papiere. Kein Wunder, daß wir Palästinenser in den israelischen Staatsgrenzen von 1948 selbst kaum wissen, wer wir überhaupt sind. Blitzartig aber war mir bewußt, daß es gefährlich ernst um mich stand. Ich konnte auf der Stelle an diesem versteckten Ort getötet werden, und nur Gott würde davon wissen.

»Wo sind Sie geboren?«, fragte der Anführer weiter, während er meine Ausweispapiere studierte.

»Ich bin in Biram geboren.«

»Biram, wo liegt das?«

»In Obergaliläa. Sagen Sie bloß, Sie kennen die Probleme von Biram und Ikrit nicht, und wie wir gegen die Juden kämpften, um nach Hause zurückkehren zu können.« Der Mann runzelte die Stirn und verengte seinen Blick, indem er mich anstarrte:

»Gegen Juden kämpfen? Sind Sie denn kein Jude?«

Ah, mein zweiter Anhaltspunkt. Trotz meiner Priesterkleidung hielten sie mich für einen Juden. Es war nicht verwunderlich, daß ich bedrohlich erschien.

»Nein, natürlich nicht. Ich bin ein Christ und Palästinenser.«

»Ein Palästinenser aus Biram!« Er trommelte mit den Fingern auf den Tisch. »Beweisen Sie mir, daß Sie um Ihr Rückkehrrecht gekämpft haben.«

Das war der dritte Anhaltspunkt! Es waren also Palästinenser! Jetzt wußte ich, was ich zu sagen hatte, und wie ich es tun mußte. Ich beschrieb nun sehr sorgfältig und genau die verschiedenen Phasen der Protestaktionen, die das Biram-Komitee organisiert hatte, darunter auch die Massendemonstration in Jerusalem. »Heute bin ich hierher gekommen, um Verwandte im Lager Dbayeh zu besuchen; und am Sonntag werde ich mit ihnen zusammen die Messe feiern. Ich bin wirklich palästinensischer Christ und Priester«, sagte ich und zeigte auf meine Soutane, die inzwischen staubig und zerknittert geworden war.

Langsam stand der Anführer auf, ging um den Tisch herum und nickte seinen Männern zu. Oh, mein Gott! Habe ich diesen Mann und die ganze Situation völlig mißverstanden? Mein Atem stockte. Ich war auf eine Kugel in die Stirn oder mitten ins Herz gefaßt; ja, ich fühlte mich wie außerhalb des Geschehens und beobachtete meine eigene Hinrichtung.

Der Anführer sah mich eine Weile unentwegt an, lächelte breit und packte mich an den Schultern. »Abuna Elias Chacour, ich hoffe, Sie haben dafür Verständnis, daß wir Sie entführten.«

Ich begann, heftig zu atmen. Erleichterung durchströmte alle Teile meines Körpers. Dann stellte er seinen Stuhl vor mich hin. Wir schauten einander prüfend an. Jemand öffnete die Tür. Frische, kühlende Luft wehte herein. Von draußen erklang Kinderlachen, und aus der Moschee drang der Ruf des Muezzin an unser Ohr.

»Wir gehören zu Abu Amars Leuten.« Yasser Arafat, Vorsitzender des Exekutiv-Komitees der Palästinensischen Befreiungsorganisation PLO, wird von seinen Freunden und Gefolgsleuten oft Abu Amar genannt. Dieser Deckname heißt soviel wie: Vater der Organisation oder »Chef« des Gebäudes.

»Sie befinden sich hier im Flüchtlingslager von Sabra in Beirut«, so erklärte der Anführer weiter.

»Wir haben gute Informationen erhalten, daß von Zionisten und Amerikanern dreihundert Ausländer in den Libanon geschleust werden, um möglichst viele Kirchen und Moscheen in Brand zu stecken. Dadurch würden die religiösen Gruppierungen gegeneinander aufgebracht, in Angst und Schrecken versetzt, was wiederum in Vergeltungsmaßnahmen eskalieren könnte. Die Schuld daran wird man den Palästinensern zuschieben. Noch mehr von uns werden sterben und viele leiden müssen. Wir müssen daher den Libanon überwachen, um diesen Unterwanderern das Handwerk zu legen.« Das machte tatsächlich Sinn.

»Und Sie glaubten, ich sei eines von diesen U-Booten? Aber warum gerade ich? Ich bin doch Priester.«

»Wir bekamen einen Wink, ein als Priester verkleideter Jude mit israelischem Paß werde heute morgen die Grenze überqueren. In Priesterverkleidung würde er unschwer Zugang zu jeder Kirche finden. Der erhaltene Hinweis beinhaltete auch, daß dieser Priester offensichtlich eine nagelneue Gewandung trage und sich darin nicht wohl zu fühlen scheine.«

Ich war sprachlos. Meine neue Soutane und der Umstand, daß ich noch nicht an sie gewöhnt war? Dann fing ich an zu lachen. Das war einfach unglaublich! Die Männer lachten mit mir und zeigten auf meine Soutane.

Als das Lachen wieder verklungen war, sprach der Anführer merklich ruhig: »Abuna, mein Heimatdorf in Pälastina wurde 1947 zerstört.«

Recht bald hatte ich herausgefunden, daß er aus Saffuri stammte, das vormals ganz in der Nähe von Ibillin lag. Ich kannte viele Leute aus Saffuri und begann, sie aufzuzählen, beschrieb, wie sie aussahen, wie ihr Gesundheitszustand war, wieviele Kinder sie hatten, und wo sie nun lebten.

Der Anführer erschien sehr bewegt und stellte viele Fragen. Dann erhob er sich, zog mich von meinem Stuhl hoch und schüttelte meine Hand.

»Abuna Chacour, es tut mir leid, daß wir Sie entführten. Jetzt können Sie sich als unseren Befehlshaber betrachten. Was auch immer wir für Sie tun können – wir sind dazu bereit.«

Bald befand ich mich mit meinem Gepäck in einer Kirche, wo ich von meinen Verwandten erwartet wurde. Ich fühlte mich verwirrt und wie gestört. War mir all dies in Wirklichkeit zugestoßen, oder war ich nur in einem unheimlichen Alptraum gefangen?

Natürlich nicht; es war ja alles schmerzliche Realität. Und mir war auch klar, wie leicht ich hätte getötet werden können. Einige Jahre danach befiel mich eine tiefe Traurigkeit, als ich erfuhr, daß alles, was mir die Männer im Lager Sabra an jenem Tage mitgeteilt hatten, sich als wahr erwiesen hatte.

Am nächsten Tag suchte ich meinen alten Freund George Hakim, den Patriarchen der melkitischen Kirche, in Beirut auf. Wir riefen uns Erinnerungen an meine Ordination im Jahre 1965 wach und sprachen vertraulich über meine Belange. Ich machte mir Sorgen um die Ernennung eines neuen Bischofs für unsere Diözese, die nach dem Weggang von Bischof Raya anstand.

Die Liturgiefeier im Lager Dbayeh war sehr bewegend für mich: Mit Christen die Kommunion zu teilen, die in solch großer Armut und unter so extremen Zwängen lebten! Sie hatten nicht nur in Palästina ihre Heimat und ihr Land verloren, sondern waren darüber hinaus im Libanon nicht gern gesehen. 1975 kämpften dort alle politischen Parteien um die Macht. Krieg schien unvermeidlich. Die Palästinenser wußten, was für einer gefährlichen Situation sie ausgeliefert waren.

Wenn ich meinen Blick auf die versammelte Gemeinde richtete, konnte ich Hanna, die zwölfjährige schöne Tochter meines Onkels, sehen. Ihre Augen strahlten vor Freude darüber, daß sie zusammen mit ihrem Vetter, Abuna Elias, beten durfte. Dieses Bild von ihr würde ich nie vergessen.

Über zwanzig Aufnahmegeräte waren um den Altar herum aufgebaut. Ich konnte davon ausgehen, daß mich vermutlich viele Menschen sprechen hören würden. Meine Worte mußten zwar sorgfältig abgewogen sein, aber ich war auch verpflichtet, die Wahrheit zu sagen. »Wer hat sich derart versündigt, daß solches Leiden und solcher Schmerz ertragen werden müssen? Die Palästinenser oder ihre Vorfahren? Daß sie ihre Häuser, ihr Land, ihre Würde, ihre Zukunft, ihre Träume verloren haben? Daß sie in einem fremden Land leben müssen, in dem sie nicht willkommen sind und verfolgt werden; daß sie selbst manchmal sterben müssen? Wer hat gesündigt? Oder ist unser Leiden wie das des blinden Mannes dazu bestimmt, Gottes Liebe und seine Herrlichkeit anderen und der Welt zu zeigen?

Es dürfte leicht sein, uns in unseren Schmerz und unsere Verluste zu verbohren und dieses Exil als eine Zeit der Bitterkeit, des Hasses und der Rache ungenutzt verstreichen zu lassen. Aber aufgrund unserer Hoffnung, unseres Glaubens an Gott und die Liebe Gottes in unserem Heiland Jesus Christus können wir niemals durch die Kräfte der Sünde und des Bösen zerstört werden. Wir wollen Gott anrufen, uns aus unserem Leid zu befreien und an uns ein mächtiges Werk zu seiner Ehre zu tun. Wir müssen ihn auch dringlich darum bitten, daß wir niemanden je um unseretwillen zum Flüchtling werden lassen. Trotz all unseres Leidens, der erlittenen Verluste und des Schmerzes, den wir ertragen müssen, können wir erneuert werden in der Hoffnung und dem Glauben, daß Gott an und in uns ein Wunder wirken kann und vollbringen will. Und so werden Gottes Macht und seine Herrlichkeit für alle sichtbar.«

Ich umarmte jeden. Unter Tränen versprachen wir einander, füreinander zu beten. Amira wich nicht von meiner Seite, bis es Zeit war, Abschied zu nehmen.

Zwei Tage später war ich wieder in Ibillin und sehr froh darüber, daß ich in Galiläa leben konnte.

Ich gelobte, auf der ganzen Welt die Geschichte der Palästinenser zu erzählen. Schwester Gislaine goß mir heißen Tee ein, den ich schlürfend genoß, während ich ihren Neuigkeiten lauschte. Die Melkiten hatten erfahren, der Patriarch sei dabei, den neuen Bischof zu ernennen. Es ging das Gerücht, daß es sich um einen Priester aus dem Libanon handle, der in einer kleinen Pfarrei in Obergaliläa seinen Dienst versah.

»Wie verlief Ihre Reise, Abuna?«, wollte Schwester Nazarena wissen und setzte eine Schale mit Früchten auf den Tisch.

»Gab es aufregende Ereignisse?«

Fast hätte ich mich verschluckt und spritzte Tee auf meine Soutane. Schwester Gislaine holte ein feuchtes Tuch und wischte die Teeflecken ab. »So, Abuna, es ist wieder weg. Es wäre ja jammerschade, Flecken auf ihrer nagelneuen Soutane zu behalten, da sie doch noch so schön aussieht. Haben Sie sie gern auf Ihrer Reise nach Beirut getragen?«

KAPITEL 13

EIN MANN WIE AUS ASCHE

Das dörfliche Leben in Biram war einfach, aber diese Einfachheit war nicht gleichbedeutend mit Isolation, Unwissenheit oder etwa Desinteresse. Vater begab sich oft nach Haifa, entweder um zu handeln oder um sich ärztlich behandeln zu lassen. Diese Drei- oder Viertagesreise erfolgte zu Fuß oder mit dem Esel. Die Dorfbewohner reisten nach Damaskus, Beirut oder Jerusalem, dachten jedoch nie daran, zum Beispiel im Libanon zu leben. Ihr Galiläa war so schön und ihr Land fruchtbar. Warum sollten sie anderswohin gehen?

Manchmal spähte ich durch die Tür des Bürgermeisterhauses, um das batteriegetriebene Radio zu sehen. Der Bürgermeister und die anderen Dorfältesten hörten die Nachrichten und berichteten darüber den Dorfbewohnern. Großstadt-Zeitungen wurden herumgereicht. Das benachbarte jüdische Dorf, mit dem wir Handel trieben, war eine andere Quelle für Neuigkeiten.[1] Als Kind erfuhr ich, daß unseren jüdischen »Vettern«, wie wir gern sagten, weil wir alle Semiten sind, Schreckliches widerfuhr. »Die Juden in Europa werden von einem Teufel namens Hitler verfolgt und getötet«, erzählte uns Vater, und oft beteten wir für sie.

Als Familie versammelten wir uns jeden Tag zum Gebet um das Feuer in der Ecke unseres Hauses. Da ich ein lebhaftes Kind war, pflegte ich manchmal zu hüpfen und zu spielen, während die anderen beteten. Aber ich hörte zu, wie Vater Gebete für seine Kinder, Kirche, Felder, Obstkulturen und für Frieden im Land improvisierte. Oft vernahm ich folgendes Gebet: »Herr, vergiß nicht, die verfolgten Juden aus der Hand des grausamen Hitler zu befreien.«

Wir hätten nie geglaubt, daß jüdische zionistische Soldaten uns wenige Jahre später dazu verleiten würden, unser Dorf zu verlassen, und unser Land in Beschlag nehmen würden. Dabei führten sie Hitlers Verfolgung als einen der Gründe dafür an, daß sie und nicht wir Palästinenser, die wir hier soviele Jahre gelebt hatten, das Land besitzen sollten.

Alles, was ich damals im Alter von acht Jahren begreifen konnte, war, daß es jedem, den ich kannte, sehr schlecht ging. Unsere wunderbare Dorfwelt war zerstört; und damit waren auch unsere Träume und Hoffnungen für die Zukunft in Biram dahingeschwunden.

Ich ging gern zur Schule in Biram und lernte ebenso gern bei meinen Lehrern, welche die Dorfpriester waren. Vater selbst war entschlossen, daß seine eigenen Kinder eine gute Schulbildung haben sollten. Als der älteste Sohn hatte Vater die Schule nur fünf Jahre besucht. Er verließ sie, um seinem Bruder und seiner Schwester den Schulbesuch ermöglichen zu helfen. Jedoch war Vater besser imstande zu lesen und zu schreiben, als es heute viele sind, welche die Höhere Schule beendet haben. Er flößte uns einen großen Ehrgeiz zum Lernen ein.

Vater wußte, daß die Priester die bestausgebildetsten Leute im Dorfe waren und entschied daher, daß einer seiner Söhne Priester werden sollte. Rudah wurde also nach Nazareth auf die Vorbereitungsschule des Priesterseminars geschickt, aber er blieb nur kurze Zeit. Chacour weigerte sich, überhaupt wegzugehen.

Mousa und Atallah wurden zusammen entsandt, um sich aufs Priestertum vorzubereiten. Das aber endete 1947 unglückselig. Atallah kehrte erschrocken nach Hause zurück, weil Mousa, etwa 14 Jahre alt, einfach davongelaufen war. Vater, Rudah und Chacour suchten ihn eifrigst; aber Mutter tadelte Vater wegen der Situation: »Du verlangst, daß sie gegen ihren Willen Priester werden. Nun hast du Mousa für immer verloren.«

Drei Monate danach kam jemand aus dem Dorfe zu uns gelaufen, um zu berichten, ein Besucher aus Jordanien habe von einem Jungen gesprochen, der aus Galiläa weggelaufen und jetzt möglicherweise in Zarqa zu finden sei, das ist eine Stadt nordöstlich von Amman.

Auf dem Esel ritt Vater südlich des See Genezareth entlang und überquerte den Jordan an einer Furt. In der Gegend von Zarqa fand er Mousa bei Verwandten der Familie Chacour. Hocherfreut, Vater wiederzusehen, war Mousa gewillt, unter der Bedingung nach Hause zurückzukehren, daß er nicht Priester werden müsse. Vater zeigte sich einverstanden, und so reisten sie nach Biram zurück. Im Dorf herrschte große Freude. Und es wurde ein Fest gefeiert mit Essen, Musik und Tanz, weil der verlorene Sohn wiedergefunden war.

Seither erwähnte Vater nicht mehr, daß seine Söhne Priester werden sollten. Jedoch war das Saatgut in meinen kleinen Kopf hineingelegt worden. Noch bevor wir gezwungenermaßen Biram verließen und nach Gish zogen, dachte ich schon daran, Priester zu werden. Ich liebte meine priesterlichen Lehrer sehr, weilte gern in der Kirche, um all die Lieder und Gebete anzuhören. Und ich lauschte mit Vorliebe den Geschichten, die Mutter über Jesus erzählte. Manchmal glaube ich, daß sie mir diese Geschichten mit ihrer Milch eingegeben hat.

Während ich die Dorfpriester bewunderte, waren es in Wahrheit meine Eltern, die Christus für mich lebendig machten. Sie verhalfen mir dazu, in Jesus von Galiläa meinen Weggefährten, Freund und Landsmann zu sehen und ihn als jemanden zu betrachten, mit dem ich zu jeder Zeit über alles sprechen konnte. Die mutige Kraft, Heiligkeit und Einfachheit des Glaubensverständnisses, aus dem heraus

Mutter und Vater ihren Alltag gestalteten, hatten für mich unwiderstehlichen, vorbildhaften Charakter.

Unsere Welt in Gish unterschied sich grundlegend von der in Biram. Statt in unserem bequemen Haus lebten wir alle nun in einem Raum und waren sogar froh, überhaupt über ihn zu verfügen. Viele Männer Gishs waren spurlos verschwunden und hatten Frauen, Kinder und ältere Menschen sich allein überlassen. Irgendwie schafften es die Flüchtlinge aus Biram, sich in das, was vom Dorfleben in Gish übriggeblieben war, einzufügen. Endlich gab es eine behelfsmäßige Schule, welche die Kinder besuchen konnten. Mir gefiel sie, wenngleich ich oft Sehnsucht nach meiner eigenen Schule und meinen eigenen priesterlichen Lehrern in Biram empfand.

Eines Tages erlitt ich einen großen Schock. Beim Spiel mit anderen Kindern in einem Feld unweit von Gish bemerkte ich einen seltsamen Stock, der im Boden steckte. Als ich daran zog, Sand und Schmutz beiseite schob, erkannte ich plötzlich voll Schrecken und Ekel, daß ich an einer menschlichen Hand zog. Der »Stock« erwies sich als ein knochiger Finger, von dem das Fleisch abgefault war. Ich schrie entsetzt nach meinen Freunden, die herbeigelaufen kamen. Und wir legten den Körper eines Mannes frei, der bloß an seiner Kleidung erkenntlich war. Das Geheimnis um das Schicksal der Männer von Gish war gelüftet, nachdem unsere Väter und Brüder viele Leichen aus dem Gemeinschaftsgrab ausgegraben hatten. Die Männer waren alle erschossen worden.

An jenem Abend hielt sich unsere Familie eng umschlungen, trauerte um die Männer von Gish und dankte Gott, daß die Soldaten in Biram nur über die Köpfe unserer Männer hinweggeschossen hatten.

1951 suchte der melkitische Erzbischof von ganz Galiläa, George Hakim, Gish auf. Die Männer des Dorfes saßen mit dem Bischof zusammen, redeten, aßen und rauchten. Er hörte den zahllosen Geschichten zu, welche die Männer über Biram und Gish zu berichten wußten; Geschichten über die Getöteten und über die Härten, welchen sie als die im neu gegründeten Staat Israel lebenden Palästinenser ausgesetzt waren.

Die Litanei des Schmerzes und der Klagen war schier endlos. Mein Vater, der während der gesamten Diskussion geschwiegen hatte, hob schließlich an zu reden: »Bischof Hakim, ich habe zu Hause noch einen kleinen Sohn. Ich möchte, daß er Priester wird und unter Ihrer Anleitung studiert. Wollen Sie mir helfen?«

Die anwesenden Männer reagierten mit Empörung. Wie konnte Abu Rudah es wagen, darum zu bitten, daß sein Sohn Priester werde, wenn es doch so viele andere wichtige Probleme zu lösen gab?

»Wohl denn, Abu Rudah«, entgegnete der Bischof und beschwichtigte die aufgeregten Männer. »Ich werde heute bei Ihnen essen, und dabei werden wir die Angelegenheit bereden.«

Später willigte er ein, Abu Rudahs jüngsten Sohn nach Haifa zu holen und mit seiner Ausbildung zum Priester zu beginnen.

Ich allerdings wurde gar nicht gefragt. So kam es, daß ich mit elf Jahren ohne mein Wissen oder Einverständnis ge- und verkauft wurde. Trotz meiner Furcht und auch meines Schmerzes brannte ich jedoch darauf, die Schule in Haifa besuchen zu können. Vater hatte mir gesagt, daß es in der bischöflichen Schule in Haifa viele Bücher gäbe. Und ich verspürte das Verlangen danach, sie alle zu lesen.

In meiner frühen Kindheit verbrachte ich viele Stunden damit, durch die galiläischen Hügel zu streifen und mit meinem Begleiter zu reden. Es gab so viel, was ich in meinem und im Leben allgemein nicht verstehen konnte. Meinem Freund sagte ich das alles und stellte ihm jede Frage, die mir einfiel. Es gab Momente, da konnte ich mir Jesus vorstellen, wie er mir lächelnd seine weit geöffneten Arme entgegenstreckte. Für mich war Jesus Christus wirklich da.

Nun mußte ich diese Hügel hinter mir zurücklassen, wo Jesus, dessen war ich sicher, als Junge umhergelaufen und mit seinen Jüngern umhergezogen war. Wie sollte ich von jetzt an ohne dieses Land und ohne meine Familie klarkommen? Endlich hatte ich meinen inneren Frieden wiedergewonnen. Ich war über jeden Zweifel erhaben, daß mein Freund in Haifa bei mir sein würde. In einer äußerst kostbaren, mir unerklärlichen und doch wirklichen Weise wußte ich, daß mein Herr Jesus Christus wollte, daß ich, Elias, jüngster Sohn von Mikhail, auf vieles verzichten und Priester sein sollte.

Ich nahm den Brief, der auf dem Schreibtisch lag, auf und las ihn noch einmal. Seine Seligkeit, der Patriarch der melkitischen Kirche, George Hakim, hatte in diesem Frühjahr 1975 einen neuen Bischof für die Diözese Akko, Nazareth, Haifa und gesamt Galiläa ausgewählt. Der Patriarch hatte genau den Mann für dieses Amt bestimmt, von dem ich ihm gerade abgeraten hatte!

Mein Rat in dieser Sache war geheim erbeten worden durch ein Schreiben, das nach dem Weggang von Bischof Raya 1974 eintraf.

Der Patriarch, den ich von Kindesbeinen an kannte, der mich ordiniert und nach Ibillin geschickt, mir zugehört hatte, als ich ihn aufforderte, ein Diener aller zu sein – dieser priesterliche Freund hatte mir geschrieben, um meine Meinung über Priester einzuholen, die er für das Bischofsamt als würdig befand.

Nach vielen Gebeten und gründlichem Nachdenken verfaßte ich meine Antwort. Während ich hinsichtlich der anderen Kandidaten unterschiedlicher Ansicht war, legte ich klar und deutlich dar, daß ich eindeutig gegen die Ernennung eines gewissen libanesischen Priesters sei.

Dieser Priester war fast zwanzig Jahre lang in einer kleinen Pfarrgemeinde an der libanesischen Grenze im nördlichen Galiläa gewesen und schien lediglich zu existieren. In den Jahren, in denen ich ihn kennengelernt hatte, war mir auch nicht ein einziger Funke an Spiritualität bei ihm aufgefallen. Diese Beobachtungen eröffnete ich dem Patriarchen und äußerte dann kritisch:

»Dieser Mann hat seinen Leuten nichts zu sagen. Sie, Herr Patriarch, wollen vielleicht in Israel ein Feuer unter den Christen entzünden, damit sie glühender, aktiver, dynamischer werden können. Aber dieser Mann ist wie Asche. Er vermag kein Feuer zu entfachen. Sie können ein wenig brennende Holzkohle in die Asche werfen, diese wird warm werden, bald jedoch die glühende Kohle ersticken und das Feuer auslöschen. Es würde zu einer Katastrophe führen, wenn Sie diesen Mann zum Bischof ernennen würden. Er ist dafür nicht geeignet. Jeden anderen, Herr Patriarch, aber bitte nicht diesen.«

Schließlich warnte ich noch den Patriarchen. »Dieser Priester hat seit 20 Jahren bewiesen, daß das Geld, welches er von Leuten in dieser Diözese erhält, offenkundig nicht in der Diözese ausgegeben wird.«

Meine brutale Offenheit und mein blindes Vertrauen erwiesen sich als kostspielige Fehler. Einige Wochen, nachdem der neue Bischof seine Arbeit aufgenommen hatte, erfuhr ich, daß der Patriarch ihm meinen Brief gegeben hatte. Ich fühlte mich hintergangen und extrem verletzt. Ein Bischof der melkitischen Kirche ist nur dem Patriarchen und Gott verantwortlich. Er übt absolute Kontrolle über die Priester und Pfarrgemeinden in dieser Diözese aus, einschließlich der Gehälter seiner Priester und ihrer Versetzung innerhalb der Pfarrgemeinden.

Die Ernennung zum Bischof gilt auf Lebenszeit, wie lange auch immer diese währen mag. Es handelt sich um eine sehr ernste Angelegenheit, wenn ein Priester mit seinem Bischof ein Zerwürfnis hat. Nachdem ich viel Zeit im Gebet verbracht hatte, entschloß ich mich, den Bischof aufzusuchen und die mißliche Situation geradewegs mit ihm anzusprechen.

»Herr Bischof, ich glaube zu wissen, Ihnen ist bekannt, daß ich um Rat gebeten wurde und mit Ihrer Ernennung nicht einverstanden war«, sagte ich. »So vermute ich jetzt, daß Sie im Besitz eines vertraulichen Briefes sind, den ich dem Patriarchen in diesem Belang geschrieben habe.«

Der Bischof neigte leicht zustimmend sein Haupt. Er wirkte rundlich, hatte ein rundes, dickes Gesicht und spärliches Haar. Seine hellen Augen schauten mich prüfend an.

»Trotz der Dinge, die ich geschrieben habe, Herr Bischof, bin ich heute hierher gekommen, um Ihnen mitzuteilen, daß ich bereit bin, alles zu tun, was in meinen Kräften steht, um Ihnen zu helfen. Ich bin willens, Ihnen alles zur Verfügung zu stellen, was Gott mir an Gaben geschenkt hat, damit Sie in der Erfüllung Ihrer Aufgaben als Bischof von Galiläa und bei der Wahrnehmung Ihrer bischöflichen Vorrechte Erfolg haben können; vorausgesetzt, Sie arbeiten wirklich für die Diözese.«

Ich habe getan, was meine Pflicht war, dachte ich, als ich den Bischof verließ. Die Sache war nun besprochen, und ich hatte meine einzige Bedingung zum Ausdruck gebracht: »Vorausgesetzt, Sie arbeiten wirklich für die Diözese.« Ich nahm mir fest vor, unseren neuen Bischof sehr sorgfältig zu beobachten. Indessen, so hatte ich Gott versprochen, würde ich ein gehorsamer Priester sein, der sich der Autorität des Bischofs unterwarf.

Was für ein herrlicher Tag! An jenem Freitagabend im Spätjuni 1975 fühlte ich mich zwar müde, aber sehr glücklich. In einem Bus, voll besetzt mit Leuten aus Ibillin, waren wir zum Hermon gefahren. Der Berg war mit wenig Schnee bedeckt; ich hatte jeden mit Schnee beworfen. Einige in der Gruppe hatten noch nie zuvor in ihrem Leben Schnee gesehen, geschweige denn berührt. Mittags aßen wir unser Picknick in Tel Dan, einer üppig grünen Gegend im Quellgebiet des Jordan. Wir wanderten zu einem Ort, an dem eine Quelle entsprang. Hier sprach ich von unserem Herrn Jesus Christus, der das lebendige Wasser ist, und wie wir bei der Taufe in dieses Wasser eingetaucht worden sind. Dann spritzte ich mit meinem Spazierstock Wasser auf alle. Darüber vergaßen sie ihre Probleme, ja sie vergaßen sogar, daß sie alt waren, wurden wieder jung, zogen sich gegenseitig ins Wasser, lachten und spielten wie die Kinder.

Seit 1967 hatte ich in Hunderten solcher Busse christliche, muslimische und drusische Dorfbewohner zum Berg Hermon, Tel Dan, dem See Genezareth, Berg Tabor und selbst zu meinem zerstörten Heimatdorf Biram gefahren.

Manches Mal, wenn wir anhielten, um eine Essenspause zu machen, bildeten die 40 oder 50 Personen einen Kreis, tanzten arabische Tänze und sangen dabei. Sie bestanden darauf, daß Abuna mit ihnen tanze; und ich zog dann auch die Nonnen mit in den Kreis. Die Neuigkeiten verbreiteten sich rasch im Dorf, wenn wir zurückkamen: »Abuna hat mit uns getanzt! Die Nonnen tanzten auch! Es war großartig!«

Wenn wir am Abend alle müde und glücklich nach Ibillin zurückfuhren, sprach ich über das Mikrophon im Bus: »Habt Ihr gemerkt, daß Euer Leben wie eine Reise ist? Wir müssen es so schön machen, wie dieser Tagesausflug gewesen ist. Heute habt Ihr manchmal gefroren und seid Ihr naß geworden. Ich weiß auch, daß Ihr jetzt müde seid. Aber es war wunderschön, weil wir alle zusammen waren. Laßt uns das Leben in Ibillin so leben wie an diesem Tag.«

Als ich nach dem Abendessen an meinem Schreibtisch saß, hörte ich Schritte in dem großen Raum im ersten Stock. Aus dem Schatten trat alsbald eine bekannte Gestalt in mein Büro. »Guten Abend, Abuna.« – »Guten Abend, mein lieber

Vorsteher.« Ich stand auf, um den Mann zu begrüßen, der immer noch geniale Einfälle hatte, mir Schwierigkeiten und Hindernisse zu bereiten. Er wirkte arg durcheinander.

»Was ist los, mein Freund?« – »Abuna, mein Sohn ist verschwunden. Er ist irgendwo in Italien; nur weiß ich nicht, wo. Ich weiß wirklich nicht, was ich tun soll.« Die Augen quollen ihm über, und Tränen strömten über sein Gesicht. Plötzlich sah ich meinen Vater vor mir. Er hatte auch viele Tränen vergossen, als Mousa verschwunden war. »Sagen Sie mir, was Sie wissen«, bat ich ihn.

Der 19 Jahre alte Sohn des Gemeindevorstehers studierte Medizin in Italien und hatte offensichtlich einen Nervenzusammenbruch erlitten. Ich flog nach Italien und fand den jungen Mann in einem Krankenhaus. Er wollte nicht nach Hause kommen, weil er glaubte, er habe seine Familie enttäuscht. Endlich willigte er jedoch ein zurückzukehren, und eine echte Familienvereinigung und gleichzeitige Erneuerung der Familienbeziehungen fand statt. Schließlich heiratete der junge Mann und wurde bald danach Familienvater.

Dieser Zwischenfall veränderte die Haltung des Gemeindevorstehers mir gegenüber. Nie wieder bekämpfte er mich öffentlich. Wahrscheinlich wußte er, daß die Dorfbewohner streng mit ihm ins Gericht gehen und zu ihm sagen würden: »Dies ist nicht der Lohn, den Abuna dafür verdient hat, daß er Dein Kind fast von den Toten erweckt hat.«

»Faraj, was erzählst Du da? Das kann nicht wahr sein.« Ich war nach Rama gefahren, um meinen guten Freund zu besuchen, und wurde mit einer Schreckensnachricht konfrontiert.

»Elias, beruhige Dich. Ich habe es angenommen, und das mußt Du auch tun.« Faraj schenkte mir ein wunderschönes Lächeln, aber die Tatsache blieb, daß mein Klassenkamerad aus der bischöflichen Schule in Haifa und dem Priesterseminar in Paris, mein Priesterkollege, Multiple Sklerose hatte.

»Bist Du ganz sicher, daß Du genügend Ärzte konsultiert hast, Faraj? Vielleicht gibt es eine neue Entdeckung, die Dir entgangen ist?« Ich haschte nach jedem Hoffnungsschimmer und Trost.

»Genug, Elias. Ich war in Ägypten, Europa, sogar in den USA. Ich habe MS, und daran läßt sich nicht rütteln. Des längeren schon wurde ich müde und schwächer. Mehr und mehr werde ich die Kontrolle über meine Muskeln verlieren. Jetzt ist dieses Bein hier schon fast gebrauchsunfähig. In dieser Hand beginne ich schon, die Kraft zu verlieren. Mein einziges Gebet kreist um die Bitte, weiterhin Priester sein zu dürfen.«

Ich drückte Faraj fest an mich, und dann weinten wir zusammen. Ich hätte so gern alles für ihn vollkommen gemacht, aber das war unmöglich. Dann beteten wir miteinander, flehten um Heilung; ja, baten aber besonders um die Kraft, siegreich in dem zu bestehen, was auch immer vor uns liegen mochte.

KAPITEL 14

WIR SIND MENSCHEN UND WEDER VIEH NOCH INSEKTEN

»Zeidan ist schon wieder verschwunden?« fragte ich skeptisch und zornig zugleich. Wenige Monate zuvor hatte ich den jungen Mann aus Italien zurückgeholt, nachdem auch er, wie der Sohn des Gemeindevorstehers, in seinem Medizinstudium versagt hatte. Dennoch wollten Zeidans Eltern nicht ihren Traum aufgeben, einen Arztsohn zu haben, und hatten ihn an die Clemson Universität in South Carolina geschickt. Und nun war Zeidan im Frühjahr 1978 wieder verschwunden.

»Seit vielen Wochen haben wir nichts mehr von ihm gehört«, sagte Abu Zeidan, der mich kaum anschaute. »Die Universität teilte uns mit, daß er vor einem Monat nach Israel abgereist sei. Bitte Abuna, suchen Sie Zeidan.« Umm Zeidan weinte mitleiderweckend.

Nachdem die Familie für mich ein Ticket gekauft hatte, flog ich in die Vereinigten Staaten und ging direkt nach Clemson. Dort sprach ich mit Universitätsangehörigen sowie der Polizei. Schließlich führte uns Zeidans Spur zu einem Krankenhaus in Atlanta.

Ich wurde zu einem verdunkelten Raum in der psychiatrischen Einheit geführt, wo Zeidan zusammengerollt auf dem Bett lag. Die Polizei hatte den geistig verwirrten jungen Mann, der sich nicht ausweisen konnte, drei Wochen zuvor ins Krankenhaus gebracht.

»Zeidan, ich bin Abuna Elias Chacour. Ich bin hier, um Dich mit nach Hause zu nehmen.« Als ich dies viele Male wiederholt hatte, wandte sich Zeidan endlich langsam mir zu.

»Nein, Sie sind nicht Abuna Elias Chacour! Abuna ist in Ibillin.«

»Sieh hier, Zeidan, das ist mein Paß. Nun lies.«

Er warf das Dokument wieder zurück.

»Nein, Abuna Elias ist nicht eingetragen, sondern Elias Chacour. Hier gibt es keinen Abuna. Sie sind nicht Abuna. Sie wollen mich nur hier wegholen, um mich zu töten.« Er wandte sich ab und starrte die Wand an.

Ich wußte, daß Zeidan eine junge Frau in Ibillin liebte. Ich sprach fortwährend ihren Namen aus und sagte, daß sie auf ihn warte. Nach einer langen Weile antwortete er und willigte schließlich ein, nach Hause zurückzukehren. Aber Zeidan besaß weder Kleidung noch Koffer. Alles schien auf dem Flughafen in Atlanta verlorengegangen zu sein, als er, statt sein Flugzeug nach New York zu nehmen, sein Gepäck im Flughafen ließ und nach draußen ging, wo er vollends durchdrehte.

Trotz großer Schwierigkeiten konnte ich Zeidan schließlich zu seinen Eltern zurückbringen. Als Umm Zeidan ihren Sohn wiedersah, brach sie völlig zusammen. Er war kaum wiederzuerkennen. Später versuchte Zeidan, sich und seine Familie umzubringen, indem er das Haus niederbrannte. Jeder überlebte, aber er machte seinen Eltern das Leben zur Hölle! Umm Zeidan beschimpfte mich, weil ich ihren Sohn lebend zurückgebracht hatte.

»Habib, diese Trauben sind für die Sommerlager bestimmt«, sagte ich. »Stell Dir vor, fast 4000 junge Menschen werden Wein von Deinen Trauben kosten!«

»Ich habe Dir wohl den Wein gegeben, Abuna, aber es muß wohl an der Taufe liegen, die Du erteilt hast und mit der sich nur solch ein Erntesegen jedes Jahr erklären läßt«, erwiderte Habib.

Habib und ich schnitten die großen, saftigen, purpurnen

Trauben ab. Der Wein hatte sich nicht nur über die Laube ausgedehnt, sondern sich auch um das ganze Pfarrhaus gewunden und spendete den Nonnen im heißen, galiläischen Sommer Schatten.

»Ich hörte, daß Du gestern eine schlimme Erfahrung im Lager gemacht hast, Abuna.« – »Oh, Habib! Es war wirklich schrecklich und geradezu furchteinflößend.« Meine Haut kribbelte in Erinnerung daran.

Mehr als 1000 Kinder lagerten mit ihren Betreuern, Zelten, Proviant und der provisorischen Bibliothek im Olivenhain nahe bei Ibillin in der Nähe der Hauptstraße. Das war im August 1978 einer der vier Sommerlagerplätze.

Etwa dreißig bewaffnete israelische Soldaten kamen gegen Mittag und baten, die Lagerörtlichkeit inspizieren zu können. Sie fanden Kinder dort vor, die Spiele spielten oder lasen. Dann postierten sie sich um den Olivenhain herum und beobachteten uns. Die Kinder blieben in ihren Zelten.

Als die Soldaten fortfuhren, rannten die Kinder zu ihren Freunden und Lehrern und erkundeten wieder weiter den Olivenhain. Bald hörte ich Entdeckungsschreie. »Seht, was wir gefunden haben!«

Wir eilten zu der Stelle, wo zwei Jungen einen seltsamen Gegenstand gefunden hatten. »Was ist das, Abuna? Das lag vorher nicht hier!« Andere Rufe zeigten, daß noch mehr dieser merkwürdigen Gegenstände gefunden worden waren.

Plötzlich ergriff mich panische Angst. Gott! Waren das Bomben?

»Geht weg. Bleibt draußen!« rief ich. Die Betreuer nahmen die Kinder schnell mit an den Rand des Olivenhains. Ich lief von einer Stelle zur anderen und prüfte die merkwürdigen kleinen Büchsen. Sie lagen nicht hier, bevor die Soldaten gekommen waren. Dessen war ich sicher. Sollten die Soldaten möglicherweise Bomben in das Kinderlager gelegt haben? Es war zu gräßlich, darüber nachzudenken. Aber die seltsamen Gegenstände waren am Platze, und ich hatte Verantwortung für 1000 Kinder. Ich eilte zur nahen Tankstelle und rief die Polizei an.

»Kommen Sie schnell! Irgendein Terrorakt geht hier vor!«

Die Polizei war erstaunt, nur palästinensische Kinder vorzufinden. Sie hatte geglaubt, palästinensische Terroristen anzutreffen. Ich berichtete vom Auftauchen der israelischen Soldaten, als ich auf die Gegenstände zeigte. Die Polizei entfernte diese vorsichtig, fuhr weg und ließ uns mit vielen Fragen zurück.

»Habib, ich werde schwach und krank, wenn ich mir vorstelle, wie viele Kinder hätten getötet werden können«, sagte ich. »Was für verrückte Köpfe könnten sich ausdenken, Bomben in ein Kinderlager zu legen? Selbst wenn es keine Bomben gewesen sind, so sollten wir doch annehmen, daß es welche waren. Das ist verbrecherisch und absolut unmenschlich!«

»Es ist bloß eine andere Art, uns zu bedeuten, aus diesem Lande zu verschwinden, Abuna. Sie wollten sagen: ›Ihr seid hier nicht erwünscht, und wir werden alles tun, um Euch hinaus zu bekommen.‹«

»Warum können jüdische Menschen nicht begreifen, daß wir Palästinenser dieses Land lieben und ein Teil davon sind?[1] Wir sind weder Vieh noch Insekten, die man einfach vertreibt, sondern wir sind Menschen und möchten in unserem geliebten Land bleiben. Wenn Juden auch hier leben wollen, so ist das gut. Aber warum können wir nicht als gleichwertige Menschen hier miteinander leben?«

Habib schüttelte seinen Kopf. Darauf gab es keine Antwort. Wir saßen schweigend zusammen und aßen Trauben.

»Ich bin jetzt in Gish und helfe den Leuten dort, ihr Gemeindezentrum zu vergrößern und in eine Höhere Schule umzubauen«, sagte ich schließlich.

»Vielleicht sollten wir auch hier in Ibillin Pläne machen für den Bau einer Höheren Schule. Diese würde sowohl unseren Kindern als auch unserem Dorf helfen, vielleicht aber auch vielen anderen Dörfern Galiläas. Was meinst Du dazu?«

Zum ersten Mal hatte ich jemandem von meiner Idee erzählt. Interesse, Zweifel, Neugier und schließlich Freude wechselten in Habibs Gesichtsausdruck.

»Nun, Abuna, mir scheint, das ist wirklich eine interessante Möglichkeit.«

»Kinder von Biram«, rief ich. »Seid Ihr bereit, Leben und Frieden in Euer Dorf zu bringen?«

»Ja, wir sind dazu bereit! So laßt uns aufbrechen!« 350 junge Leute, von denen jeder einen Olivenbaumschößling, eine Flasche Wasser und ein Lunchpaket trug, jubelten, als ich begann, sie über die Hauptstraße von Gish nach Biram zu führen.

Es war am Samstag, dem 17. Februar 1979. Das Biram-Komitee ergriff die Gelegenheit des jährlichen israelischen Tag des Baumes, um Israelis und die Weltgemeinschaft an unseren Wunsch zu erinnern, nach Biram zurückzukehren wie auch an die Verfügungen des Obersten Gerichtshofes, die unser Recht bestätigten.[2]

Junge Leute von aus Biram stammenden Familien und jüdisch-israelische Befürworter unserer Sache waren eingeladen worden zu einem Marsch, mit dem Olivenbaumschößlinge nach Biram gebracht werden sollten, um sie in dem zerstörten Dorf anzupflanzen. Das Komitee hatte auch den israelischen Premierminister, Mitglieder der Knesset, die israelische Polizei und Grenzpolizei, ebenso wie die nationale und internationale Presse eingeladen, sich uns anzuschließen.

Niemand von unseren besonderen Gästen kam, nicht einmal Zeitungsreporter. »Sei's drum«, dachte ich. Wir werden einen wunderbaren Spaziergang im galiläischen Sonnenschein machen, die kostbaren Bäume in Biram pflanzen und die Kinder spielen lassen.

Beim Wandern plauderte und sang ich mit den Kindern. Mit ihnen in den galiläischen Hügeln zu sein, brachte in mir eine Flut von Erinnerungen zurück. Plötzlich war ich wieder ein Kind, lief mit meinen Freunden in und um das Dorf herum und spielte unsere eigenen Spiele. Im Frühling, wenn der Boden noch feucht und weich war, spitzten wir kleine Stöcke an und warfen sie auf eine Zielscheibe. Die Gewinner sammelten alle Stöckchen auf, die beim Versuch, die Zielscheibe zu treffen, abgeschlagen worden waren. Manchmal hatte ich Hunderte davon, die ich Mutter dann mitbrachte. Diese benutzte sie für das Feuer zum Kochen.

Wir fingen Vögel, indem wir dicke Stöcke mit zähem, grünem Leim überzogen und in die Bäume hingen. Etwa ein- bis zweihundert Vögel mochten wohl an einem Tag auf diese Weise gefangen werden. Sie schmeckten köstlich, besonders im August, während der Feigensaison. Die Vögel fraßen Feigen, bis sie ganz fett waren, gerade richtig zum Essen.

Manchmal stiegen wir ins Tal hinunter, um im Fluß zu fischen. Das Wasser staute sich hinter großen Felsen, wo es kleine Teiche bildete, in denen wir Fische mit der bloßen Hand fangen konnten. Kleine Fische trugen wir im Wasser nach Hause und warfen sie zum Weiterwachsen in unsere Zisternen. Sie jagten nach Insekten und wurden sehr schnell groß. Bald hatten wir eine herrliche Fischmahlzeit.

Ich liebte unseren Wettbewerb im Gedichteaufsagen. Dabei kam es darauf an, wer die meisten Gedichte kannte! So fing Atallah vielleicht mit einem Gedicht an, das mit dem Buchstaben »r« endete. Daoud mußte dann ein Gedicht aufsagen, das mit dem Buchstaben »r« begann. Endete sein Gedicht etwa mit dem Buchstaben »m«, hatte ich ein Gedicht zu finden, dessen erster Buchstabe »m« lautete. So konnte das stundenlang weitergehen. Wir mußten Hunderte und sogar Tausende von Gedichten kennen, um im richtigen Moment das richtige auswählen zu können.

»Abuna, wie lange dauert es noch, bis wir in Biram sind?« fragte Leila und zerrte an meiner Hand. »Es ist jetzt nicht mehr weit«, beruhigte ich das Kind. Wieder sangen wir und diesmal einen Ausschnitt aus der majestätischen Osterliturgie! Der Zug mit Olivenbäumchen und eigener musikalischer Begleitung bahnte sich seinen Weg durch die grünen Hügel.

Als wir um eine Ecke bogen, sah ich eine Menge Leute auf uns warten, von denen viele Gewehre trugen. Ich hob die Hand und hielt den Zug an. Dann wandte ich mich den verwirrten Kindern zu und gebot ihnen, da stehen zu bleiben, wo sie waren. Ich selbst schritt auf den Stacheldraht und die vielen israelischen Soldaten und Polizisten zu, die auf beiden Seiten der Sperre versammelt waren. Als ich mich dem verantwortlichen Offizier näherte, brachten Reporter und Fernsehleute ihre Kameras in Position. »Du liebe Zeit«, dachte ich, »hoffentlich machen sie viele Fotos von den Soldaten, die ihre Maschinengewehre auf bedrohliche Kinder und Olivenbäume sowie einen gefährlichen Priester richten.«

»Was ist hier los?« fragte ich. »Meine Kinderschar und ich wollen nach Biram gehen.«

»Nein, das ist nicht möglich.« Der Offizier verstellte mir den Weg.

»Und weshalb nicht? Wir stellen keine Gefahr dar. Wir haben nur Olivenbaumschößlinge dabei.«

»Wir haben Anweisung, Ihnen den Eintritt nach Biram zu verwehren. Sie müssen umkehren.«

»Nein, mein Herr. Wir möchten Olivenbäume als Symbole des Friedens pflanzen.« Es war eine direkte Konfrontation zwischen mir und dem Offizier, wobei unsere Fußspitzen beinahe aneinanderstießen. Während unseres Schlagabtausches umkreisten uns andere Soldaten und die Fotographen. Oh, Gott, halte die Kinder zurück. Sie sind in Sicherheit, wenn sie nur bleiben, wo ich sie zurückgelassen habe.

»Sie können hier nicht weiter«, sagte der Soldat. »Das ist so. Kehren Sie um, und niemand wird etwas passieren.«

»Niemand wird etwas geschehen, wenn Sie uns erlauben, Olivenbaumschößlinge auf den Häusern unserer Väter und Vorväter zu pflanzen. Sicher ist das nicht zuviel verlangt, zumal wir dabei noch extra den ›Tag des Baumes‹ einhalten wollen.«

»Wir haben Order ›von oben‹ erhalten. Es ist Ihnen untersagt, das Dorf Biram zu betreten.«

Ich blickte mich flugs nach den Kindern um. Sie waren tatsächlich sehr gehorsam und verharrten an Ort und Stelle. Jetzt lächelten sie sogar und hielten ihre Olivenbaumschößlinge für alle sichtbar hoch.

Auf Hebräisch wandte ich mich alsdann an die Gruppe, die um den Stacheldraht herum geschart war. Alle arabischen Palästinenser in Israel verstehen Hebräisch, aber die meisten Juden verstehen kein Arabisch.

»Ihre Befehle ›von oben‹ erscheinen mir sehr niedrig, weil sie der Moralität entbehren. Meine lieben Freunde, wir lieben Sie, bedauern jedoch, daß Sie solche Gewehre tragen müssen, die dazu gemacht sind, Menschen zu bedrohen, zu erschrecken und zu töten. Wenn Sie Olivenbaumschößlinge mit Maschinengewehren parieren, haben Sie offenkundig keine Hoffnung zum Leben mehr. Sie sind erschreckt, und Sie müssen andere erschrecken. Sehen Sie sich diese jungen Palästinenser an, die alle einen Olivenbaumschößling tragen, welcher der Baum des Friedens ist und Jahrhunderte zu überdauern verspricht. Die Kinder wirken entspannt, wohingegen Sie mit Ihren Gewehren gespannt sind. Wir werden niemals aufgeben. Nie aber werden wir Waffen tragen, um einen Olivenbaum zu pflanzen und unsere menschlichen Rechte auf Heimat und Freiheit wiederzuerlangen.«

Während die Kameras weiterliefen, ging ich zu den jungen Leuten zurück. »Kinder von Biram, wir kehren um. Wir werden die Bäume an einem anderen Tag pflanzen.« Ich stimmte die Hymne unserer Osterliturgie an, die uns zu Vergebung und Versöhnung gemahnt. Bald sangen alle Kinder mit. Wir schauten nicht zurück, sondern gingen den ganzen Weg nach Gish zurück, vorbei an Feldblumen und Mandelbäumen. An jenem Abend übertrug das israelische Fernsehen meine gesamte Rede an die Soldaten. Ein kurzer Artikel darüber erschien in der Zeitung.[1]

Am nächsten Tag fuhren wir mit hundert Kindern und den ganzen Olivenbaumschößlingen nach Jerusalem. Wir gingen schnurstracks zum Regierungsgebäude und baten einen Knessetbeamten, uns eine Stelle zu zeigen, wo wir unsere Olivenbaumschößlinge einpflanzen könnten. Das wurde uns versagt. Da wir diese Reaktion erwartet hatten, waren vom Biram-Komitee kleine, adressierte Kartons vorbereitet worden. Wir verpackten also je eine Pflanze in einen Karton, fuhren zum Hauptpostamt in West-Jerusalem und versandten die Olivenbaumschößlinge an Premierminister Menachem Begin, an Knessetabgeordnete und viele andere Personen aus dem israelischen öffentlichen Leben.

Nie hörten wir von irgend jemandem auch nur ein Wort über die Schößlinge, unseren Marsch oder unsere Reise nach Jerusalem. Es war so, wie wenn wir überhaupt nichts getan hätten.

Da ich beim Bau der Schule in Gish mithalf, konnte ich meine Eltern oft besuchen. Mutter war mittlerweile 77 und Vater 80 Jahre alt geworden. Wie eh und je lebten sie im selben Raum. Wir aßen, beteten und sprachen miteinander.

Kurz bevor die Chrysostomus-Schule fertig war, ereignete sich ein tragischer Zwischenfall infolge eines Sabotageakts. Trauriges Faktum in Situationen, bei denen Macht und Unterdrückung vorherrschen, ist die Existenz von Kollaborateuren oder Verrätern. Leider lassen sich einige Palästinenser bestechen oder kooperieren mit gewissen Israelis jüdischer Abstammung, um Informationen über ihre palästinensischen Landsleute weiterzugeben oder bestimmte Handlungen auszuführen, wie z. B. Sabotageakte bei unerwünschten Bauprojekten. Besonders in der Westbank und dem Gazastreifen sind diese Kollaborateure manchmal Personen, die im Gefängnis waren, einer Hirnwäsche unterzogen wurden oder mit Drohungen angehalten worden sind, ihre eigenen Landsleute zu verraten.

Mit acht deutschen Freiwilligen waren wir dabei, das schwere Gerüst aus Holz und Metall um getrockneten Beton zu entfernen. Da schrie plötzlich einer der deutschen jungen Männer: »Vorsicht, Abuna! Sie sind in Gefahr!« Gerade, als sein Schrei ertönte, stürzte alles um mich herum zusammen, und dabei wurde ich am Kopf von Rüstmaterial getroffen. Ein stechender Schmerz und weiße Lichtblitze versengten mein Hirn. Ich fiel zu Boden, nahm aber noch mit schwachem Bewußtsein die Riesennägel im Bauholz wahr. Oh, Gott, steckte in meinem Schädel einer dieser Nägel? »Armer Abuna!« hörte ich den Deutschen sagen, als er sich über mich beugte: »Sie werden sterben.«

In meinem betäubten Zustand ärgerte ich mich, daß er nicht fortrannte, um Hilfe zu holen, sondern nur meinen vermeintlichen Exitus feststellte. »Ich bin nicht tot«, stöhnte ich und versuchte, mich zu bewegen. »Bring etwas Eis her.«

Andere halfen mir aus dem Gebäude heraus und versicherten mir, daß kein Nagel in meinem Kopf sei. Der junge Mann brachte aus dem Nachbarhaus herbei, was er für Eis gehalten hatte, in Wirklichkeit aber der Boden einer zerbrochenen Flasche war. Als es an meinen Kopf gelegt wurde, empfand ich heftigen Schmerz. Mit vielen Stichen schloß der Arzt beide Wunden.

Aufgrund von Nachforschungen fand der Bautrupp heraus, daß das Baugerüst absichtlich gelockert worden war, so daß es beim Berühren zusammenbrechen mußte.

Leute aus dem Dorf berichteten, daß sie am Vorabend einen unbekannten Mann im unfertigen Schulgebäude entdeckt und dann verjagt hätten. Er entkam in einem Jeep.

Von da an bewachten wir die Baustelle und prüften sorgfältig das Bauwerk.

»Weisheit«, sang ich. »Laß uns aufmerksam sein.« Mukhless, der Laienlektor, sang die Schriftlesung aus dem Querschiff, während ich hinter ihm im mittleren Bogengang der Ikonostase stand. In den byzantinischen Kirchen werden keine Musikinstrumente benutzt. Wir sangen a capella. Als Mukhless aufhörte, sang ich weiter: »Friede sei mit dir, Lektor!«

Dieser Sonntag ist seltsam, dachte ich bei mir und drehte mich zum Altar um. Ich bin sicher, Zigarettenrauch zu riechen. Aber wer nur würde während der Liturgiefeier rauchen? Abu Zeidan und seine Familie sind anwesend. Auch ihr armer, gebrochener Sohn ist da. Alle erscheinen unruhig und gereizt.

Es war Zeit, den Evangelienabschnitt zu verlesen. Ich nahm das wunderschöne Evangeliar, sang das Vorbereitungsgebet und schritt durch den linken Torbogen, um den Altarraum zu verlassen. Die Meßdiener gingen mir mit Kerzen und dem Weihrauchfaß voran. Im Mittelschiff betete ich wieder mit dem Angesicht zum Altar und hielt das Evangeliar anbetend und ehrfürchtig an meine Stirn.

»Rette uns, Sohn Gottes, die wir Dir Alleluja singen...«

Irgend etwas stimmte in der Gemeinde hinter mir nicht. Da war ein Murmeln vernehmbar, dann ein Schweigen, schließlich das Scharren von Bänken über den Boden. Vielleicht war jemand krank. Ich werde die Liturgie nicht unterbrechen, dachte ich. Meine Pfarrgemeindemitglieder sollen sich darum kümmern, was auch immer der Anlaß sein mag.

»... daß wir die Verkündigung Deiner göttlichen Botschaft verstehen mögen...«

Ich spürte eine aufgeregte Bewegung zu meiner Linken, gefolgt von einem gedämpften Schrei und einem Geräusch wie von einem Handgemenge, aber zwang mich, mich auf die Evangeliengebete zu konzentrieren.

Später erfuhr ich, daß Zeidan von einigen der Männer schnell aus der Kirche geschafft worden war, nachdem er versucht hatte, mich mit einem Fleischermesser zu erstechen. Zeidans Onkel hatte seine Hand geschnappt, als das Messer nur Zentimeter von meinem Rücken entfernt gewesen war.

KAPITEL 15

DER BERG DES UNGEHEUERS

Zunächst betrachtete ich Zeidans Angriff als einen Unfall wie das zusammengestürzte Baugerüst oder die Entführung. Aber ich, Elias Chacour, war weder in Gish noch in Beirut das eigentliche Ziel gewesen. Als Zeidan mich in meiner eigenen Kirche in Ibillin mit dem Messer angriff, wollte er mich und niemanden sonst verletzen. In einem seiner klaren Momente versuchte Zeidan, mir seine Tat zu erklären: »Abuna, ich hatte nicht vor, Sie völlig zu töten, sondern nur zu verstümmeln, zu verwunden und überall zu zerschneiden, damit Sie fühlen können, wie sehr ich gelitten habe. Ich wollte, daß Sie zu Gott beteten und ihm sagten, daß ich genug gelitten hätte.«

Wie zerbrechlich und unbedeutend ich doch in Wirklichkeit bin, dachte ich. Wie leicht mein Leben verlorengehen könnte, so wie Papier im Wind. Und auf welch schnelle und sinnlose Weise dies darüber hinaus geschehen konnte. Gott weiß, daß ich zu sterben bereit bin. Aber ich liebe das Leben, diese wunderbare Erde mit Gottes Menschen. Und solange wie möglich will ich ein Teil davon sein. Ich möchte die Aufgaben erfüllen, die Gott mir aufgetragen hat. Bin ich nicht einer von seinen Stellvertretern auf Erden?

Meine Gedanken wurden nicht selten zu Reflexionen. Immer häufiger bekam ich verbalisierte Drohungen, die auf mein Wohlergehen und mein Leben zielten. Diese Drohungen nahmen in dem Maße zu, wie meine Arbeit in Galiläa effektiver wurde und wie ich offen über die palästinensische Situation sprach.

Die erste Drohung erhielt ich 1974 in Form von einem

seltsam verrückten Telefonanruf. Mehr Anrufe und Briefe folgten, in denen ich gewarnt wurde, über gewisse Belange zu sprechen, und die schreckliche Dinge ausmalten, die mir widerfahren würden, wenn ich es dennoch täte.

Die Drohungen waren unerfreulich. Mir taten die armen Leute leid, die meinten, sie machen zu müssen. Meine eigene Stärke baute sich in mir auf, weil ich gezwungen war, in beständiger Unsicherheit zu leben.

Als ich in den frühen Siebzigern damit begann, ins Ausland zu reisen und offen zu reden, war ich anfangs schrecklich ängstlich, wenn ich nach Israel zurückfahren mußte. Ich wußte, daß ich scharfer israelischer Kontrolle und Vernehmungen unterzogen werden würde, wie es allen Palästinensern widerfährt, wenn sie in Israel einreisen oder das Land verlassen. Würde ich diesmal eingesperrt werden? Ich hatte immer das erschreckende Empfinden, daß ich für diese Leute kein menschliches Wesen sei.

Später, als ich noch lauter sprach und viele Leute rund um die Erde traf, verlor ich meine Furcht vollständig. Ich begann zu verstehen, daß es nicht wichtig ist, lang zu leben. Wichtig ist allein die Lebensqualität. Was kann schon irgend jemand mir antun? Man kann mich nur töten. Und was ist dann? Sie werden zu Mördern und Verbrechern und dazu noch einen Freund verlieren. Ich habe etwas, für das ich selbst bereit bin zu sterben.

Ich hasse das jüdische Volk nicht. Ich liebe einen jeden. Ich bemitleide die, welche sich selbst an Waffen, Gewalt und politische Ideologien verkauft haben, die andere wiederum diskriminieren. Was auch immer aber Juden mir oder meinem Volk antun könnten, ist nicht ausreichend, um sie zu hassen. Haß ist Korruption. Ich wähle nicht, durch Haß korrupt zu sein. Ich werde immer gegen jedwedes üble Handeln protestieren, das gegen mich oder mein Volk gerichtet ist. Jedoch werde ich nie mit denselben Methoden protestieren, die sie angewendet haben.

Jemand trägt einen schlecht riechenden Eimer mit Abfall auf seinem Kopf. Er geht vor und zurück und nah an dir vorbei. Der Geruch ist schrecklich, und du ärgerst dich sehr über diesen Mann und seinen stinkenden Abfall. Schließlich hältst du es nicht länger mehr aus, nimmst auch einen Eimer voll des gleichen Abfalls auf deinen Kopf und tust es ihm nach. Das ist unsinnig. Das heißt, Haß mit Haß zu beantworten, Gewalt gegen Gewalt aufzurechnen.

Wenn du Mut hast, sagst du: »Okay, es riecht schlecht. Ich werde diesen Abfalleimer von seinem Kopf nehmen und ihn weit wegschleudern. Meine Hände werden schmutzig werden, aber ich werde meinen Nachbarn säubern und mich selbst befreien.« Das bedeutet, Haß und Gewalt mit kreativer Liebe zu beantworten, die Würde, Achtung und Gleichheit für jeden verfolgt.

Die Antwort auf Haß und Gewalt ist eine echte, persönliche Initiative, die völlig unabhängig ist von der Reaktion auf Gewalt. Menschenrechte und menschliches Leben zu schützen, sollte nie eine bloße Reaktion auf Gewalt sein, sondern aus der persönlichen Liebe zu Menschen und zum Leben entstehen.

So lautet die Botschaft des Mannes aus Galiläa. Jesus Christus lehrt uns heute, wie er es vor 2000 Jahren in dieser besonderen Region getan hat, daß wir Menschen nicht aus Nächstenliebe oder um Jesu willen lieben sollen, wie wenn andere ein Instrument, Werkzeug oder ein Tunnel wären, durch welchen man hindurch muß, um das Ziel zu erreichen... Vielmehr sollte der andere – Jude, Palästinenser, Amerikaner, Muslim oder Christ – geliebt werden, weil diese Person, so wie sie oder er ist, Liebe verdient. Wir sollen lieben, wie Gott liebt. Gottes Liebe ist bedingungslos und aufopferungsvoll. Gott ist die Liebe.

All das verstand ich durch meinen Vater, der mich lehrte, mich selbst und die anderen zu lieben. Andere zu lieben, den Zyklus von Haß und Gewalt zu durchbrechen, beinhaltet nicht Passivität oder Untätigkeit. Im Gegenteil: Diese Liebe ist kreativ, reich an Quellen, tatkräftig und dynamisch. Diese Liebe sucht nach Wegen, wie sie die Würde, den Wert und die Freude von Menschen wiederherstellen und bewahren kann.

Im Herbst 1978, zur Zeit des jüdischen Festes Sukkot[1], versammelte das Biram-Komitee 150 junge Leute und Erwachsene zum ersten Work-Camp in Biram. Die praktischen Ziele für diese Woche bestanden darin, Beton auf den Kirchplatz zu gießen und mit Reparatur und Renovierung von Kirche und Schule zu beginnen. Dies bedeutete einfach den ersten Schritt zur Restaurierung dieser zwei zerstörten Gebäude, welche das Herz des Dorfes darstellten.

Früh am ersten Tag des Work-Camps traf ich in Biram ein. Langsam ging ich durch die Ruinen, erkannte meines Onkels Haus wieder, den Laden eines Vetters und machte einige von Vaters Olivenbäumen aus. Der Schmerz wurde besonders stark, als ich vor meinem Haus stand. Die Mauern eingestürzt, das Dach weg; aber immer noch war es mein Haus. Fast vernahm ich wieder Mutter, die uns zurief, ihr Holz fürs Feuer zu bringen, oder Atallahs Necken, ich äße zu viel Feigen. Heute jedoch brauchten Schmerz und Verlust nicht internalisiert oder durch entsprechende Schritte neu ausgerichtet zu werden. Heute konnten wir wirklich etwas tun und mit dem Wiederaufbau von Biram beginnen.

Das Komitee hatte mich eingeladen, die Eröffnungsrede zu diesem ersten Work-Camp zu halten. Ich blickte über die Gruppe von Freiwilligen hinweg, die auf dem staubigen Kirchplatz versammelt war. Auf Distanz wurden wir von einem kleinen Kontingent israelischer Soldaten umzingelt. Offensichtlich befolgten sie ihre Order, uns nur zuzuhören und uns zu beobachten. Nur wenige Monate später schon würden sie uns nicht nach Biram hineinlassen, nicht einmal,

um Olivenbäume zu pflanzen. Nachdem ich die Freiwilligen
für ihren Geist und ihre Hingabe gelobt hatte, spürte ich,
wie sich meine Begeisterung steigerte. Und so bat ich meine
Zuhörer, die von mir formulierten Versprechen zu wiederholen:

>Im Namen Gottes und der Ruinen von Biram schwöre
ich, niemals zu vergessen, daß dies unser Dorf ist.

Ich schwöre, daß ich diese zerstörten Steine wieder aufbauen und vom Tod zum Leben erwecken werde.

Ich schwöre, niemals die unheilvollen Praktiken der Gewalt anzuwenden, um Vergeltung zu üben und unsere
Rechte wiederzuerlangen.

Ich schwöre, daß ich alles tun werde, um diejenigen zu
überzeugen, welche uns unserer Häuser beraubt haben,
daß sie weder Frieden noch Sicherheit genießen können,
bis wir nach Hause zurückkehren können.

Ich schwöre, daß, wenn wir nicht die Erlaubnis bekommen, als Lebende zurückzukehren, wir es als Tote tun;
daß wir also auf jeden Fall nach Biram zurückkehren werden.

Ich schwöre, daß wir in unserer Sache eins sein werden
und Biram nie aufgeben.«

Wir wiederholten die Versprechen der Reihe nach und
erhoben zum Zeichen dafür unsere Hände.

Als ich meine Rede beendet hatte, hörten wir das lär-
mende Rattern eines Lastautos, das in das Dorf hineinfuhr.
Der vom Komitee angeforderte Beton war eingetroffen. Die
Leute schwiegen, waren beunruhigt und beobachteten, wie
sich der Lastwagen dem Kirchplatz näherte. Es war ein
Wunder in Bewegung. Dies war nach 31 Jahren die erste
Ladung Beton, welche nach Biram kam.

Dann brachen große Freude und Erregung aus. Frauen
und Männer weinten, schrien, lachten und sangen. Es war
eine Auferstehung: »Wir bauen hier wieder«, riefen sie. »Die
Soldaten zerstörten unser Dorf, aber wir bauen es wieder

auf!« Unsere Frauen begannen, auf die arabisch typische Weise zu heulen und improvisierten Lieder über den gewaltigen Akt Gottes, der da geschah.

Recht bald wurde der Kirchplatz mit Beton beschichtet und bedeckte den ganzen Bereich, der zuvor so schlammig und schmutzig gewesen war. Während der restlichen Woche arbeiteten die Freiwilligen an Schule und Kirche, die für uns so wertvoll war. Ich glaube kaum, daß die Synagoge, welche das Kind Jesus in Nazareth besucht hat, schöner gewesen sein kann als unsere Kirche in Biram. Christus lernte in dieser Synagoge, daß Gott ihn gesalbt hatte, ein Jahr Befreiung für die Sklaven zu predigen. Das war's, was wir für die Leute von Biram und das ganze palästinensische Volk predigen wollten. Ohne dieses Jahr, diesen neuen Zeitabschnitt der Befreiung für die Palästinenser, sähe ich nicht, wie wir Befreiung für die Juden in Israel erwarten könnten. Die eine Befreiung ist wesentlich mit der anderen verbunden. Entweder werden beide, Juden wie Palästinenser, befreit werden oder aber, was Gott verhüten möge, sterben, indem sie einander umbringen oder sich selbst und andere töten werden.

Am Ende des Work-Camps freute ich mich mit den Freiwilligen, als ich den ganzen wunderbaren Wiederaufbau besichtigen konnte, der geleistet worden war. Es war eine einzigartige Mahnung dafür, daß wir, wenn wir bauen wollen, dies vermögen; jedoch müssen wir dem Bösen widerstehen, ohne böse Methoden anzuwenden. Zerstören andere, so bauen wir. Fluchen andere, so segnen wir. Peinigen andere, vergeben wir. Solange jedoch die Unterdrücker ihre Stiefel auf unsere Münder stellen, können wir nicht einmal von Vergebung sprechen. Wir müssen versuchen, aufzustehen, etwas zu tun und zu fühlen, daß wir als Menschen existieren und über Wahlfreiheiten verfügen. Ich wähle bewußt die Option der Vergebung und der kreativen Liebe.

»Auf Wiedersehen, Father Chacour! Vielen Dank für alles!«
Ich stand draußen vor dem Pfarrhaus und winkte einer
Gruppe von Deutschen nach, die in ihren Bus kletterten.
Ende der siebziger Jahre fanden viele Gruppen, kleine wie
große, als Resultat meiner internationalen Reden und Vor-
träge ihren Weg nach Ibillin.

Eine Gruppe von 40 amerikanischen jüdischen Führungs-
kräften hatte 1976 mich und die melkitische Kirche in Ibillin
besucht. Sie waren neugierig, diesem palästinensischen Priester zu begegnen, der willentlich die Aussage machte: »Israel
existiert«, der aber auch darauf bestand, daß die Palästinenser existieren und ihr eigenes Land benötigen, sofern ihnen
in Israel nicht gleiche Rechte gewährt werden können.[2] Am
Ende der Liturgie überreichten sie mir zwei zweihundert
Jahre alte amerikanische Silbermünzen mit jeweils einer
Darstellung der Freiheitsglocke als Prägung.

»Nun, meine lieben jüdischen Freunde«, sagte ich vor meiner ganzen Gemeinde und unseren Gästen aus benachbarten
Dörfern. »Sie haben mir die Glocken der Freiheit und Unabhängigkeit geschenkt. Ich verspreche Ihnen, daß wir ohne
Unterlaß diese Glocken läuten werden, bis Gerechtigkeit in
Israel vollendet ist. Und schließlich werde ich sie in Biram,
dem zerstörten Dorf meiner Familie, läuten. Wenn wir Biram
wieder aufbauen können und nach dort zurückkehren, können diese Glocken endlich Frieden und Ruhe genießen.«

Als der Bus mit Deutschen den Hügel von Ibillin in Richtung Hauptstraße hinunterrollte, ging ich ins Pfarrhaus und
nahm meinen Spazierstock. Ich wollte mit meinem Freund
allein sein, um zu beten, zu denken und zu überlegen.

Ich ging an der Südseite des Hügels von Ibillin hinunter,
durchquerte das Tal und schritt den Jabal al Ghoul, den
Berg des Ungeheuers, hinan. Da er steil und felsig war,
wurde er von den Dorfbewohnern meistens vermieden. Ein
weiterer Grund lag in den Sagen um ein Ungeheuer begründet, das dort hausen sollte. Mich mutete er ruhig und fried-

voll an. Ich kletterte fast bis auf die Spitze des Hügels, ehe ich anhielt, um mich auszuruhen.

Die Sicht von Ibillin auf das Mittelmeer, Haifa und Akko war überwältigend; und so ließ ich mich auf einem Stein nieder, um die Schönheit Gottes in Galiläa besser in mich aufnehmen zu können. Der Herr, mein Freund und mein Begleiter, war mir auf diesem felsigen Hügel nahe, dessen war ich mir sicher. Vor langer Zeit hatte ich gelernt, daß Christus in dem Maße, in dem ich Gott liebe, für mich sichtbar ist. Ich brauche nur meine Augen zu schließen und ihn in mir selbst zu spüren. In allen Ereignissen, die um mich herum geschehen, kann ich Christus erkennen. Ich sehe ihn in den Gesichtern der Menschen, denen ich begegne und mit denen ich spreche. Christus bedeutet für mich keine Idee, Philosophie, Theologie oder gar ein Denksystem. Christus stellt nicht einmal eine Kirche dar. Jesus Christus ist vielmehr eine lebendige Person, der lebendige und liebende Gott und mein persönlicher Wegbegleiter aus Galiläa. Nur durch die Kirche kann ich Jesus Christus finden. Jedoch fürchte ich, daß die kirchlichen Institutionen oft ein wirkliches Hindernis für den persönlichen Glauben an Gott sind.

Und dann begann ich, mit Gott im Gebet zu ringen. Gott, ich bin in großer Not. Das hängt mit meinem Bischof zusammen. Meine Güte, Herr, ich tue doch alles, was ich kann, ihm zu gefallen; aber nichts ist recht, nichts ist genug. Er scheint entschlossen, mich zu hassen und mich zu erniedrigen, besonders vor anderen. Gott, wie schaffe ich es, diesen Mann zu lieben und gleichzeitig dem treu zu bleiben, was ich für unsere Kirche und unsere Leute für richtig erachte? Herr, ich habe den Bau von Kindergärten, Gemeindezentren, Sommerlagern und einer Schule einerseits als von Nutzen für die Menschen angesehen und andererseits als Hilfe zur Erfüllung des bischöflichen Auftrages. Aber seiner Meinung nach bildet meine Arbeit eine Konkurrenz und keine Ergänzung der seinen. Er faßt meine Arbeit als eine

Herausforderung seiner Autorität auf. Dies beabsichtige ich überhaupt nicht und habe das auch dem Bischof gegenüber betont. Aber er ist taub für alles, was aus meinem Munde kommt.

Wie oft habe ich den Bischof eingeladen, Sommerlager oder Bauplätze für neue Gebäude in Augenschein zu nehmen. Als er unsere Sommerlager besuchte, empfingen ihn einige tausend junger Menschen königlich. Aber er betrachtete den Empfang als eine Beleidigung. »Er empfängt mich derart, um mir zu zeigen, wie mächtig er ist«, war die Einschätzung meines Bischofs. Ich fühle, daß das einzige, was ihn zufriedenstellen würde, mein Verschwinden wäre. Hieße es, ihn zu lieben, daß ich verschwinden sollte, Herr? Oder bedeutet es, ihn zu lieben, hier zu bleiben und mit ihm weiter zu kämpfen?

Mit meinem Spazierstock erkundete ich den Hügel. Dabei stieß ich mit dem Stock in Büsche und an große Steine. Einige Vögel waren aus ihren Verstecken aufgescheucht. Ja, das ist es, was ich manchmal auch möchte: Mich verstecken und nichts anderes als Sakramente spenden. Ich denke, daß es das ist, was der Bischof von mir erwartet. Aber Menschen zu lieben, heißt doch, daß ich meine Überzeugungen und mein Engagement lebe, ungeachtet der Auseinandersetzungen, die solches Tun hervorzurufen mag. Jetzt, Herr, habe ich einen neuen Traum: die Höhere Schule hier in Ibillin. Soll das nur ein Traum bleiben? Ich bin von dem Wunsch und der Energie erfüllt, das Projekt voranzutreiben, jedermann im Dorf miteinzubinden und eine Stätte zu erbauen, wo unsere jungen Leute die Chance für eine gute Ausbildung erhalten können.

Lichter im Dorf wurden sichtbar, als ich den Berg des Ungeheuers wieder hinunterstieg. Ringsum umhüllte mich die Dämmerung. Etwa nach zwei Dritteln des Weges den Hügel hinunter hielt ich an und blickte mich um. Hier besaß die melkitische Kirche etwa 5000 qm Land, das ihr vor vielen, vielen Jahren von einer Familie gestiftet worden war. Entsprechende Papiere dokumentierten und so wußten auch die mündliche Überlieferung im Dorfe zu berichten, daß dies Land hier auf dem Jabal el Ghoul seit drei Jahrhunderten im Besitz der Kirche war. Wie der restliche Hügel war es steil und felsig. Ziegen und Schafe kletterten hier umher, um Nahrung zu suchen. Direkt oberhalb des Kirchenlandes standen alte Olivenbäume. Ich erwog, ob wohl die Familie, welcher das Land im Osten des Kirchenlandes gehörte, den Verkauf an die Kirche in Betracht ziehen würde. Falls ja, so würden wir über mehr als 10 000 qm hier auf dem Hügel verfügen. Und mit so viel Land ließe sich etwas Großartiges ausrichten.

Knappe zwanzig Minuten später gelangte ich auf den Kamm des Hügels, auf dem Ibillin liegt und kam am Miriam Bawardy Gemeindezentrum vorbei. Die Dorfbewohner glauben fest, daß dieses Grundstück für ein der Heiligen von Ibillin geweihtes Gebäude bestimmt gewesen ist. Viele Leute hatten nämlich versucht, dies Land zu kaufen, aber der Verkauf kam nie zustande, bis ich das Grundstück für die Kirche erwarb.

Eine im Dorf beliebte Geschichte erzählt, wie einst der Gemeinderat große Steine zum Auffüllen der Straßen benötigte und die Steine auf diesem Grundstück dazu verwenden wollte. So wurden Lastwagen dorthin geschickt und mit Steinen beladen. Die Motoren sprangen aber nicht an, als die Lastwagen voll beladen abfahren sollten. Erst als die Steine wieder abgeladen waren, liefen die Motoren wieder. Die Dorfbewohner glaubten, daß die Steine einfach nicht von diesem Ort entfernt werden sollten.

Meine Entscheidung, das Gemeindezentrum Miriam Bawardy zu weihen, brachte den Leuten die Bestätigung. Und niemand wunderte sich, als das Zentrum ein großer Erfolg wurde.[2] Wenn ich über die junge Frau aus Ibillin sprach, bekamen viele Leute im Dorf zu ihr eine lebendige Beziehung und begannen, sich mit ihr wie mit ihresgleichen zu befassen. Wir feiern Miriam Bawardy im Gemeindezentrum als eine Person, die uns in ihrer Heiligkeit an Gottes Gegenwart erinnert.

Später am Abend stand ich an meinem Fenster und blickte auf das Land am Jabal el Ghoul, das jetzt ganz in Dunkelheit gehüllt war. Ich hatte entschieden, daß die Höhere Schule, von der ich für Ibillin geträumt hatte, auf dem Jabal al Ghoul errichtet werden sollte. Würden die Dorflegenden über das Ungeheuer die Leute abhalten, dort zu bauen? Vielleicht müssen wir den Namen des Hügels ändern, dachte ich, indem ich in die Dunkelheit starrte.

Morgen will ich damit beginnen, so beschloß ich, öffentlich über die Notwendigkeit einer Höheren Schule zu sprechen. Die Zeit ist jetzt reif dafür. Der Ideenmangel des Bischofs soll uns nicht daran hindern, eine bessere Zukunft für die jungen Leute in diesem Dorfe und in Galiläa zu schaffen. Ferner werde ich nie wieder den gegenüberliegenden Hügel als Jabal el Ghoul bezeichnen. Gemeinsam werden wir einen neuen Namen für den Hügel finden, der unsere Herzen erfreut und jedem das Wunder mitteilt, welches Gott gerade dabei ist, in Ibillin zu wirken.

KAPITEL 16

DENK AN DIE KLEINEN, MEIN SOHN

»Königliche Hoheit, dies ist Father Elias Chacour.« Ich verbeugte mich leicht und sah dann in das lächelnde, charmante Gesicht von Königin Beatrix der Niederlande. Ein privater Besuch bei der Königin war von der Internationalen Pax-Christi-Bewegung arrangiert worden, als ich auf der internationalen Konferenz von Pax Christi 1981 zum Vortrag nach Holland eingeladen worden war.

»Willkommen in den Niederlanden und in Den Haag, Father Chacour«, sagte die Königin.

»Ich hoffe, daß sich Ihre Königliche Hoheit nicht vor mir fürchtet«, sagte ich, als wir uns in einer Gesprächsecke ihres Büros im Palast niederließen.

»Nein, natürlich nicht. Warum sollte ich mich fürchten?«

»Ich bin Palästinenser und kein Terrorist. Ich versichere Ihnen, daß ich keine Bomben bei mir trage.« Lächelnd öffnete ich mein Jackett, um meine Worte zu unterstreichen. »Vielmehr bin ich eine Person, die terrorisiert wird; aber ich weiß nicht, wie ich Sie davon überzeugen soll, daß ich terrorisiert werde.«

»Warum sagen Sie das?« Interesse und Betroffenheit waren im Gesicht der Königin zu lesen.

»Ich bin in der nämlichen Situation wie meine jüdischen Brüder und Schwestern vor 40 Jahren. Sie konnten niemanden davon überzeugen, daß sie nicht schmutzig waren. Jeder will heute Palästinenser töten. Königliche Hoheit, wir sind liebevolle, verantwortungsbewußte Menschen, die Frieden suchen und ihren Kindern Chancen geben wollen wie Sie auch.«

»Ja, ich weiß, Father Chacour. Aber Politik kann oft ein schmutziges Geschäft sein. Oh, Ihre Lage ist völlig unmöglich und unerträglich. Kommen Sie doch zu uns nach Holland. Wir werden Ihnen alles geben, was Sie brauchen.«

»Königliche Hoheit, wenn Sie mir ganz Den Haag gäben, so würde ich es nicht an Stelle eines Steines von meines Vaters zerstörtem Haus annehmen wollen. Dieses Haus verbindet mich mit meinen Ahnen, mit meinem Landsmann Jesus Christus und mit der ganzen Geschichte meines leidenden Volkes. Außerdem ist es nicht die Bequemlichkeit, die einen Menschen sich zu Hause fühlen läßt, denn nur zu Hause fühlt sich ein Mensch wohl.« – »Ich verstehe«, sagte die Königin, »aber ich würde Ihnen wirklich gerne helfen, Father Chacour. Was könnten wir für Sie tun?« Ich versicherte Königin Beatrix, daß es ein schönes Geschenk für mich sei, ihre Gegenwart genießen zu können.

Zu einem späteren Zeitpunkt der Woche beschenkte mich Premierminister van Ijyk mit einem wunderschönen Strauß aus 33 roten Rosen während einer offiziellen Zusammenkunft. Dabei führte er aus, daß die Palästinenser seit 33 Jahren ihren Holocaust und ihre eigene Via Dolorosa durchlitten hätten und überreichte die Blumen als Zeichen der Hoffnung auf ein baldiges Ende des Leidens. Um mich zu ehren, wurde dann das Gedicht »Keine Tränen mehr in meinen Augen« von der berühmten palästinensischen Schriftstellerin Fadwa Toukan aus Nablus vorgelesen. Einige Monate danach traf ich Fadwa in Ostjerusalem und beschrieb ihr, wie mir in den Niederlanden ihr Gedicht vorgelesen wurde. Als ich sie fragte, ob ich ihr Buch in Israel erstehen könne, weinte sie. »Nein, mein Buch ist in Israel nicht erlaubt«, sagte sie. »Es ist verboten.«

Abu Haddad war ein einfacher, geradherziger, melkitischer Christ, der selten in die Kirche kam. »Abuna, ich bete zuhause, auf der Straße, überall, aber in der Kirche mag ich nicht beten. Machen Sie sich keine Sorgen um mich; Gott wird mich verstehen.«

Seine Haustür ging direkt auf eine belebte Straße in Ibillin hinaus. Jeden Tag saß Abu Haddad gewöhnlich auf einem kleinen Teppich auf der Erde neben seiner Tür. Seine Füße ruhten auf der Straße, und er nahm zufrieden die Vorübergehenden wahr. Wenn er müde war, legte er sich auf seinen Teppich und schlief ein.

Eines Tages, als ich dort vorbeikam, sah ich, daß er am Rande der Straße fest eingeschlafen war. Ich nahm etwas Sand auf, streute ihn über Abu Haddad, sein Gesicht und seinen Körper und sprach mit lauter, feierlicher Stimme: »Abu Haddad, vergiß nicht, daß Du Staub bist und zu Staub zurückkehren wirst.« Der alte Mann wachte vor Schreck auf. »Oh, Herr, was ist das?« – »Nein, es ist nicht der Herr, Abu Haddad. Es ist Abuna Elias. Sie sollten doch lieber in die Kirche kommen.« Schnell wischte der alte Mann den Beerdigungssand weg; und lachend setzte ich meinen Weg fort. Wie befriedigend war es, jemandem dabei helfen zu können, wieder aufzuerstehen.

Meine Hoffnung zielte darauf, für die jungen Leute in Ibillin eine Auferstehung zu bewirken.

Die 9000 Bewohner Ibillins spiegelten die demographische Situation der anderen palästinensischen Dörfer in Galiläa wider: 50 % waren 14 Jahre und darunter alt; 75 % unter 28. Junge Leute beendeten im Alter von 14 oder 15 die acht Jahre lange Pflichtschulausbildung, die in den öffentlichen Schulen Ibillins vonstatten ging. Da wir keine Höhere Schule hatten, mußten die Schüler danach nach Haifa, Akko oder Nazareth fahren, um dort ihre Ausbildung weiter zu verfolgen. Mehr als 75 % aber brachen ab. Als ich 1965 nach Ibillin kam, hatten nur 10 Personen in meiner ganzen melkitischen Gemeinde die Höhere Schule abgeschlossen. 1981 hatte sich die Lage noch nicht verbessert.

Die jungen Leute, welche nicht auf eine weiterführende Schule gingen, wurden fast zu Analphabeten. Die jungen Männer schlossen sich gewöhnlich den Kolonnen billiger Arbeitskräfte in der israelischen Gesellschaft an und hatten keine Hoffnung auf Fortkommen. Die meisten jungen Frauen heirateten früh und trugen Kinder aus, die wiederum wenig Aussichten auf Ausbildung hatten. Dieser Mangel an Ausbildung garantierte, daß die palästinensischen jungen Leute auf Zukunft hin keine Partner der Juden sein konnten, um über wechselseitige Rechte, Würde, Sicherheit und Unabhängigkeit verhandeln zu können. Jüdisch-israelische Schüler erhielten hingegen schnellen Zugang zur Höheren Ausbildung, und viele besuchten Technische Hochschulen oder Universitäten. Nur einige wenige palästinensische Schüler in unserem Dorf konnten von einer solchen Möglichkeit auch nur träumen.

Grundschulen in Israel werden von der Regierung ausgestattet. Jedoch sind alle Höheren Schulen von Grad drei bis zwölf privat und gehören lokalen Gemeindeverwaltungen, Synagogen, Rabbinen oder Kirchen. Finanzielle Unterstützung geschieht von privaten Stiftungen oder durch ein kompliziertes Quotensystem des israelischen Erziehungsministeriums. Lehrergehälter werden gewöhnlich aus Regierungsgeldern bezahlt, sofern die Schule eine gute Quote erhält. Schulgebäude, Möbel, Lehrbücher und alle übrigen Dinge müssen auf privater Basis finanziert werden. Schüler entrichten nach dem Gesetz kein Schulgeld, obgleich für bestimmte Lehrmaterialien und Ausstattungen ein Obolus erhoben werden kann.

Die gesamte politische und soziale Situation der Juden gegenüber der der Palästinenser spiegelt sich im System der weiterführenden Schulen in Israel wider. Jüdische Jugendliche haben leichten Zugang zu weiterführenden Schulen, die häufig durch weltweite jüdische Vereinigungen, eine Kommune oder religiöse Organisationen finanziert werden. Im

Gegensatz dazu erhalten junge arabische Israelis, vor allem solche, die in Dörfern leben, nur begrenzt Zugang zu weiterführenden Schulen, da nur eine geringe staatliche Unterstützung gewährt wird.[1] Sicherlich würde es keiner jüdischen Stadt mit neuntausend Einwohnern über längere Zeit an weiterführenden Schulen fehlen. In Israel entrüstet sich jedoch niemand, wenn es in arabisch-israelischen Dörfern keine gibt. Im allgemeinen erhalten arabische Dörfer nicht die Art Hilfe von der israelischen Regierung, die jüdische Städte und Dörfer bekommen, so daß die Mittel ihrer Gemeinden, für weiterführende Schulen zu sorgen, beschränkt sind.[2] Darüber hinaus würde einer jüdischen Stadt sofort die Baugenehmigung für eine weiterführende Schule bewilligt; einem arabischen Dorf jedoch nicht.

Je länger ich in Galiläa Priester war, desto mehr wurde mir bewußt, daß ich den Palästinensern nicht nur dabei helfen mußte, Kindergärten und Gemeindezentren zu bauen, sondern auch weiterführende Schulen – ohne Rücksicht darauf, ob die israelische Regierung die Baugenehmigung erteilen würde. Auf die Erlaubnis zu warten, würde bedeuten, das Leben unserer jungen Leute weiterhin zu vergeuden und die ohnehin schwache Infrastruktur noch zu schwächen. Ein zweistufiges, diskriminierendes Bildungssystem weiterhin zu akzeptieren, würde dazu führen, daß die Palästinenser in Israel für immer zweit- und drittklassige Bürger blieben, unfähig, ihre eigenen Bedürfnisse zu artikulieren und ihre Menschenrechte zu sichern.

Beinahe zwei Jahre hatte ich von der Möglichkeit einer weiterführenden Schule in Ibillin gesprochen. Aufregung und Enthusiasmus wuchsen. Anfang 1981 arbeitete ich mit einem Architekten an Entwürfen für eine Schule auf melkitischem Grund und Boden. Diese Entwürfe waren für die Beantragung einer Baugenehmigung notwendig. Bald würde ein Komitee für den Schulbau einberufen werden müssen, um die Arbeiten der Dorfbewohner zu koordinieren, damit der Plan einer Schule verwirklicht werden könnte. Mein Ziel war es, die Schule im September 1982 zu eröffnen.

»Wir können keine Baugenehmigung für unsere Häuser bekommen. Warum sollten uns die Behörden die Erlaubnis für eine Schule geben?« fragte Abu Daoud. Er war mit mehreren Männern zum Pfarrhaus gekommen, um über das Projekt einer weiterführenden Schule zu diskutieren. »Ohne eine Baugenehmigung könnte das Gebäude jederzeit niedergerissen werden.«[3]

»Das stimmt, Abu Daoud, aber du hast auch das Risiko auf dich genommen, für deinen Sohn ein neues Haus zu bauen«, sagte Abu Aleh. »Hättest du das nicht getan, würden dein Sohn, seine Frau und seine sechs Kinder alle bei dir in deinem Haus wohnen!«

Alle lachten. Abu Daouds Haus war schon mit sieben anderen Kindern überfüllt. »Ich weiß, ich weiß«, erwiderte Abu Daoud. »Du hast recht. Aber denk nur an die Menge Geld, die diese Schule kosten wird und stell' dir dann vor, daß sie abgerissen würde.«

»Woher werden wir das Geld denn hauptsächlich bekommen?« fragte Abu Hassan.

»Wir werden hier um Spenden und bei Freunden in Europa und in den Vereinigten Staaten um Hilfe bitten«, sagte ich. »Ich kenne Leute, die uns wahrscheinlich helfen werden.«

»Wahrscheinlich, wahrscheinlich!« sagte Abu Saleh, seine Knie gegeneinanderschlagend. »Ich frage dich, Abuna, wer wird Palästinensern in Israel helfen? Alle im Westen glauben, wir versuchten, die Juden ins Meer zu jagen, wo wir Palästinenser es doch sind, die vertrieben werden. Es ist hoffnungslos, Abuna.«

»Eben weil wir vertrieben werden, müssen wir diese Schule bauen, Abu Saleh«, argumentierte Karam. »Wir kön-

nen und werden uns nicht vertreiben lassen, doch bisher
haben wir nur zugesehen, wie die Regierung uns unser Land
und unsere Dörfer weggenommen hat. Jetzt haben wir die
Chance, etwas zu tun, zu erklären, daß wir und unsere Kinder und Kindeskinder hier bleiben müssen und daß wir -
verdammt noch mal – ausgebildet werden und für unsere
Rechte kämpfen!«

»Hört, hört!« jubelten die anderen Männer und klatschten
in die Hände. »Denkt daran«, rief Karam in den Lärm, »wir
sind israelische Bürger mit dem Recht auf Bildung. Wir müssen dieses Recht hier in Ibillin fordern!«

»Auf jeden Fall! Hört, hört!«

In guter Stimmung beschlossen die Männer, daß wir nur
um Spenden zur Deckung des Baumaterials bitten würden.
Arbeitskraft und Fachkenntnis würden die Dorfbewohner
selbst beibringen. Daraufhin ernannten wir neun Leute, die
im Komitee für den Schulbau tätig sein sollten.

Als die Männer gegangen waren, war es in meinem Zimmer still, doch die Aufregung blieb zurück. Ich schloß meine
Augen und streckte mich auf dem Bett aus. Ich konnte mir
eine große, schöne Schule vorstellen, mit Hunderten von jungen Leuten aus Ibillin, die den Hügel hinaufgingen, um den
Unterricht zu besuchen. Gott, es wird wahr werden! Ich
weiß es.

Im April 1981 beantragte ich eine Baugenehmigung für die
Höhere Schule in Ibillin und brachte die Zeichnungen und
Entwürfe der Schule und andere notwendige Papiere zum
Büro des Innenministeriums in Akko.

Zwei Wochen später wurde die Baugenehmigung abgelehnt. »Sie werden niemals eine Erlaubnis bekommen«, sagte
man mir. »Der Bau ist zu teuer, das Land, das Sie dafür zu
nutzen vorschlagen, ist Agrarland, und es ist nicht für Ihren
Zweck vorgesehen.« Die vorgegebenen Gründe waren sehr

merkwürdig. Dieser felsige, steile Berg sollte Agrarland sein? Unglaublich. Nicht für unseren Zweck vorgesehen? Laut unserer Papiere gehörte uns das Land schon seit drei Jahrhunderten. Ein zu teurer Bau? Das war unser Problem, nicht ihres. Sie werden niemals eine Erlaubnis bekommen. Meine Güte, dachte ich, was brauche ich nötiger, eine Erlaubnis oder eine Schule?

Der nächste Schritt bestand darin, das Land auf dem steilen Hügel zu ebnen.

Die Sommerdämmerung brach über Gish herein, als drei Nonnen und ich uns dem Heim meiner Eltern näherten, das aus einem Zimmer bestand.

Ich klopfte an die halboffene Tür und hörte drinnen ihre Stimmen. Niemand reagierte auf das Klopfen. Leise traten wir ein und fanden Vater und Mutter Seite an Seite auf dem Boden sitzend vor, ihre Abendgebete sprechend. Die »Kleinen Schwestern Jesu« aus Nazareth saßen auf Vaters einfachen Stühlen, als wir den beiden alten Menschen beim Beten zuhörten.

Fünfzehn Minuten später begann Vater zu improvisieren und betete ernst für die israelische Regierung, daß sie nach Gottes Willen regiere und Verfolgung und Unterdrückung aufgebe. Vater betete für die Kirche, den Bischof und den Priester seiner eigenen Pfarrei. Er betete für seine Kinder und dabei auch für Chacour, der vor zwanzig Jahren an einem Hitzschlag gestorben war. Dann endete er mit einem Gebet für seinen Sohn, den Priester, und bat Gott, ihn vor Geldgier zu schützen und ihn zu befähigen, die Anwesenheit Jesu unter den Menschen widerzuspiegeln. Tränen liefen an meinen Wangen herunter. Ich erinnerte mich an dieselbe schöne Stimme, wie sie für mich betete, als ich noch ein kleines Kind war, das kaum um Vaters Knie herumlaufen konnte. Gott, mach' mich wert, Sohn dieses Mannes und dieser Frau zu sein, die mich lehrten, Dich zu lieben. Laß mich Dich widerspiegeln, so wie sie Dich für mich widergespiegelt haben.

»Ich hörte euch an der Tür klopfen«, meinte Vater zu uns, nachdem er das Gebet beendet hatte, »und ich wußte, du würdest hier sitzen. Ich habe nicht mit dir gesprochen, da ich gerade mit jemand viel Wichtigerem am Sprechen war.« Zusammen saßen wir dann bei Kuchen und arabischem Kaffee. Trotz ihrer achtzig Jahre widmete Mutter sich uns voller Tatendrang. Sie stellte viele Fragen zum Projekt der weiterführenden Schule in Ibillin. »Denk immer an die Kleinen, mein Sohn«, sagte sie. »Denk an die Kinder. Sie sind am wichtigsten.«

Kurz nach unserem Besuch erhielt ich frühmorgens einen Anruf von meinem Vater. Mutter war in der Nacht verstorben. »Sie ist nicht krank gewesen«, schluchzte Vater, »sonst wärt Ihr Kinder alle verständigt worden. Statt dessen schlief sie friedlich in den Armen ihres Herrn ein.«

Nach der Trauerfeier in Gish begruben wir Mutters Leichnam auf dem Friedhof in Biram. Zwei Wochen später ging ich zufällig nach Biram und machte die furchtbare Entdeckung, daß Mutters Grab entweiht worden war und ihre Leiche draußen im Freien lag. Schnell rief ich um Hilfe und beerdigte sie noch einmal. Bis heute weiß ich nicht, was geschehen war. Waren es Grabschänder gewesen, die sich für ein neues Grab interessiert hatten? Oder waren es militante Zionisten, die nicht wollten, daß selbst ein toter Palästinenser nach Biram zurückkehrte?

Vater konnte nicht alleine in Gish bleiben. Im Alter von 82 Jahren zog er nach Haifa, um bei seinen Kindern zu wohnen und verließ den Wohnraum, in dem er mehr als 33 Jahre als Flüchtling gelebt hatte.

»Es ist dumm von Ihnen, überhaupt daran zu denken, eine Schule ohne die Genehmigung der israelischen Regierung zu bauen, Abuna«, sagte mein Bischof. »Es ist auch dumm von Ihnen, die Regierung wegen ihrer Politik in den arabischen Dörfern in Galiläa offen zu kritisieren. Wie ich höre, machen Sie solche Äußerungen nicht nur hier in Israel, sondern überall in der Welt. Das muß wirklich ein Ende haben!«

Ich merkte, wie der Ärger in mir hochstieg, obwohl ich mich bemühte, ruhig zu bleiben. Mit meinem Besuch wollte ich den Bischof über unser Projekt informieren und ihn um einen Beitrag der Diözese bitten. »Herr Bischof, erstens enthalten meine Äußerungen Tatsachen über das Bildungssystem und die Politik Israels gegenüber den Palästinensern, die ungerecht behandelt und unterdrückt werden. Es ist meine Aufgabe, in ihrem Interesse zu sprechen, insbesondere, da sie das selbst nicht können. Es wäre falsch, nicht dagegen zu protestieren, daß sie so schlecht behandelt werden. Und drittens, warum sprechen Sie sich nicht für sie aus? Warum setzen Sie sich nicht bei der israelischen Regierung für die Baugenehmigung ein, die wir benötigen? Ich respektiere Sie als meinen Bischof, aber ich kann Ihrer Aufforderung, mich nicht weiter zu äußern, nicht gehorchen.« Ich zitterte vor Wut.

Der Bischof war auch verärgert. Er stand hinter seinem Schreibtisch, verlangte weiterhin, daß ich schweigen solle, und deutete an, mein Gehalt könne gefährdet werden.

»Herr Bischof, ich weigere mich, damit aufzuhören, mich für die Interessen meiner Leute auszusprechen, trotz Ihrer Aufforderung. Von jetzt an lehne ich es auch ab, von Ihnen irgendein Gehalt anzunehmen. Ich muß die Freiheit haben, die Wahrheit auszusprechen. Es ist besser, daß ich in meiner Versorgung von meinen Gemeindemitgliedern abhängig bin, als um Ihres Geldes willen zum Schweigen gebracht zu werden. Hiermit erkläre ich mich frei von allen finanziellen Verbindungen mit Ihnen. Außerdem ziehe ich hiermit mein

Angebot zurück, Ihnen die Möglichkeit zu geben, sich an diesem sensationellen und wichtigen Projekt zu beteiligen.« Meine Stimme war stark, doch meine Knie fühlten sich wie Gummi an. Dieser Schritt war unglaublich riskant.

Der Bischof schüttelte den Kopf und setzte sich noch einmal hinter seinen Schreibtisch. Das Gespräch war beendet.

Neun Gesichter zeigten Enttäuschung und Entmutigung, als ich das Komitee über die letzte Verweigerung finanzieller Hilfe informierte. Die einzigen Gelder in der Kasse waren die Beiträge der Bewohner von Ibillin selbst. Ich fühlte mich auch entmutigt. In den meisten Reaktionen steckte die Forderung danach zu beweisen, daß wir keine Terroristen waren. Man kann nicht beweisen, daß man kein Terrorist ist, wenn man selbst terrorisiert wird, und das Leben durch Unterdrückung und Ungerechtigkeit gekennzeichnet ist. Daß man des Terrorismus angeklagt wird, terrorisiert einen nur noch mehr. Jemand, der sich nicht in dieser Lage befindet, kann kaum erkennen oder verstehen, was da wirklich vor sich geht.

»Wenn wir die Schule im September eröffnen möchten, müssen wir sehr bald mit dem Bau beginnen«, sagte Karam. »Was sollen wir bloß tun? Wohin sollen wir uns wenden?«

Wen konnte ich noch ansprechen, den ich nicht schon kontaktiert hätte? Wen würde das so weit berühren, daß er uns eine Chance gäbe? Wer würde uns glauben, daß wir keine Terroristen sind, sondern einfach nur unsere Kinder ausbilden möchten?

»Moment mal! Ich habe eine Idee!« rief ich aus. »Tatsächlich? Was für eine?« drängten mich neun Leute.

Ich grinste breit. »Wir werden einen Brief an die Königin schreiben!«

KAPITEL 17

STEHT AUF, GEHT VORAN, TUT ETWAS, BEWEGT EUCH!

»Sie machen Witze! Das ist unmöglich!« rief Mr. Shmueli, der Generaldirektor des israelischen Bildungsministeriums, aus. Wir standen im Dorf, und ich hatte gerade auf den Platz für die Schule auf dem gegenüberliegenden Hügel hingewiesen. »Nein, ich mache keine Witze. Sie können sehen, wo wir mit dem Abtragen des Hügels und dem Ebnen des Bodens begonnen haben. An manchen Stellen haben wir zwanzig Meter Höhe abgetragen.«

»Aber glauben Sie etwa, Sie können die Dienste der Armee in Anspruch nehmen, um das Baumaterial da hinauf zu befördern? Es gibt dort keine Straße für Lastwagen.«

»Nichtsdestotrotz«, beharrte ich, »das ist die Stelle, wo wir unsere Schule bauen werden.«

»Unmöglich. Wenn Sie es schaffen, innerhalb von fünf Jahren dort eine Straße zu bauen, dann gratuliere ich Ihnen.«

»Geben Sie mir keine fünf Jahre für die Straße. Geben Sie mir zwei Jahre, und wir werden Ihnen eine Schule bauen, Mr. Shmueli. Auf diesem Hügel.«

Drei Männer vom »Inter-Church Coordination Commitee« (ICCO) in den Niederlanden wurden mit großer Gastfreundschaft in Ibillin begrüßt. Sie repräsentierten die christliche Vereinigung, die uns das Geld zur Anschaffung der Baumaterialien für die Schule bewilligt hatten. Königin Beatrix und der Premierminister von Holland hatten unser Projekt empfohlen, und nun war diese Delegation gekommen, um mit uns zusammenzutreffen, den vorgeschlagenen Bauplatz und die Entwürfe zu besichtigen und die tatsächlichen Kosten für die Baumaterialien zu prüfen.

Kurz nachdem die Delegation nach Holland zurückgekehrt war, erhielten wir die wunderbare Nachricht, daß ICCO eine Spende von 1 200 000 Gulden, etwa 400 000 $, bewilligt hatte.

Wir in Ibillin wußten, daß wir ohne Zweifel ein Wunder Gottes erfahren hatten. So Gott es wollte, würden die Studenten im September mit dem Unterricht an der Prophet-Elias-Schule beginnen. Die Schule wurde nach dem Propheten Elias benannt, meinem Namensvetter, der von Juden, Muslimen und Christen gleichermaßen verehrt wird. Er sprach sich energisch gegen Götzenverehrung und Unterdrückung aus. Die Schule würde in Ibillin die überzeugende Darstellung und die greifbare Garantierung der Menschenrechte sowie der von Gott gegebenen Rechte für unsere Kinder in dieser Gesellschaft verkörpern.

Die meisten Menschen in Ibillin standen fest hinter dem Bau der Schule, aber es gab auch einige starke Gegner. Außerdem fragten sich viele, ob es klug war, den Bau ohne die Genehmigung der israelischen Regierung durchzuführen. Die Angst vor Vergeltung war sehr groß. Meine eigene Glaubwürdigkeit wurde ständig getestet. Andere hatten vorher Versprechungen gemacht, die dann später vergessen worden waren. Diesmal war es zwar Abuna Elias, der eine Höhere Schule versprach und mit ihnen daran arbeitete, sie in die Tat umzusetzen, aber es bestand dennoch weitverbreitet der Verdacht, man könnte noch einmal getäuscht werden. Ich wußte, ich mußte genau einhalten, was ich versprochen hatte. Ständig betete ich zu Gott, daß er mir helfen solle, die Erwartungen und Hoffnungen zu erfüllen, die ich zu wecken gewagt hatte.

»Abuna! Die Polizei kommt!« rief Hanni von seiner günstigen Position auf dem Stahlgerüst der Schule. Etwa dreißig Männer bauten an dem Holzgerüst für das Stahlgeflecht, wohinein der Beton des ersten Stockwerkes gegossen wurde. Wir rannten nach draußen und sahen einen Jeep langsam den Hügel hinauffahren.

Die tatsächliche Konstruktion hatte im Januar begonnen, als die ersten Lastwagen mit Stahlstangen, Sand, Zement, Holz und Werkzeug zwischen den Olivenbäumen, entlang der neuen, unbefestigten Straße, zur Baustelle fuhren. Hunderte von Menschen in Ibillin setzten sich unermüdlich für das Projekt ein. Karam war der Vorarbeiter; morgens fuhr er sein Taxi, und anschließend arbeitete er an der Schule. Hanni, ein Grundschullehrer, widmete dem Projekt seine gesamte Freizeit. Junge Leute kamen und halfen. Oft bildeten sie eine Brigade mit Eimern für Sand, Wasser und nassen Beton. Zada organisierte sie und half uns allen.

Dann, in der zweiten Märzwoche, war das Stahlgerüst aufgestellt, das Erdgeschoß beinahe fertig. Unsere Schule, die schließlich 630 qm groß und fünf Stockwerke hoch werden sollte, wurde auf dem Hügel von Ibillin sichtbar. Einige Zweifel der Bewohner verschwanden. »Wer ist hier verantwortlich?« verlangte ein Beamter zu wissen, der aus dem Jeep stieg. »Das bin ich«, sagte ich auf Hebräisch und ging auf ihn zu.

»Wo ist Ihre Baugenehmigung?«

»Ich habe keine.«

Der Polizist schaute das Gebäude an und dann mich.

»Wie können Sie ohne Baugenehmigung bauen?«

»Ich baue nicht mit einer Baugenehmigung. Ich baue mit Sand, Zement, mit Ytong, Stahl und Holz, nicht mit einer Erlaubnis.«

»Aber das können Sie nicht machen. Sie können in einem demokratischen, zivilisierten Land nicht ohne Erlaubnis bauen.«

»Wenn dieses Land zivilisiert und demokratisch wäre, hätten Sie mir schon längst die Erlaubnis für eine Schule gegeben. Ich habe sie beantragt, und Sie haben abgelehnt. Wir benötigen noch viele Schulen in Israel, so daß Sie lernen können, in Zukunft die Genehmigung zu erteilen.«

»Das ist nicht mein Problem«, sagte der Polizist. »Sie müssen mit der Arbeit aufhören. Alle Ihre Männer müssen mit uns zur Polizeiwache kommen.« – »Nein«, sagte ich mit Nachdruck. »Ich werde mit Ihnen kommen, weil ich der einzig Verantwortliche bin. Das sind alles freiwillige Helfer, die ohne Bezahlung arbeiten.« – »Sie möchten wir nicht. Ich habe den Befehl, Sie nicht anzufassen, da Sie uns möglicherweise internationale politische Schwierigkeiten machen.«

Die israelische Polizei hat etwas mit der amerikanischen, russischen, palästinensischen Polizei und sogar der der Nazis gemeinsam. Überall steckt unverkennbar hinter der Uniform ein Mensch. Das Problem ist nur, wie streift man dem Polizisten die Uniform ab, um die Menschlichkeit und das Gute zu entdecken. Manchmal wird die Menschlichkeit beinahe von der Uniform erdrückt, wie in Nazi-Deutschland. Trotzdem lehren wir unsere Kinder, daß selbst, wenn jüdisch-israelische Soldaten Palästinenser demütigen, quälen und töten, wie in der Westbank und im Gazastreifen, Menschen hinter den häßlichen Gesichtern und Uniformen der Soldaten stecken. Das Problem ist nur, wie streift man die Grausamkeiten und die Gewalt ab, um diese Soldaten zu den netten Menschen zu machen, die sie sein können. Wir Palästinenser als Volk glauben nicht an Gewalt und Terror. Die Welt hat uns jedoch Terroristenkleidung angezogen, und man muß sie uns ausziehen, damit die Leute sehen können, daß wir Menschen sind, die terrorisiert werden.

Die dreißig Männer aus Ibillin wurden zur Wache in Shefar-Am mitgenommen. Als man sie fragte, sagten sie, daß sie freiwillige Helfer seien und daß es nicht höflich gewesen sei, den Priester zu fragen, ob er eine Erlaubnis für den Bau habe oder nicht. Die Polizei zeigte sich menschlich und entließ die Männer noch am gleichen Tag.

Zwei Wochen später kam die Polizei noch einmal; diesmal nahmen sie mehr als vierzig Männer fest und entließen sie wieder. Das Spiel ging zwei Monate lang. Insgesamt wurden vier Gruppen nach Shefar-Am gebracht, die größte bestand aus 75 Männern, alle aus Ibillin. Keiner von ihnen kam ins Gefängnis, doch die Schikanierung bewirkte, daß sich Angst und Zweifel im Dorf breitmachten.

»Abuna, wir werden alle dafür bestraft werden! Wir werden unser Land verlieren!« sagte ein Dorfbewohner.

»Hör auf, uns in deine Träume hineinzuziehen und unser Leben zur Hölle zu machen«, schrie ein anderer.

»Du hast uns eine Schule versprochen, aber Du wirst Dein Versprechen nicht halten.«

»Bitte, Abuna, laß uns wieder ein ruhiges Dorf haben.«

Angst, Ärger und Widerstand wurden auf mich gerichtet, als denjenigen, der die Aktion initiiert hatte. Ich akzeptierte diese Verantwortung, aber ich fühlte mich sehr isoliert. Einige meiner Priesterkollegen schüttelten wissend den Kopf und meinten: »Wir haben es dir ja gesagt.« Ich konnte den Widerstand der Polizei und der Regierung tolerieren, aber es zermarterte mich, meine Gemeindemitglieder, die Dorfbewohner und die anderen Priester gegen mich zu haben.

Viele Nächte lag ich wach und betete und betete. Gott, ich weiß, daß es richtig ist, aber alles um mich herum fällt zusammen. Was soll ich tun? Das Projekt abblasen? Auf einen besseren Zeitpunkt warten? Stärker auf eine Erlaubnis drängen? Ohne Erlaubnis weiterbauen? Um internationale Hilfe bitten?

»Mach dir keine Sorgen, Abuna«, würde Karam sagen. »Du machst etwas Großartiges, etwas für die Gemeinschaft und für Gott. Notfalls werde ich mein Haus verkaufen, um die Schule fertigzustellen. Dies ist mein Traum, den ich mit Dir träume.« Schwester Gislaine, Schwester Nazarena und

Abuna Awad beteten täglich für mich und die Schule. Der Scheich ermutigte ohne große Worte. Diejenigen, die im Dorf Kommunisten genannt werden, die »bad guys« (»die Bösen«), versammelten sich bald um mich herum. Sie repräsentierten keinen doktrinären Kommunismus; sie gehörten eher zu denjenigen Palästinensern, die gegen soziale Ungerechtigkeit protestierten. Diese finden sich sowohl unter den christlichen als auch unter den muslimischen Palästinensern wieder.

Bei all dem Durcheinander bauten wir weiter. Viele Dorfbewohner waren bereit, mit mir den Behörden entgegenzutreten. Mitten in den Razzien der Polizei und der Zeit enormer Angst im Dorfe gossen wir den Beton für das erste Stockwerk, ein entscheidender Augenblick bei jedem Bauprojekt. Benjamin, ein Zimmermann, brachte uns ein Lamm zum Feiern. Obwohl es Karfreitag war, schlachteten wir das Lamm auf dem frischen Beton – eine traditionelle Segnung für das Gebäude. »Das ist kein Karfreitag mehr«, erklärte ich. »Wir gießen Beton, wir bauen diese Schule, trotz allen Widerstands gegen uns, und wir erstehen auf. Hiermit taufe ich diesen Karfreitag Ostersonntag! Wir werden feiern und essen!«

Das gebratene Lamm ergab ein großes Mahl für die 60 oder 70 Menschen an diesem Tag an der Baustelle. Da wir von der Polizei unter Druck gesetzt worden waren, hörten wir selbst an Feier- und Sonntagen nicht mit der Arbeit auf. Das Geschenk des Lamms war ein willkommener Augenblick der Freude mitten in den Schwierigkeiten beim Bau.

Kurz nach Ostern kam der Polizeichef von ganz Galiläa in seinem Dienstwagen nach Ibillin, direkt zum Pfarrhaus und fragte nach mir. Ich empfing ihn im Wohnzimmer meines neuen Appartements im zweiten Stock.

Der Chef war sehr verärgert und stolzierte im Zimmer umher. »Father Chacour, ich bin gekommen, um Sie zu fragen, wann dieses Theater ein Ende hat.«

»Welches Theater meinen Sie?«

»Das Theater, ohne Erlaubnis eine Schule zu bauen. Sie machen uns hier in Israel alle lächerlich.«

»Mein Herr, dieses Theater ist zu Ende, sobald der Bau fertig ist.«

»Nein, ich erteile Ihnen den Befehl, den Bau sofort zu stoppen.«

»Ich kann ihn nicht stoppen. Ich baue weder eine Waffenfabrik noch ein Gefängnis. Ich baue eine Schule, damit unsere Kinder ausgebildet werden und lernen, wie man in Würde und Frieden lebt. Die Verantwortung liegt bei Ihnen, da Sie keine Genehmigung erteilen.«

Ich bemühte mich, gegen mein Herzklopfen und Muskelzucken anzugehen.

»Damit habe ich nichts zu tun. Ich befehle Ihnen aufzuhören.«

»Es tut mir leid, aber wir werden weitermachen; stecken Sie mich ins Gefängnis, wenn Sie möchten.«

Der Chef seufzte vor Verzweiflung und schüttelte den Kopf. »Möchten Sie, daß ich das ganze Dorf inhaftiere?«

»Gehen Sie doch, tun Sie das. Ich werde internationale Freiwillige zu Hilfe holen.«

»Das reicht! Hören Sie jetzt auf mit dem Bauen!« wetterte der Polizeichef. – »Na gut; Dankeschön. Ich habe Ihren Befehl erhalten. Fahren Sie jetzt zu Ihrem Büro, tun Sie, was immer Sie für richtig halten.« Der Polizeichef stürmte aus meinem Wohnzimmer, die zwei Treppen hinunter zu seinem Wagen. Meine Beine waren schwach, und ich sank in meinen Schreibtischstuhl. Was habe ich nur dabei gedacht, mich freiwillig anzubieten, ins Gefängnis zu gehen, es zu riskieren, daß er das ganze Dorf verhaftet. Gott, was nun? Was nun?

Eine Woche später rief ich anonym bei der Polizeiwache an. »Kommen Sie und schauen Sie sich diesen aufsässigen Priester an. Er gehorcht nicht Ihrem Befehl. Jetzt läßt er sich von internationalen Freiwilligen beim Bau der Schule helfen!« Wir hatten es arrangieren können, daß eine Gruppe von achtzehn jungen Leuten aus der Schweiz zu uns kam, um uns für ein paar Wochen beim Bau der Schule zu helfen.

Am nächsten Tag kam die Polizei mit zwei Wagen nach Ibillin und fuhr den Hügel hinauf zur Baustelle. Der oberste Polizeibeamte rief die blonden jungen Leute, die auf dem zweiten Stockwerk der Schule an der Arbeit waren, zu sich. »Ihr da! Kommt hier runter, Ihr müßt mit mir zur Polizeiwache kommen.« Die jungen Leute guckten sich gegenseitig unsicher an und begannen dann herunterzusteigen. »Werden Sie tatsächlich Schweizer Bürger verhaften?« fragte ich ungläubig. »Dafür, daß sie nichts getan haben, als freiwillig beim Bau einer Schule zu helfen? Sie werden Ärger mit Ihrem Chef bekommen, wenn wir daraus eine internationale Krise entstehen lassen.« Der Polizeibeamte wirkte unsicher, als sich die achtzehn ausländischen Jugendlichen vor ihm in eine Reihe stellten. »Warum fragen Sie nicht zuerst, wer sie sind und entscheiden dann, was Sie mit ihnen machen?« schlug ich vor.

Der Beamte begann, Fragen zu stellen. Keiner der Freiwilligen aus der Schweiz gab seinen oder ihren Namen an. Statt dessen machten sie, wie vereinbart, Angaben über ihre Familien. Väter wurden als Rechtsanwälte und Professoren, Mütter als Journalistinnen und Regierungsbeamtinnen genannt.

Der Polizist nahm die anderen Polizisten zu einer Besprechung zur Seite; dann ging er zu seinem Wagen, um das Polizeirevier über Funk zu rufen. »Wir haben hier ein Problem. Diese Freiwilligen? Das sind keine Araber.«

Ein paar Tage später bekam ich einen Brief, in dem ich für Ende April vor Gericht geladen wurde. In den nächsten zwei Wochen schlief ich gut, da die Schule vor meinem Erscheinen vor Gericht nicht niedergerissen würde. Danach vielleicht, aber nicht vorher.

Die Tatsache, daß ich Aramäisch, die Sprache Jesu, kann, hat entschieden zu meinem Verständnis der Lehre Jesu beigetragen. Da die Bibel, wie wir wissen, eine Übersetzung einer Übersetzung ist, vermittelt sie uns manchmal einen falschen Eindruck. Zum Beispiel sind wir gewohnt, die Seligpreisungen passivisch zu hören.

»Selig, die hungern und dürsten nach der Gerechtigkeit, denn sie werden gesättigt werden. Selig die Barmherzigen, denn sie werden Barmherzigkeit erlangen. Selig, die reinen Herzens sind, denn sie werden Gott schauen. Selig die Friedensstifter, denn sie werden Söhne Gottes heißen.«

»Selig« ist die Übersetzung für das Wort makarioi, das im griechischen Neuen Testament vorkommt. Wenn ich jedoch weiter zurückschaue zum Aramäer Jesu Christi, sehe ich, daß das ursprüngliche Wort ashray von dem Verb yashar abstammt. Ashray hat überhaupt nicht diese passive Eigenschaft. Statt dessen bedeutet es, »sich auf den rechten Weg für das rechte Ziel zu machen; sich umzudrehen, Reue zu empfinden; aufrecht und rechtschaffen zu werden«. Wie könnte ich zum Beispiel zu einem verfolgten jungen Mann in einem palästinensischen Flüchtlingslager gehen und sagen: »Selig die Trauernden, denn sie werden getröstet werden«, oder: »Selig, die verfolgt... werden um der Gerechtigkeit willen, denn ihrer ist das Himmelreich?« Dieser Mann würde mich verschmähen und sagen, daß weder ich noch mein Gott seine Not verstünden, und er hätte recht.

So wie ich die Worte Jesu im Aramäischen verstehe, sind sie folgendermaßen zu übersetzen:

»Steht auf, geht voran, tut etwas, bewegt Euch, Ihr, die Ihr hungrig und durstig seid nach Gerechtigkeit, denn Ihr werdet gesättigt werden. Steht auf, geht voran, tut etwas, bewegt Euch, Ihr Friedensstifter, denn Ihr werdet Söhne Gottes genannt werden.«

Meiner Meinung nach spiegelt dies Jesu Worte und Lehren viel genauer wider. Ich kann ihn sagen hören: »Macht

Euch Eure Hände schmutzig, um eine menschliche Gesellschaft für die Menschen zu schaffen; sonst werden andere die
Armen und diejenigen ohne Mitspracherecht und Macht
quälen und töten.« Das Christentum ist nicht passiv, sondern aktiv, tatkräftig, lebendig und imstande, Verzweiflung
zu überwinden.

Eines Tages fielen zwei Fledermäuse in einen Topf mit
Milch. Die pessimistische Fledermaus sagte: »Was kann ich
tun? Werde ich kämpfen und untergehen und dann so erschöpft sterben? Ich werde nicht erschöpft sterben.« Sie ging
unter und ertrank sogleich. Die optimistische Fledermaus
sagte: »Ich werde bis zum Letzten kämpfen, und man wird
zumindest sagen, ich hätte alles versucht.« Sie kämpfte und
kämpfte und versuchte zu fliegen, bis sie ohnmächtig wurde.
Später wachte sie auf und befand sich sicher ruhend auf einer
Rolle Butter. Das bedeutet also, man soll der Verzweiflung
nicht nachgeben, sondern sie überwinden.

»Steht auf, geht voran, tut etwas, bewegt Euch«, sagte
Jesus zu seinen Jüngern.

KAPITEL 18

DER BERG DES LICHTES

»Euer Ehren, dieser Priester hat ganz eindeutig das Gesetz
übertreten, indem er ohne Genehmigung gebaut hat. Selbst
nach wiederholten Aufforderungen, damit aufzuhören, bauten er und seine Arbeiter weiter; und jetzt sind sie bei der
zweiten Etage angelangt. Wir bitten Euer Ehren, anzuord-
nen, daß dieses illegale Gebäude sofort abgerissen wird.«
Der Rechtsanwalt der Polizei machte im Gerichtssaal von
Akko eine kurze und klare Aussage.

Der israelische Richter saß hinter seinem hohen Pult und
betrachtete die Gruppe von Menschen, die sich an diesem
Tag, Ende April 1982, vor ihm versammelt hatte. Mehrere
Männer, Repräsentanten der Polizei und der Regierung, hatten an einem Tisch auf der rechten Seite Platz genommen.
Ich saß in meiner Priesterkleidung an einem Tisch auf der
linken Seite.

»Um welche Art von Gebäude handelt es sich?« fragte der
Richter, seine Brille zurechtrückend und auf die vor ihm
liegenden Blätter starrend. »Sie sagen, es ist eine Schule,
Euer Ehren.« – »Sie möchten eine Schule in die Luft jagen?«
– »Es ist ein illegales Gebäude. Es wurde keine Genehmi-
gung erteilt.« – »Father Chacour«, sagte der Richter schließ-
lich, während er seine Brille abnahm. »Sie bauen ohne eine
Erlaubnis. Das ist eine sehr ernste Angelegenheit. Was haben
Sie dem Gericht dazu zu sagen?«

Ich erhob mich und konzentrierte meine Aufmerksamkeit
auf den Richter, die Polizei ignorierend. »Euer Ehren, die
Ausbildung unserer Kinder ist in der Tat eine sehr wichtige
Angelegenheit, doch die Behörden weigern sich, die Bau-

genehmigung für eine Schule zu erteilen. Euer Ehren, ich erbitte mir Zeit, einen guten Anwalt zu finden. Eine internationale Krise hinsichtlich dieses Problems könnte viele Schwierigkeiten hervorrufen. Es ist nicht nötig, daß der Ruf der israelischen Regierung weiterhin befleckt wird. Daher benötige ich Zeit, einen exzellenten Anwalt zu finden, um uns allen zu helfen.«

»Wieviel Zeit? Drei Monate? Vier Monate?« Ich zögerte aus Unsicherheit, was ich sagen sollte. »Fünf Monate«, fragte der Richter. »Father Chacour, ich gebe Ihnen fünf Monate, um einen Anwalt zu finden und wieder vor Gericht zu treten. Dann möchte ich diese Akte ein für allemal schließen.« Der Richter stand auf, nickte uns zu und verließ den Gerichtssaal. Fünf Monate! Wir könnten die Schule innerhalb dieser Zeit fertigstellen. Wenn ich im Herbst wieder vor Gericht käme, würden schon junge Leute unterrichtet werden. Aber was noch wichtiger war, die Polizei konnte das Gebäude in der Zwischenzeit nicht abreißen, da der Richter eingegriffen hatte. Gottlob!

»Père Chacour, auch in Frankreich ist eine Baugenehmigung erforderlich und manchmal schwer zu bekommen«, sagte die Französin. »Warum sollte es bei Ihnen anders sein? Warum übertreten Sie als Priester wissentlich das Gesetz, indem Sie ohne Erlaubnis bauen?«

Die Gruppe von einhundert französischen Pilgern saß an diesem Sonntag im Juni 1982 in der vorderen Hälfte der Kirche und hörte mir zu, wie ich auf Französisch über unser Leben als Palästinenser in Israel sprach. Nachdem ich die Geschichte von unserer halbfertigen Schule erzählt hatte, stellte die Frau ihre Fragen. Sie schien wirklich interessiert, konnte aber unsere Erfahrung nicht mit der ihren in Zusammenhang bringen.

»Madame, als ein Priester bin ich dazu berufen, Gott und

meiner Gemeinde zu dienen. Indem ich in Christi Fußstapfen trete, versuche ich Heilung in das Leben meiner Leute zu bringen und nehme dabei die Wunden und Schmerzen ernst, die durch physische, soziale und politische Faktoren verursacht werden. Ich wäre nicht Gottes Diener, wenn ich diese Dinge mißachten würde und meine Leute dazu ermutigte, sich mitten in der Unterdrückung stumm und passiv zu verhalten.

Arabische Palästinenser im Staat Israel sind zweit- und drittklassige Bürger. Nehmen Sie nur einmal die Sache mit der Baugenehmigung. Wie Sie sagen, ist eine Erlaubnis in vielen Ländern erforderlich, und zwar zum Wohl aller Menschen. Wenn jedoch die Vergabe einer Erlaubnis von der Identität der Menschen abhängig ist, die sie beantragen, dann bedeutet das Rassismus und Unterdrückung.

In Israel muß jeder, der bauen oder umbauen möchte, eine Baugenehmigung beantragen. Juden in jüdischen Städten und Dörfern können diese Erlaubnis bekommen. Juden, die sich auf einem Stück Land niederlassen, das sie arabischen Dorfbewohnern weggenommen haben, können eine Baugenehmigung erhalten und Fertighäuser errichten. Wenn jedoch Palästinenser in irgendeiner Stadt oder einem arabischen Dorf eine Baugenehmigung beantragen, dann wird sie ihnen beinahe nie ohne eine Menge Theater gewährt, und der Antrag häufig abgelehnt.[1]

Wie jedes andere Volk auf der Erde auch, benötigen wir palästinensischen Israelis Häuser zum Leben, Schulen für die Ausbildung und öffentliche Gebäude für die Belange unserer Gemeinschaft. Nur ein Beispiel, ein Paar möchte heiraten. Wo soll es leben? Bei den Eltern des Mannes? Es gibt eine Grenze dafür, wie viele Menschen und Generationen in einem Haus leben können. Man denke an die gesundheitlichen, emotionalen und familiären Probleme, die daraus entstehen können. Das Paar könnte sich dazu entschließen, das Haus der Eltern um- oder daran anzubauen oder ohne die

Genehmigung ein neues Haus zu bauen. Dann lebt es in ständiger Furcht vor Zerstörung, Geldstrafen und dem Gefängnis. Alleine hier in Ibillin heiraten mindestens 150 Paare pro Jahr. Viele andere heiraten nicht wegen des Wohnungsproblems. Stellen Sie sich diese und noch tausend weitere Probleme in unseren Dörfern in Galiläa einmal vor.

Da könnte einem eine Baugenehmigung unwichtig erscheinen; ihre Ablehnung ruft jedoch sowohl unmittelbare, als auch daraus resultierende Probleme hervor. Menschen, die ohne Genehmigung bauen, neigen zum Quietismus, zu Abhängigkeit und falsch verstandener Kooperation, um ihr Eigentum vor den Behörden zu schützen.[2] Wenn wir keine Schulen bauen, bleiben wir unwissend und ohne Hoffnung auf eine bessere gesellschaftliche, wirtschaftliche oder politische Zukunft. Kann ich als Priester meinen Leuten raten, niemals ein Haus oder ein Gemeindezentrum zu bauen, weil sie damit die israelischen Gesetze verletzen würden?

Oder muß ich das Böse in der Absicht und Interpretation dieser Gesetze erkennen und auf jede mögliche gewaltlose Art dagegen protestieren? Bedenken Sie, daß nicht alle Gesetze der Menschen immer recht sind.

Der größte Teil des palästinensischen Ackerlandes in Galiläa wurde von der Regierung zur ausschließlichen Nutzung durch Juden konfisziert. Oftmals wird eine neue jüdische Siedlung auf dem konfiszierten palästinensischen Land errichtet. Das ist alles Teil eines Projektes der sogenannten ›Judaisierung Galiläas‹, das die demographische Konzentration von Arabern durch Siedlungen von Juden auflösen soll.[3] Diese Siedlungen sind umgeben von Stacheldraht, Polizeihunden und Waffen. Eine dieser Siedlungen ist nur etwa zwei Kilometer von dieser Kirche entfernt.[4]

Wenn man die israelischen Behörden nach ihren Gründen für die Konfiszierung von arabischem Land und für die Ablehnung von Baugenehmigungen bei arabisch-israelischen Bürgern fragt, erhält man die Antwort, daß viele Gesetze im

Zusammenhang mit Land und Gebäuden diese Aktivitäten rechtfertigen. Verfügt man über Autorität, dann ist man in der Lage, das Recht zu verdrehen und die Machtlosen ungerecht zu behandeln.

Meiner Erfahrung nach scheinen die Gründe, die hinter den Gesetzmäßigkeiten verborgen sind, darin verwurzelt zu sein, was ich die ›Schattenseite des Zionismus‹ nenne. Bei der großen Anstrengung, eine sichere und geborgene Heimat für die Juden zu schaffen, ist der Wunsch entstanden, das Land gänzlich ›wiederzuerlangen‹, indem man die arabischen Palästinenser allmählich vertrieb.[5]

1948 flohen viele Palästinenser oder wurden aus ihren Dörfern verjagt; die meisten von ihnen verließen den neuen Staat Israel. In dieser Zeit wurde meine Familie zu Flüchtlingen, doch es gelang uns, in Israel in der Nähe unseres Dorfes und Landes zu bleiben. Jetzt verläuft die Vertreibung allmählich und heimtückisch und sie nimmt viele Formen an, wie zum Beispiel die Konfiszierung von Land oder die Verweigerung von Baugenehmigungen.

Vielleicht verstehen Sie jetzt, schloß ich, warum wir uns derart unter Druck gesetzt fühlen und warum wir nach positiven, gewaltlosen Wegen suchen, uns den Gesetzen entgegenzustellen, von denen wir glauben, daß sie nur dazu da sind, uns aus unseren Dörfern und unserem Land zu vertreiben. Unter Palästinensern, die in Israel leben, Priester zu sein, heißt nicht, die unterdrückenden Gesetze der Menschen blind zu befolgen, sondern vielmehr, Gott um die Weisheit zu bitten, das aktiv durchzuführen, was gerecht und recht ist für alle Menschen. Wie ich zur Polizei und anderen israelischen Behörden gesagt habe: ›Lassen Sie mich jetzt eine Schule bauen und Sie davor bewahren, später ein Gefängnis bauen zu müssen.‹«

Mit dem Bau der Schule ging es dann beinahe ohne Unterbrechung weiter. Freiwillige kamen morgens um fünf Uhr; gegen Mitternacht waren die Arbeiter immer noch dabei, den frischen Beton zu befeuchten und Ytong, Holz und Ziegel für die Arbeiter am nächsten Morgen vorzubereiten. Wir gingen bis zu den Knien ins Wasser und zogen ein elektrisches Kabel vom nächstgelegenen Haus 75 m den Hügel hinauf.

Nachts konnte ich die Schule von meinem Appartement aus mit Hilfe des winzigen, wundervollen Lichtpunktes auf dem Hügel orten. Er sprach zu mir von Christus, dem »Licht der Welt« und seinen Worten über das unverborgene Licht auf einem Hügel. Ich gelobte, ein Licht oben auf der Schule brennen zu lassen, wenn sie fertig war, als eine Verkündung unseres Sieges über das Analphabetentum und die Trennungen in Ibillin.

Die Tage am Bau machten Freude, doch wurden sie für mich körperlich gesehen zunehmend schwerer. Ich schlief wenig und arbeitete am Bau, wann immer es mir meine Pflichten in der Gemeinde erlaubten. Schleppen, heben, schieben, schaufeln, hochklettern, hinknien – ich tat alles, was notwendig war. Im Laufe des Sommers merkte ich, wie sehr mein Körper erschöpft war. Mit meinen 42 Jahren streikten mein Rücken, meine Nieren und meine Hüften mächtig bei der ständigen Belastung.

Als Schulverwalter mußte ich außerdem Lehrer und Büropersonal einstellen, Bücher ordern, die Einrichtung anschaffen und Geld von unseren Freunden aus Übersee organisieren, um all diese Dinge bezahlen zu können. Ich mühte mich sehr ab, denn es war mein einziges Ziel, die Schule am ersten September zu eröffnen. Die warnenden Signale meines Körpers ignorierend, schuftete ich auf dieses Ziel hin. Gegen Ende August brach ich körperlich zusammen. Jeder Schritt tat mir weh, und ich konnte mit meinen schmerzenden Hüften und dem Rückgrat kaum aufrecht stehen. Trotzdem stand ich jede Nacht an meinem Fenster und starrte auf den winzigen Lichtpunkt. Der gegenüberliegende Hügel war nicht länger Jabal el Ghoul. Er war Jabal Ennuur, der »Berg des Lichtes«.

Am 1. September 1982 stand ich auf der großen Veranda am Haupteingang der Schule und läutete eine kleine Glocke, hinter mir waren fünf Lehrer, und vor mir hatte ich den schönsten Ausblick, den ich je gehabt hatte: 92 Jungen und Mädchen aus Ibillin, Muslime und Christen, hatten sich versammelt. Ihre strahlenden Gesichter waren fröhlich und voller Erwartung. Ich begrüßte sie, stellte die Lehrer vor, gab Anweisungen über unseren täglichen Stundenplan und teilte sie ihren Klassenzimmern zu. Dann dankten wir Gott gemeinsam für unsere wunderschöne Prophet-Elias-Schule auf dem Berg des Lichtes. Kurz darauf betraten die Schüler das Gebäude. Sie hatten Bleistifte, Hefte und ihr Mittagessen in ihrem Schulranzen und waren lernbegierig. Ihre glücklichen Stimmen füllten die Säle und machten aus dem Stahl und dem Beton eine richtige Schule. O Gott, dachte ich, als ich den jungen Leuten in die Schule folgte, wenn ich jetzt sterbe, werde ich es nicht bedauern. Es hat sich gelohnt, für diesen Augenblick geboren zu sein.[6]

Langsam kletterte Mr. Shmueli aus seinem Auto; seine Augen klebten an dem fünfstöckigen Schulgebäude mit einem Ausdruck vollkommener Verwunderung in seinem Gesicht. An diesem Tag hatte ich früh den Generaldirektor des Bildungsministeriums angerufen, um ihn zu einem Besuch einzuladen. Gemeinsam machten wir einen Rundgang durch das Gebäude und außen herum und begrüßten die Schüler und das Lehrpersonal. Schließlich ruhten wir uns aus, an sein Auto gelehnt und den Blick auf die Prophet-Elias-Schule gerichtet.

»Father Chacour, das ist ein Wunder. Wenn Sie mir sagen, daß sich morgen die Auferstehung ereignen wird, werde ich es Ihnen glauben!«

»Nein, nein, Mr. Shmueli, ich brauche Ihnen nichts über die Auferstehung zu erzählen«, sagte ich lachend. »Was ich brauche, ist eine gute Quotierungsrate von Ihnen, damit wir genügend Geld haben, um unsere Lehrer zu bezahlen.«

»Was möchten Sie, Father Chacour?«

»Ich möchte einen hundertprozentigen Anteil.« Das israelische Bildungsministerium muß Pro-Kopf-Fonds an jede weiterführende Schule zahlen, gemäß der Anzahl der Schüler und dem Angebot an diese Schüler. Ich wollte die maximal mögliche Summe.

Der Generaldirektor war entsetzt. »Unmöglich! Keine jüdische Schule in Israel bekommt 100 Prozent. Wie können Sie überhaupt danach fragen?« Bei dem Handel, der schließlich daraus folgte, einigten wir uns auf einen 91,4-prozentigen Anteil, der weit über dem lag, was die meisten anderen Schulen in Israel bekommen.

»Da ist noch etwas anderes, das ich haben möchte, Mr. Shmueli – eine Baugenehmigung.« – »Das liegt nicht in meinen Händen, es tut mir leid. Ich werde mit Ihnen verhandeln, wie ich es mit jeder anderen Schule tun würde, aber das ist alles, was ich für Sie tun kann.«

»Ich danke Ihnen dafür und bedanke mich, daß Sie gekommen sind, die Schule zu besichtigen.«

»Ich mußte das mit eigenen Augen sehen. Ich bin immer noch nicht sicher, ob ich das glauben kann.« Der Generaldirektor fuhr langsam die steile Straße hinunter, die Schule betrachtend, die sich zu seiner Linken erhob.

»Wo ist Ihr Anwalt, Father Chacour?« fragte der Richter mit einem Stirnrunzeln, als er die Gerichtssitzung in Akko Ende September 1982 eröffnete.

»Ich habe viele Anwälte gefunden, Euer Ehren, aber sie sind so teuer, daß ich mich entschlossen habe, mich bei diesem Fall selbst zu verteidigen.«

»Gut, gut. Das Gericht wird nun die Aussage der Anklage hören.«

Der Anwalt, der die Polizei und die Regierung vertrat, erklärte, daß keine Baugenehmigung bewilligt worden sei und daß die Schule, die nun völlig fertig sei und schon genutzt würde, illegal wäre. Er forderte die Zerstörung des Gebäudes, als ein Beispiel für andere, die versuchen würden, sich der Regierung zu widersetzen. Er ersuchte auch darum, daß ich in meiner Rolle als Erbauer der Schule bestraft würde.

»Father Chacour, wie ist Ihre Verteidigung zu dieser Anklage?« fragte der Richter.

Gott, gib mir die Worte, die diesen Mann davon überzeugen werden, daß wir einfach nur Menschen sind, die diese Schule für ihre Kinder brauchen, betete ich.

»Euer Ehren, Sie haben die Macht, dieses Gebäude zu zerstören, aber Sie werden es auf Kosten der Köpfe von den einhundert israelischen Bürgern zerstören müssen, die in dieser Schule lernen. Wenn das geschieht, werde ich gezwungen sein, in aller Welt zu erzählen, was Sie getan haben, und um Geld betteln, damit ich eine neue Schule bauen kann. Ich weiß, ich könnte Millionen Dollar auftreiben, doch dann werde ich Israels Ruf weiterhin beflecken, und das können wir doch nicht gebrauchen, oder?«

»Das ist eine äußerst unangenehme Situation«, sagte der Richter, uns alle im Gerichtssaal finster anblickend. »Was für eine Lösung schlagen Sie vor, Father Chacour?«

»Euer Ehren, das ist ganz einfach. Sie können die Regierung auffordern, ein kleines Papier zu unterschreiben, um dieses illegale Gebäude zu legalisieren, und ich werde in der ganzen Welt predigen, wie gütig Israel und seine Gesetze und seine Justiz sind. Dann werden wir alle Freunde bleiben. So einfach ist das!«

»Nein, das ist es absolut nicht! Das Gebäude ist illegal und muß abgerissen werden«, protestierte ein Repräsentant der Regierung.

Der Richter seufzte tief. »Father Chacour, bitte verlassen Sie den Gerichtssaal. Ich muß ein paar Dinge mit diesen Herren besprechen.«

Draußen auf dem Korridor ging ich auf und ab und betete, betete und ging auf und ab. Oh Gott, mache die Herzen aus Stein zu Herzen aus Fleisch. Laß dein Mitgefühl zu den Menschen in diesem Richter sprechen.

Nach nur fünf Minuten wurde ich in den Gerichtssaal zurückgerufen. »Ah, Father Chacour, danke, daß Sie gewartet haben«, sagte der Richter. »Es handelt sich in der Tat um delikate und komplizierte Umstände, aber wir sind zu einer Übereinkunft gekommen.« Mein Herz klopfte, und ich konnte kaum atmen. Was werde ich nur meinen Leuten sagen, wenn der Richter anordnet, daß die Schule zerstört werden muß?

»Father Chacour, Sie werden für das Gebäude niemals eine Genehmigung bekommen, aber die Schule wird nicht zerstört. Ich weiß, Sie haben auf die Genehmigung gehofft, aber das ist unmöglich. Dennoch wünsche ich Ihnen alles Gute bei der Leitung Ihrer Schule in dem Gebäude, das Sie haben.«

»Vielen Dank, Euer Ehren!« Ich betrachtete dies als einen großen Sieg. Was bedeutete es schon, daß wir keine Genehmigung hatten? Die Schule war sicher vor Zerstörung!

»Ich bin neugierig, Father Chacour.« Der Richter hatte sich nun entspannt und sprach sehr persönlich. »Sie haben Ihr Gebäude; aber ohne eine Genehmigung erhalten Sie keine Leistungen der Versorgungsbetriebe. Wie wollen Sie beispielsweise ohne Wasser auskommen?« Die Repräsentanten der Polizei und der Regierung hörten dem Gespräch zu.

»Euer Ehren, ich habe schon Wasser von der zuständigen Behörde im Dorf, und Sie können es nicht abdrehen. Das kann nur der ›Oberste Gerichtshof‹ in Jerusalem.«

»Schön, aber wie werden Sie ohne Elektrizität auskommen?«

»Euer Ehren, wir können notfalls Petroleumlampen verwenden, aber der Unterricht findet tagsüber statt, nicht in der Nacht. Wir können sehr gut sehen. Wir haben sogar dieses eine elektrische Kabel weiterhin genutzt, das wir während des Baus vom nächstgelegenen Haus gezogen hatten.«

»Aber Sie benötigen doch sicherlich ein Telefon?« fuhr der Richter fort.

»Euer Ehren, ich habe bei mir zu Hause ein Telefon. Ich bin froh, wenn es nur drei Tage im Monat funktioniert. Hätte ich noch ein solches Telefon, würde ich vielleicht einen Herzinfarkt bekommen! Aber ich habe das arabische Telefon, das von Mund zu Mund, und das funktioniert immer!«

Der Richter brüllte vor Lachen und kam dann, um mir die Hand zu geben und mir alles Gute zu wünschen. Er war sehr menschlich, mit einem Herz aus Fleisch. Der Richter hatte natürlich recht. Die Schule ohne eine Genehmigung zu führen, würde all unsere Geduld und Raffiniertheit erfordern.

Dieses elektrische Kabel zum Beispiel – wie oft am Tag schleppten die Schüler dieses Kabel in den zweiten Stock, dann in den vierten, dann wieder zurück in den ersten? Als sie sich beklagten, sagte ich zu ihnen: »Ihr habt keine Elektrizität, weil Ihr keine Genehmigung habt. Ihr habt keine Genehmigung, weil Ihr Palästinenser seid. Denkt daran – wann immer Ihr die Oberhand über irgendeine Person oder Gruppe, Juden oder Palästinenser, habt, macht nicht Gebrauch von den gleichen Methoden, die gegen euch verwendet werden. Es ist so ekelhaft und so korrumpierend für denjenigen, der unterdrückt wird. Verwendet eher sehr menschliche Methoden, um den anderen zu zähmen, als Ärger und Bitterkeit zu erregen.« Dann zogen wir gemeinsam, im Team, dieses schwere, lästige, unhandliche, wertvolle elektrische Kabel.

KAPITEL 19

BAUGENEHMIGUNG ZU VERKAUFEN!

Israel fiel im Juni 1982 in den Libanon ein, während wir an unserer Schule bauten. Im September hörten wir die furchtbare Nachricht von den Massakern in den Flüchtlingslagern Sabra und Shatila. Nur zu gut erinnerte ich mich an die Stunden, die ich 1975 im Lager Sabra verbracht hatte. Nun trauerten wir um den Tod von möglicherweise dreitausend Männern, Frauen und Kindern, die von der libanesisch-phalangistischen Armee abgeschlachtet worden waren, als die israelische Armee die Lager umstellt hatte.

Außerdem kam die Nachricht, daß Amira, meine neunzehn Jahre alte Kusine, bei einem Bombenangriff in Beirut getötet worden war. Eines der israelischen Jets, das jeden Tag im Sommer 1982 nördlich über Ibillin gestreift war, hatte die in den USA hergestellte Vakuumbombe befördert, die Amira tötete. Das Gebäude, in dem sie sich befand, war drei Meter tief in die Erde gesunken. Mehr als zweihundert Palästinenser wurden für immer in den Ruinen begraben.

Während ich mich an das hübsche Mädchen und seine Fröhlichkeit erinnerte, als ich das Flüchtlingslager in Dbayeh besucht hatte, weinte und weinte ich, war entsetzt, verärgert und betrübt. Schließlich war ich nach dem Weinen entschlossener denn je, dabei zu helfen, den jungen Palästinensern in Galiläa eine glänzende Zukunft zu schaffen. Der Holocaust in Europa, der vier lange Jahre dauerte, war grausam; doch das palästinensische Inferno hält schon vierzig Jahre lang an. Diejenigen, die überleben, leiden erheblich mehr als die, die getötet werden. Es muß ein Ende haben, bevor es zu einer totalen moralischen Korruption der Juden in Israel kommt und bevor sich eine ähnliche Korruption unter den Palästinensern breit macht. Gott, hilf uns allen.

»Ich muß ein Geschenk mitnehmen«, sagte mein Vater. »Es ist unvorstellbar, den Papst mit leeren Händen zu besuchen. Aber was kann ich ihm mitbringen?« In mir stieg Liebe für Vater hoch. Dieser arme palästinensische Bauer wollte dem Mann ein Geschenk mitnehmen, der den großen Reichtum der katholischen Kirche verwaltet und für viele Menschen Gottes Stellvertreter auf Erden darstellt. »Was möchtest Du mitnehmen, Vater?« – »Ach, ich weiß es nicht.« – »Nimm nichts mit. Das ist nicht notwendig.« – »Sag Du mir nicht, was ich tun soll. Ich werde tun, was ich möchte.«

Wir alle in Atallahs Wohnzimmer lachten. Selbst mit seinen 83 Jahren wußte Vater genau, was er wollte. Nach anfänglichem Zögern hatte er beschlossen, anläßlich der Seligsprechung unserer Heiligen aus Ibillin, Schwester Miriam des gekreuzigten Jesus, nach Rom zu reisen. Ohne unser Wissen hatte der Vatikan viele Jahre lang ihr Leben erforscht. Nun, im März 1983, sollte die großartige Zeremonie der Seligsprechung stattfinden, der melkitische Bischöfe aus der ganzen Welt beiwohnen würden. Als der Priester ihres Heimatortes Ibillin war ich auch dazu eingeladen worden, doch ich sollte genau an diesem Tag vor dem schwedischen Parlament reden. Ich arrangierte es für Vater, daß er mit der übrigen Delegation aus Galiläa gemeinsam flog. Nun freute er sich auf seinen ersten Flug und das Zusammentreffen mit dem Papst.

Kurz bevor Vater nach Rom abreiste, rief er mich zu sich nach Haifa. Als ich Atallahs Wohnzimmer betrat, lächelte Vater über das ganze Gesicht und zitterte vor Aufregung, mir das Kästchen zu zeigen, das er in den Händen hielt.

»Komm, mein Sohn, und schau! Komm und schau dir das Geschenk an, das ich für den Papst mitnehme!« Vater ließ mich neben sich auf seinem Ruhebett sitzen und gab mir dann das wunderbare Geschenk. Es war ein sehr schönes Kästchen aus Olivenholz, bedeckt mit Perlmutt.

»Es ist wirklich prachtvoll, Vater!« bewunderte ich das Kästchen von allen Seiten. »Öffne es! Schau, was ich hineingelegt habe!« Vorsichtig öffnete ich das Kästchen. Darin lag ein Foto von den Ruinen unserer Kirche in Biram. »Ich möchte, daß der Heilige Vater Notre-Dame sieht, mein Sohn, und die Geschichte unseres Dorfes kennt.« Vaters Augen leuchteten.

Nach der Seligsprechung erzählte mir eine meiner Kusinen, wie Vater von dem Gefolge aus Galiläa ausgewählt worden war, um dem Papst sein Geschenk zu überreichen.

»Du wärest so stolz auf ihn gewesen, Abuna! Dein Vater übergab dem Papst das Kästchen aus Olivenholz und erzählte ihm von dem Foto: ›Eure Heiligkeit, St. Peter steht noch, doch unsere Notre-Dame ist zerstört. Können Sie irgend etwas tun, damit wir sie in Biram wiederaufbauen können?‹ Der Heilige Vater plauderte einen Moment lang mit ihm, bevor er jedem von uns aus Galiläa die Hand gab. Die ganze Zeit über wurden viele Fotos gemacht.«

Vater gab mir einen Abzug seines wertvollsten Fotos, auf dem er mit dem Papst zusammen abgebildet war. Hier war der Beweis, daß Mikhail Chacour, ein alter Bauer aus Galiläa, der immer noch auf seinem Esel reiten würde, wenn er in Gish lebte, nach Rom geflogen war und den Papst getroffen hatte. Das bedeutete für Vater, jemanden nur etwas weniger Heiligen als Gott gesehen zu haben. Er hatte dieser Person von seinem schlimmsten Kummer erzählt, dem Verlust seines Dorfes und seiner Kirche. Ich rahmte das Foto und hängte es in meinem Büro auf. Wann immer mich jemand danach fragt, sage ich, es sei das Bild des heiligen Vaters mit dem Papst.

Vater hatte seinen Teil getan, indem er dem Papst von Biram erzählt hatte. In der Zwischenzeit war ich damit beschäftigt, das schwedische Parlament über die absolute, unerläßliche Notwendigkeit von Verhandlungen zwischen Juden und Palästinensern zu informieren. Ich erzählte von unseren Schwierigkeiten in Galiläa und von dem Leid unserer Brüder und Schwestern, die in der Westbank und im Gazastreifen unter israelischer militärischer Besatzung lebten, und noch anderen, die im Libanon, in Syrien und Jordanien verstreut waren. Dann erklärte ich, daß wir, sofern wir nicht gleichberechtigt als Juden und Palästinenser in einem Staat leben könnten, zwei Staaten nebeneinander benötigten, Israel und Palästina. Als ich nach Israel zurückkehrte, erhielt ich spät in der Nacht einen Anruf. »Alles, was Sie in Stockholm gesagt haben, wußten wir schon, bevor Sie auf dem Flughafen Ben Gurion angekommen waren.«

Sofort erkannte ich die rauhe, verärgerte Stimme eines Polizisten, den ich kannte. »Wenn Sie weiterhin reden, wird Ihr Leben äußerst kurz sein, Father. Ihr Vorstrafenregister ist ohnehin schon extrem gefüllt, mit dem was Sie gesagt haben, mit allem, was Sie gegen Israel unternehmen.« Meine größte Sorge ging jedoch nicht auf die Drohungen der Regierung zurück, sondern auf die arabischen Kollaborateure, die von meinem eigenen Bischof geschickt worden waren.

1983 erschien an einem Abend gegen neun Uhr ein Mann aus Ibillin, der für seine Kollaboration mit den jüdischen Behörden bekannt war, halbbetrunken und aggressiv am Pfarrhaus. Derselbe Mann hatte oft angerufen, um mich am Telefon zu verfluchen. »Sie gehorchen nicht dem Bischof«, schrie er. »Sie mögen vielleicht von internationalen Persönlichkeiten Unterstützung erhalten, Abuna, aber der Bischof hat die gesamten lokalen Autoritäten hinter sich. Bisher haben wir das nicht gegen Sie eingesetzt. Der Bischof möchte, daß Sie es aufgeben, sich für die Palästinenser auszusprechen, und Sie täten besser daran, ihm zu gehorchen.« Dann ging er weg und ließ mich verärgert, traurig und erschreckt zurück.

Seit der israelischen Invasion im Libanon, 1982, hatten wir palästinensisch-melkitischen Priester nicht mehr das Gefühl, daß der Sitz des Bischofs in Haifa unsere Zuflucht oder unser Zuhause war. Statt dessen schien es uns, als wäre er ein Stützpunkt für die phalangistische Armee im Libanon, die Armee, die die Palästinenser in Sabra und Shatila abgeschlachtet hatte. Ich hatte mich besonders freimütig über unsere Empörung geäußert.

Der Bischof setzte viele Methoden ein, mich zum Schweigen zu bringen. Er hatte meinen Wechsel zu einer kleinen, abgelegenen Pfarrei im Norden Galiläas angeordnet, aber ich weigerte mich, Ibillin zu verlassen. Kurz darauf erhielt ich schriftliche Anweisung, zur Polizeiwache in Shefar-Am zu einer speziellen Untersuchung zu kommen.

»Ich spreche mit Ihnen in der Anwesenheit eines ausländischen Botschafters in Israel«, sagte ich bei einem Telefongespräch. »Warum geben Sie mir Anweisungen, zu Ihnen zu kommen? Hat es etwas mit Sicherheit, Sabotage oder einem Verbrechen zu tun?«

»Sie sollen nur der Anweisung gehorchen«, sagte der Polizeibeamte.

»Sollte ich zur Polizeistation kommen, werde ich Anwälte und mehrere Botschafter mitbringen. Ist es das, was Sie wollen?«

»Nein, nein«, sagte er nach hastiger Beratung mit einem anderen Beamten. »Nein, wir möchten wirklich nicht, daß Sie kommen, Abuna. Kommen Sie nicht, kommen Sie nicht. Besuchen Sie nur Ihren Bischof und fragen Sie ihn nach den Gründen.«

Als ich elf Jahre alt war, machte ich mit Vater meine erste Busreise von Gish nach Haifa, die lange Reise antretend, um

Priester zu werden. Vater würde mich in der Schule des Bischofs zurücklassen. Ich saß neben Vater, geschockt und unfähig zu weinen oder zu sprechen. Während wir uns immer weiter von meiner Familie und den Bergen, die ich liebte, entfernten, fuhr der Bus durch viele Kurven und Ecken. Wie werde ich jemals wieder den Weg zurück nach Gish finden? weinte ich innerlich. Kann überhaupt irgend jemand den Weg finden? Ich glaubte nicht. Ich blickte zu Vater hoch. Er war so glücklich und stolz. In seinen Augen war ich schon der »kleine Abuna«.

Gott hatte mich zum Priester berufen, das wußte ich, und ich liebte die Kirche. Sie war der einzige Ort, an dem ich mich wirklich sicher fühlte. In gewissem Sinne, nach den Worten Jesu, ging ich zu dem Haus meines Vaters, wohin ich gehörte. Aber ich war ein Kind, ein Flüchtlingskind. Ich war ständig mit Heimatlosigkeit konfrontiert gewesen, seitdem ich vier Jahre zuvor unser Haus in Biram mit nichts außer einer Decke verlassen hatte. Obwohl ich mit meiner Familie in Gish lebte, sehnte ich mich nach einem Zuhause. Vielleicht könnte die Kirche dieses Zuhause für mich sein. Alles war so beängstigend, aufregend, riskant und verwirrend.

Heute liebe ich immer noch meine melkitische Kirche in Galiläa. Sie ist mir teurer als irgendeine Geliebte ihrem Geliebten. Mein Leben als Priester mit meiner Pfarrei, mit Christen in Ibillin und den anderen galiläischen Dörfern ist schön. Mein Leben als Geistlicher in unserer institutionellen Kirche ist jedoch eine tragische Geschichte von Enttäuschungen und aufeinanderfolgenden Schrecken und Skandalen.

Als Junge dachte ich, Priester müßten so mutig, mitfühlend, gut, rein und ehrlich mit anderen sein, daß Christus anwesend wird. Jetzt weiß ich, daß das Idealismus ist, doch ich kann nicht die Selbstsüchtigkeit, die Korruption und den Haß akzeptieren, deren ich als Priester in unserer institutionellen Kirche Zeuge geworden bin. Gott, wird unsere Kirche dieses Leid überleben? Was soll ich in deinen Augen tun? Ich fühle mich machtlos, dennoch möchte ich meinen Leuten und unserer Kirche so gerne helfen.

In den schlimmsten Momenten erinnerte ich mich an die Geschichte aus der Bibel, die Mutter über den verlorenen Sohn und seinen Bruder erzählte. Als Kind konnte ich mir jene beiden Jungen deutlich vorstellen, den einen mit einem Teil des väterlichen Vermögens davonlaufend und den anderen jammernd und klagend zu Hause. Ich weinte, als Mutter diese Geschichte erzählte; nicht wegen der beiden Söhne, sondern wegen des armen Vaters. Er war so gut, zu gut, um ihr Vater zu sein.

Als der verschwenderische Sohn zurückkehrte, rannte der Vater ihm entgegen, was ein Mann in unserer Gesellschaft selbst heutzutage nur in einem großen Notfall oder in einer Sache von großer Bedeutung tut. Der Junge verdiente die Aufmerksamkeit seines Vaters nicht; doch der Vater war nicht daran interessiert, Gerechtigkeit an seinem Sohn zu üben. Er ging vielmehr noch über Gerechtigkeit hinaus und brachte seine mitfühlende Liebe zu seinem verlorenen Sohn zum Ausdruck. Er wollte die Würde und die Ähnlichkeit des Sohnes mit dem Vater wiederherstellen. Als er seinen Sohn, innerlich und äußerlich so schmutzig, kommen sah, vergaß der Vater all die schrecklichen Sünden und kümmerte sich nicht darum, was der Sohn getan hatte, sondern um den Jungen selbst.

Das ist eine Vorstellung von Gottes Liebe zu allen Menschen, so unglaubwürdig das auch scheinen mag. Unser Leben wird nicht daran gemessen, was wir getan haben, sondern vielmehr an der Tiefe der Liebe Gottes zu uns und unserer Liebe zu Gott. Nichts geht über die Liebe und Gnade Gottes hinaus. Nichts. Nicht einmal meine arme Kirche.

Das Telefon klingelte. Als ich mich meldete, sprach ein Mann auf Hebräisch: »Sie haben doch keine Genehmigung für Ihre Schule, oder?« Ich erschrak. Es war Oktober 1983 und seit langem hatte niemand mehr die Genehmigung erwähnt. »Das ist richtig, wir haben keine Genehmigung.«

»Möchten Sie eine Genehmigung haben?«

»Ja, natürlich möchte ich eine Genehmigung haben.«

»Kennen Sie das Gesetz des Gebens und Nehmens?«

»Sicher. Das lernte ich, als ich den Talmud studierte.« Ich lernte auch noch etwas anderes, dachte ich. Vertrauen ist gut, Kontrolle ist besser! »Was wollen Sie?«

»Ich kann Ihnen eine Genehmigung bringen, wenn Sie mir eintausend amerikanische Dollar für meine eigene Tasche geben.«

In meinem Kopf rotierte es. Eine Genehmigung? Tatsächlich eine echte Baugenehmigung von der israelischen Regierung? Vertrauen ist gut, aber Kontrolle ist besser! »Zuerst möchte ich die Genehmigung sehen. Wenn sie echt ist, gehört das Geld Ihnen.«

»Einverstanden«, sagte der unbekannte Mann; Aufregung lag in seiner Stimme. »Wir werden uns in ein paar Tagen sehen. Halten Sie das Geld bereit.«

Wie benommen legte ich den Hörer auf. War das möglich? Gott, deine Wege sind rätselhaft, aber kann das der Weg sein, auf dem wir unsere Genehmigung bekommen? Und wo kann ich schnell eintausend Dollar auftreiben?

Während ich schnell zur Prophet-Elias-Schule hinauffuhr, machte ich mir einen Plan. Der einzige Weg, diese Summe Geld zu beschaffen, war, alle Schüler daran zu beteiligen und die Sammelaktion zu einer weiteren lehrenden Erfahrung zu machen. Ich war zwar zuversichtlich, daß die Schüler das Geld auftreiben würden, war aber unsicher, ob mein Anrufer in der Lage war, eine gültige Genehmigung zu beschaffen. An den beiden darauffolgenden Tagen sprach ich beinahe ständig zu Gott. Ich beobachtete ganz genau jedes Auto und jeden Fahrer, die am Pfarrhaus vorbei – oder den Berg des Lichtes hinauffuhren.

Am späten Nachmittag des dritten Tages traf der Mann in der Schule ein. Er war mir absolut unbekannt. Er blieb in seinem Auto und gab mir einen großen Umschlag. Ich zog die gültige Genehmigung heraus, mit dem Namen der Prophet-Elias-Schule, den offiziellen Stempeln und der erforderlichen Unterschrift; und alles war an der richtigen Stelle. Sie war hundert Prozent legal und ganz wunderbar. Dann händigte ich dem Mann einen großen Umschlag aus; er öffnete ihn und zählte schnell das Geld. Daraufhin fuhr er sofort davon. Ich habe ihn nie wiedergesehen.

Ich war Gott sehr dankbar für die Genehmigung, aber ich war auch traurig. Ich trauerte nicht den tausend Dollar nach. Meine Güte, das war nur Geld. Nein, es war das schreckliche Gefühl, in einer hilflosen, hoffnungslosen Situation mißbraucht worden zu sein. Wir waren dazu gezwungen worden, das heillose Geld zu zahlen, weil die Regierung alle legalen Wege blockiert hatte. Wieviel besser wäre es für unsere Schüler gewesen, etwas über ein gerechtes, demokratisches Rechtssystem zu lernen, als das Geld für eine Erpressung sammeln zu müssen.

Wir haben die Genehmigung, und das ist jetzt das Entscheidende, dachte ich, wo immer ich in dieser Welt hingehen werde, um die Geschichte unserer Schule zu erzählen, werde ich auch die Geschichte von der Eintausend-Dollar-Genehmigung erzählen.

An einem Nachmittag im Herbst 1983 riefen die Nonnen an, um zu sagen, daß sich eine Militärpatrouille genau vor dem Pfarrhaus befände. Dann hörte ich schwere, laufende Schritte draußen auf den Stufen, die zu meinem Appartment führten und daraufhin ein heftiges Klopfen an der Tür.

»Ja, kann ich Ihnen helfen?« fragte ich den bewaffneten,

israelischen Soldaten. »Abuna Chacour, ich muß schnell mit Ihnen reden, für den Fall, daß die anderen Soldaten hinaufkommen.« Der junge Mann mit dem schwarzen gelockten Haar und den wachsamen, braunen Augen trat ein und schloß die Tür hinter sich. »Sie erinnern sich nicht an mich, nicht wahr?« – »Nein, sollte ich?« Wie sollte ich diesen jungen Juden gekannt haben? Warum nannte er mich Abuna?

»Nein, nein, natürlich nicht«, sagte er, den Kopf schüttelnd. »Ich dachte nur vielleicht ... also, als ich ein kleiner Junge war, haben Sie mit mir gespielt. Sie und mein Vater waren Studienkollegen an der ›Hebräischen Universität‹.«

Natürlich! Dieser stramme Soldat war das kleine Kind, das ich so gern gehabt hatte in Jerusalem. Jetzt war er in der Armee und trug eine Uzi-Maschinenpistole. »Oh, mein lieber Junge, dein Name ist Gideon, nicht wahr?« – »Ja, Gideon, Abuna.« Wir umarmten einander, und ich dachte, ich müßte weinen.

Hier war dieses süße Kind, vollkommen erwachsen und erinnerte sich an mich. »Abuna, der mir vorgesetzte Offizier und andere Soldaten sind unten und möchten mit Ihnen reden. Ich habe mich freiwillig gemeldet, Sie herunterzuholen. Wir sind auf einer Routine-Patrouille und werden bald in den Libanon gehen. Ich war sehr aufgeregt, als ich hörte, daß wir nach Ibillin kommen würden. Ich erinnerte mich, von Ihnen Geschichten über das Dorf gehört zu haben. Plötzlich hatte ich den dringenden Wunsch, Sie zu sehen, Abuna, und Ihnen meine Gefühle mitzuteilen. Ich weiß von meinem Vater und weil ich Sie kenne, daß Palästinenser gute Menschen sind und nicht die Tiere, für die sie so viele meiner Freunde halten. Es wird von mir verlangt, daß ich in der Armee bin, Abuna, aber es ist mir so wichtig, daß Sie wissen, daß ich weder Sie noch irgendeinen Palästinenser hasse. Glauben Sie mir?« Die flehenden braunen Augen füllten sich mit Tränen. »Bitte glauben Sie mir!« – »Ja, natürlich, Gideon. Natürlich glaube ich Dir. Gott möge mit Dir sein und Dich beschützen.« Der junge Mann schlug noch einmal die Arme um mich, und seine Pistole stieß gegen meine Hüfte. Dann ließ er mich schnell los, trocknete seine Augen und öffnete die Tür. »Bitte, Abuna, Sie müssen mit mir nach unten kommen. Es wäre besser, wir würden uns nicht kennen.«

»Ja, natürlich.« Ich ging ihm voraus die zwei Stufen hinunter. Mehrere Soldaten warteten auf uns. »Hallo, die Herren. Was kann ich heute für Sie tun?« Nach kurzem Plaudern stellte ich fest, daß es in der Tat eine Routine-Patrouille war, wie Gideon es gesagt hatte.

KAPITEL 20

VERRATEN

»Was meinen Sie dazu, Abuna? Sieht das wie ein Fisch aus?«
Khalid kniete vor der Wand und zementierte kleine Stücke
aus braunem, gelbbraunem und schwarzem Marmor in die
Umrisse, die andere Schüler eingeritzt hatten. Ich ging ein
paar Meter zurück und prüfte das Mosaik aus der Distanz
genau. »Wenn Du den Schwanz beendet hast, wird es eindeutig ein Fisch sein, Khalid!«

Ich begleitete gerade eine kleine Gruppe von Gästen aus
England um das Schulgebäude herum. Wir blieben stehen
und schauten zu, wie Khalid und andere Schüler an dem
Brote- und Fischemosaik arbeiteten. Das war die neueste
Mosaikserie, die auf den Stützmauern, die den Parkplatz
hinter der Schule umgaben, entworfen und geschaffen worden waren.

Jetzt, im Sommer 1985, war das Friedenszentrum erbaut,
das sich anmutig an den Hügel schmiegte. Das Erdgeschoß
bestand aus einem nach außen offenen Parkplatz mit Bänken
vor der verzierten Stützwand. Über dem Parkplatz erhoben
sich zwei Geschosse mit Räumen, die für unsere Schule
schon von unschätzbarem Wert geworden waren. Zada lebte
in einer kleinen Wohnung im obersten Stockwerk auf derselben Höhe wie der Gästetrakt, den sie zusätzlich zu ihrer
Funktion als Aufsicht der Schulwartung betreute. Gäste begannen, zu unserer Herberge zu kommen. Zusammenkünfte
wurden einberufen, Diskussionen abgehalten. Man war dabei, die Bibliothek aus dem Gemeindezentrum in die Schule
zu verlegen. Und eine große Vielzahl von Aktivitäten fand
auf dem Berg des Lichtes statt.

»Das dominante Thema im Mosaik ist das Licht«, erklärte ich den Engländern. »Hier sind die Worte: ›Ihr seid das Licht der Welt‹, und hier sind Kinder auf dem Weg zur Sonne. Dort geht ein Mann mit einer Fackel aus Licht, ein Symbol für unsere Schule. Das ist ein Mosaik der Schule selbst. Und hier eine Darstellung des mächtigen Propheten Elias. Sehen Sie, wie er da sitzt, so schwach und demütig und blickt zu dem Raben hinauf, der ihm als Gabe Gottes Nahrung bringt. Wenn ein Prophet nicht von Gott, sondern nur von seiner eigenen Macht abhängig ist, so ist er kein Prophet mehr.

Wir alle sind arm und schwach. Gott allein vermag uns die Kraft zu verleihen, Haß und Bitterkeit zu überwinden. Nur Gott kann uns das Erbarmen schenken, mit dem wir unserem Feind vors Angesicht treten, alles daransetzen, um unseren Feind zum Freund zu gewinnen und einen Freund zum Bruder oder zur Schwester. Ohne Gottes Liebe und sein Erbarmen werden wir das Schwert ergreifen und den Feind umbringen.

Gott tötet nicht, meine Freunde. Gott tötet weder die Baalpriester auf dem Berge Karmel noch die Bewohner der alten Stadt Jericho. Gott tötet ebensowenig in den KZs der Nazis, den palästinensischen Flüchtlingslagern oder auf irgendeinem Schlachtfeld. Wo auch immer es zum Töten oder Unterdrücken kommt, sind wir es, die dies im Namen Gottes tun. Gott ist der erste Verfolgte und das erste Opfer unserer bösen Tat. Gott tötet nicht, sondern gibt vielmehr Leben. Gott vergibt und geht über Gerechtigkeit hinaus zu erbarmungsvoller Liebe. Genau das ist es, was mich mein Landsmann Jesus Christus lehrte. Er nämlich war bereit, gekreuzigt und getötet zu werden, um arme Sünder zu erlösen.«

Nachdem ich die Gäste in Zadas Obhut zurückgelassen hatte, stieg ich die Außentreppe des Friedenszentrums hinunter zu einem Raum im zweiten Stockwerk. Da war mein Vergnügen und meine Freude, die Grotte, die wir in den Berg des Lichts gegraben hatten.

Noch in der Zeit, als das Friedenszentrum erbaut wurde, bat ich den Bauunternehmer darum, eine Türöffnung in die Mauer dieses Raums zu schneiden. Als dann das Gebäude fertig war, begannen einige Schüler und ich, mit Hammer, Pickel und der bloßen Hand in den offenen Felsen hineinzugraben.

Nach einigen Monaten hatten wir eine wunderschöne Grotte gegraben, die so groß wie ein Raum war. An den abgerundeten Wänden entlang meißelten wir Bänke aus Stein, auf denen man sich zum Beten oder Nachdenken niederlassen konnte.

Die Tür aus dem Raum im Friedenszentrum führte nun direkt in die Grotte tief im Berg des Lichtes hinein. Die Grotte wurde mit einem kleinen Altar, Kerzen, Ikonen und Blumen ausgestattet. Die Außentür war niemals verschlossen. Bald entdeckten Lehrer wie Schüler, daß es ein wunderbarer Ort war, um ruhig zu sein und beten zu können. Nachdem ich die Kerzen in der Grotte angezündet hatte, setzte ich mich auf eine steinerne Bank, seufzte tief, schloß meine Augen und entspannte mich. Hier im Innern des Hügels war es vollkommen ruhig. Ich war allein mit meinem Landsmann und Freund.

Aus Protest hatte ich 1985 beschlossen, nicht an den jährlichen Priesterexerzitien in Nazareth teilzunehmen. Statt dessen entschied ich mich nach langen Stunden des Gebetes, die Sturmglocken wegen der explosiven und auch gefährlichen Situation in unserer Diözese zu läuten. Kirchengemeinden und religiöse Gemeinschaften in unserer Diözese überlebten nur, weil sie sich weigerten zu sterben. Wir hatten keine Entwicklungsprojekte, keinen Pastoralplan, nichts. Im Vertrauen äußerten Gemeindemitglieder und Priester kritisch Anfragen an die politische Zugehörigkeit des Bischofs und auch an seine pastorale und finanzielle Verwaltung der melkitischen Kirche in Galiläa. In seiner Gegenwart jedoch schmeichelten die Leute dem Bischof. Wieder einmal war ich nahe daran, wie Jeremias zu werden und meinen aktuellen Bischof öffentlich herauszufordern, so wie ich zwanzig Jahre zuvor Bischof Hakim herausgefordert hatte.

In einem Schreiben, das an den Bischof und die derzeitigen achtzehn Diözesanpriester gerichtet war, lobte ich zunächst die lokalen konstruktiven Bemühungen, die in Galiläa gemacht wurden. Dann schlug ich vor, unsere Ziele neu zu überdenken. »Welche Mission haben wir für diese gekreuzigte palästinensische Nation?« schrieb ich. »Sind wir ausschließlich dazu bestellt zu taufen, Hochzeiten und Beerdigungen abzuhalten, weil die Leute diese Rituale nicht haben können, wenn sie nicht durch unsere Hände vollzogen werden? ... Die Wahrheit ist, daß Macht und Herrschaft die bestimmenden Faktoren unter uns sind, anstelle von Wahrheit und Gerechtigkeit. Wir versuchen, diejenigen zu zerstören, die bemüht sind, für die Menschen etwas zu tun. Hassen wir nicht den, der nicht zu allem ja sagt? Und werden die spirituellen und materiellen Schätze dieser Diözese nicht eher nach außen getragen als zu den eigenen Kindern innerhalb der Diözese?«

Dann beschrieb ich die andauernden Mißverständnisse, die ich mit dem Bischof gehabt hatte und die sich verschlechternden Zustände, die ich in der Diözese beobachtet hatte. Schließlich rief ich die Priesterschaft auf, sich den Problemen zu stellen und fragte abschließend: »Wollen Sie mich ins Exil schicken, wie es zuvor mit den anderen Priestern geschehen ist?«

Der Brief war auf den 30. Juni 1985 datiert. Die Kopien steckte ich in verschiedene Umschläge, die ich an den Bischof und die verschiedenen Priester adressierte, die in Nazareth an den Exerzitien teilnahmen. Ich betete, daß meine Worte wie heilender Balsam und nicht wie eine tötende Bombe wirken würden.

»Axios, axios, axios. Er ist würdig; er ist würdig; er ist würdig.«

Diese anläßlich der Feier meiner Weihe gesungenen Worte verfolgten mich, als ich die Antwort auf meinen Brief erwartete. Bin ich würdig, Priester zu sein? Die alten Fragen kehrten zurück, um mich zu quälen. Ich war bloß Elias Chacour, ein gebrochener, sündiger Mensch wie alle anderen auch; ein gewöhnlicher Bauer aus Galiläa. Nun, da ich den Bischof und die Priester mit solch machtvollen Worten herausgefordert hatte, überfielen mich schmerzliche Zweifel. An Gott, dem erbarmungsvollen Vater, mußte ich nie zweifeln. Vielmehr zweifelte ich an meinem eigenen Urteilsvermögen, an der Weisheit und dem Vorgehen des Bischofs und der anderen Priester. Gleichzeitig war ich froh, weil ich mitten im Schmerz die Realität Christi erfuhr. Jesus Christus ist keine Idee, sondern eine Person. Er ist so lebendig und gegenwärtig.

Schmerz und Freude, Gegenwart Christi und Fernsein von meinen Priesterkollegen; all das war miteinander vermischt, als die frühen Julitage vorbeigingen! Ich konnte mir den Bischof mit den Priestern in Nazareth gut vorstellen. Wie sie miteinander beteten, aßen, diskutierten, dies und jenes taten. Hatten sie meinen Brief überhaupt erhalten? Was würden sie dazu sagen? Würde ich je eine Antwort bekommen oder würde ich für immer in den Bann des Vergessens geraten? Der Schmerz durchdrang meine Träume. Plötzlich war ich wieder im Jahre 1984, wo ich einen schrecklichen physischen Angriff durchlebte. Ziad, ein Mann aus Ibillin, brach gegen Mitternacht in mein Appartement ein. Er war zornig, betrunken, und seine Hände bluteten. Er hielt ein großes, schartiges Stück Glas fest gepackt und fing an, damit nach mir zu hauen. Ich wich dem Glas aus und rief Ziads Familie an. Der Mann fuhr fort, mich zu beschimpfen und malte die Schrecken aus, die mir widerfahren würden, wenn ich nicht dem Bischof gehorchte.

Endlich war er mit seiner Energie zu Ende und brach auf einem Sofa zusammen. Ich brachte ein feuchtes Handtuch, um seine blutigen Hände damit zu säubern, aber er warf es von sich. Bald traf Ziads Familie ein und überredete ihn, mit nach Hause zu kommen. Meine Vordertür war zertrümmert und blutbespritzt.

Gott sei Dank ist es nicht mein Blut, dachte ich inbrünstig. Jedoch mußten dem armen Ziad die Hände arg weh tun. Ich war mir sicher, daß der Angriff durch die Proteste ausgelöst worden war, die wir Priester über des Bischofs Verhalten bezüglich zweier Begräbnisse geäußert hatten.

1984 hatte sich eine große Tragödie in Deir Hanna, einem Dorf unweit von Ibillin, ereignet. Bei einem Autounfall war eine sechsköpfige melkitisch-katholische Familie ums Leben gekommen. Kirchliche Sitte, dörfliche Tradition und normales menschliches Einfühlungsvermögen schrieben die Anwesenheit des Bischofs der Diözese bei dem sehr großen Begräbnis in Deir Hanna vor. Unser Bischof jedoch mißachtete die Bedürfnisse seiner eigenen Gemeindemitglieder. Er nahm statt dessen am Begräbnis von Major Sa'ad Haddad teil, dem Marionetten-Befehlshaber der von den Israelis unterstützten christlich-libanesischen, phalangistischen Armee, der am selben Tag gestorben war.[1] Unser Bischof schloß sich bei der Beerdigung von Major Haddad den offiziellen Vertretern der israelischen Regierung an, darunter Yitzhak Shamir, Ariel Sharon, Moshe Arens und viele andere.[2]

Diese Tat des Bischofs wirkte nicht nur wie ein vernichtender Schlag in die Gesichter der trauernden Verwandten in Deir Hanna, sondern in die aller Melkiten in Galiläa wie auch aller Palästinenser. Major Haddad wurde von den Palästinensern als Erzfeind angesehen. Doch unser Bischof ließ seine eigenen trauernden Leute in Galiläa im Stich, um zum Begräbnis eines Majors Haddad zu fahren.

In diesem Falle waren alle Priester einig in ihrer Protesthaltung und drückten öffentlich ihren Ärger und ihre Unzufriedenheit über den Bischof aus. Als Folge davon erhielten einige Priester Drohungen. Ziad und seine Glasscherbe waren die Antwort auf meine heftigen Äußerungen gewesen.

Am 6. Juli traf ein dünnes Schreiben aus dem Bischöflichen Ordinariat mit der Post ein. Ich wollte es nicht öffnen. Indessen nahm ich es mit in die Kirche und legte es auf den Altar. Dann kleidete ich mich in meine priesterlichen Gewänder, feierte alsdann die Liturgie für mich allein, betete jedes Gebet und verrichtete jedes Ritual.

Als die Liturgiefeier beendet war, stand ich vor Gott am Altar. Herr, sei Du der Richter meiner Gedanken, wenn ich diesen Brief lese. Habe ich in der Sache unrecht, so wandle meine Gedanken und Einstellungen um. Wenn sich aber die anderen irren, so mögen wir alle uns bekehren und uns wandeln. Gott, ich weiß, daß es sich nicht um eine Angelegenheit des persönlichen Prestiges handelt, sondern vielmehr um die Befolgung der Botschaft Jesu Christi.

Schließlich öffnete ich den Brief und las die wenigen Zeilen. Jeder von mir gemachte Vorschlag war abgelehnt. Alles, was ich gesagt hatte, wurde als falsch erklärt. Ich starrte auf die Unterschriften. Jeder meiner Priesterkollegen hatte diesem kurzen Ablehnungsschreiben seinen Namen hinzugefügt. Nicht einer hatte sich zurückgehalten. Keiner sprach zu meinen Gunsten. Nicht ein einziger von ihnen. Sogar mein Freund von Kindheit an, Abuna Faraj, der jetzt fast vollständig verkrüppelt war, hatte mit seinem Namen unterzeichnet. Selbst der Name von Abuna Ibrahim, dem jungen, verheirateten Priester, den ich so sehr mochte, war darunter. Ebenso die Namen zweier Priester, ein Amerikaner und ein Holländer, die nicht einmal Arabisch lesen konnten und sich gewöhnlich aus diesen Diskussionen heraushielten.

Es war schlimmer, als ich erwartet hatte. Schmerzliche Verlassenheit überfiel mich. Laute Schreie quollen aus der Tiefe meines Herzens. Ich ergriff den Brief und eilte in die Grotte, wo ich endlich meinen Gefühlen freien Lauf ließ. Ich weinte laut und bat Gott darum, ihnen zu vergeben und mir zu helfen, ihnen auch vergeben zu können. Flehentlich bat ich Gott darum, unsere Kirche zu retten, betete für die Kinder, die Familien und die alten Leute.

Stunden später bat ich Gott um Frieden und die Kraft, allein weitermachen zu können. Jetzt hatte ich niemanden mehr, an den ich mich im Vertrauen wenden konnte, außer meinem Freund und Weggefährten. »Das ist mehr als genug«, sagte ich laut und blies die Kerzen aus.

Ich stürzte mich in meine Pfarrerspflichten in Ibillin und die Arbeit für das riesengroße Sommerlager. Aber nachts weinte ich oft wie eines der Kinder, das ich am Tag in meinen Armen gehalten hatte. Ich tat das einzige, was ich zu tun vermochte: Beten und Arbeiten. Traf ich meinen Vater und meine Geschwister, sprach ich mit ihnen so, wie wenn alles in Ordnung sei. Außer mit dem Sommerlager war ich mit Hochzeiten beschäftigt. Im Juli und August nämlich ist Hochzeitssaison in palästinensischen Dörfern, weil in dieser Zeit das Pflanzen vorüber und die Ernte noch nicht ausgereift ist.

Die Hochzeitszüge durch die Straßen des Dorfes sind immer wieder herrlich. Alle Paare, ob Muslime oder Christen, werden von ihren jeweiligen Häusern aus durch eine große, singende und tanzende Gruppe Dorfbewohner zur Zeremonie geleitet. Nach der Feier werden sie zum Haus der Eltern des Bräutigams zurückbegleitet. Insgesamt dauert die Zeremonie fast den ganzen Tag an. Manchmal finden vier oder fünf Hochzeiten in einer Woche statt. Nachts erinnerte ich mich an die wunderschöne Braut und den glücklichen Bräutigam, dankte Gott für ihr neues gemeinsames Leben und die Kinder, welche bald geboren werden würden. Dann schlichen sich schwarze Gedanken in mein Hirn.

Durch meine Weihe war ich mit der Kirche verheiratet.

Ich liebte sie, wollte ihr angehören und sie mir zugehörig wissen. Jetzt aber, in meiner andauernden Isolation und Verlassenheit, fühlte ich mich wie ein Mann, der eine sehr schöne Frau geheiratet hatte. Sie hatten prächtige Kinder bekommen. Er hatte viel gearbeitet, um seiner Familie das beste Leben ermöglichen zu können, das er ihr zu bieten vermochte. Er war sogar bereit, sein Leben für sie alle zu geben, und macht nach zwanzigjähriger Ehe die gräßliche Entdeckung, daß seine Frau eine Prostituierte war. Wieder einmal weinte ich und fühlte mich total betrogen.

Ilonka bot mir mehr Kaffee und Kanaafi an, d. i. ein süßes arabisches Dessert, das aus Zucker und Käse hergestellt wird. Dann wandte sie sich Faraj zu, der in seinem Rollstuhl saß. Sie hielt ihm die Teetasse an seine Lippen, so daß er die heiße Flüssigkeit schlürfen konnte. Eine kleine Portion des Desserts tat sie auf eine Gabel und reichte sie ihm. Er aß es und strahlte.

Was für ein Segen diese Australierin für Faraj ist, dachte ich zum hundertsten Male. Ohne sie, die ihm in allem behilflich war, wäre er nicht fähig, seine Arbeit fortzusetzen. Faraj und Ilonka wirkten zusammen mit einem kleinen Team in einer Schule, einem Center und führten eine Gästeherberge in Nazareth. In den frühen achtziger Jahren hatte Faraj mir von seinem Traum erzählt. Gemeinsam hatten wir dann finanzielle Mittel aufgetrieben, um das dreigeschossige Gebäude auf einem Hügel erbauen zu können. Jetzt liefen dort viele Programme, die Faraj als Priester aktiv hielten.

Als Ilonka das Geschirr gespült hatte, versprach sie, in der Nähe zu bleiben, falls Faraj sie brauchte und ließ uns dann allein.

»Wie geht es Dir, Elias? Ich will die Wahrheit von Dir hören. Faraj spricht mit Dir.«

»Ich bin beschäftigt. Es gibt natürlich viel in der Schule

und im Friedenszentrum zu tun. Ich war ziemlich oft auf Reisen und habe in Europa gesprochen.«

»Danach habe ich Dich nicht gefragt«, beharrte Faraj, dessen Atem in kurzen, ruckartigen Stößen ging. »Du bist immer beschäftigt. Aber wie geht es Dir?«

Ich seufzte schwer, wohl wissend, daß ich diesem Manne nichts verbergen konnte. »Nicht sehr gut, fürchte ich.«

»Erzähl' mir davon.« Farajs freundliche Augen wärmten mich innerlich auf. Die Tränen in meinen Augen waren nicht länger zurückzuhalten.

»Oh, Faraj, dieser Brief von Euch allen aus den Priesterexerzitien ist für mich schmerzlich. Ich wußte, daß der Bischof so reagieren würde; aber nicht, daß all die anderen Priester es ihm gleichtun würden; und besonders von Dir, mein Freund, hätte ich das nicht erwartet. Es tut so arg weh.«

»Hast Du deswegen meine Telefonanrufe oder Briefe nicht beantwortet?«

Ich nickte und traute mich nicht mehr zu sprechen. »Elias, laß mich Dir erzählen, was in den Einkehrtagen geschah. Deine Briefe trafen gegen Mitte der Woche ein. Aber der Bischof und seine Gehilfen enthielten sie uns vor bis zum Morgen unserer Abreise. Beim Frühstück stand einer der Freunde des Bischofs auf, um uns von Deinem Brief zu berichten und uns Kopien davon zu verteilen. Dann las er uns Deinen Brief laut vor, während wir frühstückten.

Sobald er damit zu Ende war, fügte er hinzu: ›Wir lehnen die Behauptungen in diesem Brief ab und haben schon ein Antwortschreiben an Abuna Elias vorbereitet. Wir bitten Sie alle, es umgehend zu unterzeichnen, solange Sie noch an den Tischen sitzen.‹ Also reichten sie den Brief herum und beobachteten jeden von uns beim Unterschreiben.«

Faraj hielt inne, um Atem zu schöpfen. Als er fortfuhr, schimmerten auch in seinen Augen Tränen: »Vergib mir bitte, daß ich unterschrieb, Elias. Ich war mir ehrlich nicht richtig im klaren darüber, was ich da unterzeichnete, weil alles so schnell ging. Aber ich hätte besser aufpassen sollen. Ich hätte Deinen Brief vorher selber gründlich prüfen und danach den Brief des Bischofs lesen sollen. Bitte, mein Freund, verzeih' mir bitte.«

»Du mußt mir verzeihen, Faraj. Ich hätte nie an Dir irre werden dürfen. Und ich hätte kommen sollen, als Du nach mir verlangtest.«

»Elias, viele Besucher kommen hierher. Und viele Priester nehmen sich Deinen Brief wieder vor, um ihn zu lesen. Sie fangen an, ihre eigenen Feststellungen und Klagen an den Bischof zu richten. Viele von ihnen befürchten sehr, daß Du die Diözese verlassen wirst und teilen das auch dem Bischof mit.«

»Sehr oft bin ich versucht gewesen, weit von hier wegzugehen und neue Arbeit zu suchen, Faraj«, antwortete ich. »Aber jedesmal, wenn ich entschlossen bin zu gehen, sage ich zu mir selber: ›Nein, Du wirst nicht untreu werden. Der Herr will, daß Du hier kämpfst, Reformen schaffst und Deinen Leuten Hoffnung schenkst.‹ Wenn das, was Du gesagt hast, wahr ist, könnten wir uns vielleicht als Priesterschaft für eine Reformierung der Zustände einsetzen und so unseren Pfarrgemeindemitgliedern Hoffnung geben.«

Faraj sah sehr müde aus, aber sein Gesicht leuchtete: »Wir werden das tun, Elias, und wir werden es gemeinsam tun! Du wirst es sehen!«

KAPITEL 21

LEBENDIGE STEINE

Anfang Oktober rief mich der Bischof an, um mir zu sagen, er habe Briefe von den Priestern erhalten und wolle nun die Klärung über meinen Brief vom 30. Juni herbeiführen. Die Priester hatten inzwischen die Stichhaltigkeit meiner Darlegungen anerkannt und fragten sich jetzt selbst, warum sie damals das Ablehnungsschreiben unterzeichnet hatten.

Ich setzte mich schnell an die Arbeit. Der neue Brief, datiert auf den 10. Oktober 1985, rief zu einer Reform der melkitischen Diözese auf. Folgende Änderungen schlug ich vor: Mehr Beteiligung der Pfarrgemeindmitglieder in den Bereichen der Verwaltung und des geistlichen Lebens der Kirche; Einrichtung eines Beratungsgremiums für den Bischof, das eine Hilfe in den sensiblen und bedenklichen Fragen der melkitischen Christen in Israel sein sollte; den Priestern bei Problemen der Amtsführung und im Bereich von Kommunikation und Beziehungen zu helfen. Den Bischof forderte ich auf, eine Haltung des Mutes anzunehmen und verpflichtete die Priester zur Kooperation bei dem Ziel, Reformen zuwege zu bringen.

Kopien des Oktoberbriefes wurden an alle Priester verschickt. Diesmal reagierten fast zwei Drittel von ihnen positiv. Der Brief wurde an den Patriarchen gesandt und auch im Rat des Bischofs verlesen. Dabei sollte ein Austausch über unsere Belange und die Möglichkeiten einer Reform erfolgen. Diese Treffen wurden in der Folge im Friedenszentrum in Ibillin abgehalten. Die Priester bemühten sich, Reformen auf Pfarrgemeindeebene voranzutreiben, aber von seiten des Bischofs wurde keinerlei Reformversuch in Angriff genommen. Bald wurde offenkundig, daß nur eine generelle Reform in der ganzen Diözese unsere enormen Probleme würde lösen helfen.

Im Januar 1986 schrieben zwölf Priester dem Bischof einen harten Brief, in dem sie ihm mitteilten, sie seien es leid, sich hinsichtlich der akuten Problemlage selbst zu betrügen. »Wir stecken unser Köpfe in den Sand, haben den Rücken entblößt, und die Leute machen sich über uns lustig. Es ist unmöglich, auf diese Weise weiterzumachen.« Sie erbaten höflich eine formelle Zusammenkunft mit dem Bischof, die gewährt wurde. Abuna Faraj war entschlossen, diesem Treffen beizuwohnen. Er konnte kaum seinen Kopf halten und sprechen, aber ich wußte, er wollte mir und allen Priestern seine volle Übereinstimmung mit unserem Ruf nach Reformen demonstrieren. Wir fuhren nach Haifa und trugen ihn in seinem Rollstuhl in die Bischöfliche Residenz. Er war schon erschöpft, als wir dort eintrafen.

Auch Abuna Ibrahim war erschienen. Seit Ende 1985 war meine Freundschaft mit diesem Priester aus dem Dorfe Makar gewachsen.

Mehr als zwei Stunden sprachen wir miteinander, erörterten die Lage, diskutierten mit dem Bischof über die Notwendigkeit von Reformen in der Diözese. Schließlich begann uns die ganze Hoffnungslosigkeit klar zu werden.

Faraj vermochte nicht einen von uns zu übertönen, ganz zu schweigen von vierzehn. Aber er deutete uns an, daß er zu sprechen wünsche. Wir brachten jedermann zum Schweigen und ermutigten den praktisch gelähmten Mann, uns mitzuteilen, was er zu sagen beabsichtigte. »Herr Bischof, seit zwei Stunden diskutieren wir schon mit Ihnen über Reformen und flehen Sie an, in eine andere Richtung zu gehen,« sagte Faraj mit gedämpfter Stimme und kurzen, atemlosen Sätzen. »Sie sind ein hoffnungsloser Fall. Von Ihrer Seite kommt nichts Positives. Sie sind wie Wasser, ohne Konturen, ohne Farbe, ohne Geschmack.« Abuna Faraj keuchte einige Augenblicke, um nach Luft zu schnappen. Im Raum war es still geworden bis auf sein schnelles Atmen. Der Bischof starrte seinen hilflosen Ankläger an. »Ich möchte Ihnen sagen, Bischof, daß ich nie wieder hierher komme, weil Sie für mich nicht Christus versinnbilden.« Ich war von Farajs Worten getroffen. Dieser nette, freundliche Mann, der so viel Liebe und Erbarmen ausstrahlte, hatte die Wahrheit so, wie er sie erlebte, ausgesprochen. Und das war vernichtend. Das Treffen war vorüber, und ich stellte eine seltsame Regung bei mir fest. Wenn ich auf den Bischof schaute, sah ich plötzlich, wie allein er war, ohne einen Freund im Raum.

»Laßt uns wenigstens als Brüder auseinandergehen,« sagte er lächelnd und steckte seine Arme einem unzufriedenen Priester entgegen. Dessen Antwort war sehr scharf: »Nein, umarmen Sie uns nicht wie Judas Christus umarmt hat. Wir mißtrauen Ihnen und können Christus nicht in Ihrem Angesicht erkennen. Sie täten besser daran, Ihre Koffer zu nehmen und von hier fortzugehen. Für uns repräsentieren Sie nicht mehr Christus.«

Der Bischof näherte sich den anderen Priestern, aber die Antwort war in jedem Falle die gleiche. »Nein, umarmen Sie uns nicht. Sie sind dessen nicht wert. Sie sind nicht wirklich der Bischof oder der Stellvertreter Christi.«

Ich kannte die Verlassenheit, welche der Bischof jetzt empfand. Ich hatte solche Verlassenheit erfahren, als ich die Unterschriften aller Priester sah. Aber dieser Mann erlebte die Ablehnung vor den Leuten selbst. Gott, wenn ich an seiner Stelle wäre, würde ich in Ohnmacht fallen und sterben.

Dann kam der Bischof auf mich zu, um mich zu umarmen. Ich faßte ihn an den Schultern an und sagte: »Vergessen Sie nicht, daß Sie der Bischof von ganz Galiläa sind. Wenn Ihr Kopf nicht fest auf Ihren Schultern sitzt, sind Sie verloren und wir mit Ihnen.« Auch ich wollte ihn mich nicht umarmen lassen. Ich fürchtete nämlich, daß er, wenn er mich jetzt umarmte, anderen berichten würde, alles sei zwischen uns geklärt, wohingegen in Wahrheit nichts geschehen oder überhaupt versprochen worden war.

In jener Nacht schlief ich nicht. Oh, Gott, betete ich. Nach all dem, was der Bischof mir angetan hat, bemitleide ich ihn sehr. Gib ihm Deine Gnade und Dein Erbarmen. Lindere seinen Schmerz. Nimm aber seine Blindheit weg, Herr, damit er erkennen kann, daß die Reformen wegen des Wohlergehens und Überlebens der melkitischen Kirche in Galiläa durchgeführt werden müssen.

»Willkommen in Rom, Father Chacour«, sagte der vatikanische Helfer, als er mein Gepäck ins Hotel trug. »Gegen ein Uhr werde ich wieder hier sein, um Sie zu dem Treffen zu bringen.« Ich war eingeladen worden, vor den römisch-katholischen Generaloberen zu sprechen, die weltweit für die verschiedenen katholischen Orden und religiösen Gemeinschaften zuständig sind. Rom bedeutete eine Zwischenstation auf meinem Flug von den USA nach Tel Aviv. Die Reise war lang und ermüdend gewesen. Aber ich freute mich, wieder nach Hause zurückzukehren. Von März bis Juni 1986 war ich Gastdozent für Theologie am McCormick Seminar in Chicago gewesen und auch in den Vereinigten Staaten umhergereist, um in verschiedenen Städten über den palästinensisch-israelischen Konflikt zu reden.

Seinen Worten getreu kehrte der Helfer am Nachmittag zurück und brachte mich zu einer sehr großen Halle, wo etwa 450 Generalobere und ihre Begleitung versammelt waren.

»Viele von Ihnen wissen um die Schande im Heiligen Land, nämlich die Sorgfalt, die Heiligengräbern und Kirchengebäuden gewidmet wird«, sagte ich. »Unsere römisch-katholische Kirche verwendet viel Zeit und Geld für die Instandhaltung der Steine an diesen Orten; und viele Priester,

Kirchenoffizielle und Touristen besichtigen sie, indem sie ihre Aufmerksamkeit auf die Gebäude richten. Ich bin ein Priester, ein Palästinenser aus Galiläa, und ich kümmere mich um die wahre Aufsicht des Heiligen Landes, seine lebendigen Steine, das sind die Menschen dort. Wir müssen uns viel stärker um die lebendigen Steine sorgen, die laut schreien, als um leblose Antiquitäten. Diese lebendigen Steine sind Gottes Kinder, geschaffen nach seiner Idee und seinem Abbild. Außerdem sind die Kirchengebäude und heiligen Gräber wertlos, wenn es im Land kein lebendiges christliches Zeugnis gibt, das zu berichten weiß, was mit Jesus Christus geschah und weiterhin geschieht.

Wir Christen, wir lebendigen Steine im Heiligen Land, fühlen oft, daß wir in Ihren Augen nicht existieren, die Sie sich so völlig auf leblosen Sand und die Steine der Heiligengräber konzentrieren. Was für ein Skandal ist das! Unser Herr Jesus Christus, der in Galiläa geboren wurde, zeigte uns immer wieder, wie sehr Gott die Menschen liebt, und sogar sein Leben hingibt, um sie zu erretten! Sind wir nicht angesprochen, mit unseren jüdischen Brüdern und Schwestern in einen wirklichen Dialog zu treten, um mehr Gerechtigkeit im sozialpolitischen Bereich zu erwirken?«

Dann sprach ich weiter über die Korruption der Kirchen in der reformierten, neu reformierten und noch nicht reformierten Christenheit des Heiligen Landes. »Eines unserer größten Probleme, das ich aufrichtig bedaure, besteht darin, daß bis auf wenige Ausnahmen die Männer in der christlichen Hierarchie im Heiligen Land Ausländer sind. Das schließt alle christlichen Kirchen ein. Ein libanesischer, syrischer, italienischer, deutscher, amerikanischer oder griechischer Bischof mag recht nett sein, aber er kann nicht richtig mit uns fühlen oder über die entsprechende Sensibilität für palästinensische Pfarrgemeindeglieder und Dorfpriester verfügen. Er kann unseren Schmerz, unsere Hoffnungen, unsere Träume nicht nachempfinden. Wir brauchen palästinensische Bischöfe.« Dann forderte ich die Generaloberen auf, die Worte Jesu in der Bergpredigt, angefangen bei den Seligpreisungen, ernst zu nehmen.

Meine Leidenschaft und Begeisterung wuchsen, und ein gewisser Kardinal entrüstete sich über meine Botschaft. Er stand auf, herrlich anzusehen in seiner roten Robe, und sprach mit lauter, gewaltiger Stimme.

»Father Chacour, ich möchte Sie unterbrechen und fragen, ob Sie – ja oder nein – in Gemeinschaft mit Rom sind.«

Die ganze Gruppe von Generaloberen erstarrte. Welche Antwort würde der palästinensische, griechisch-katholische Priester dem römisch-katholischen Kardinal geben?

»Eure Eminenz«, entgegnete ich und wählte meine Worte sehr sorgfältig auf Englisch, »Sie sind ein Prinz der heiligen Kirche Gottes und wissen noch nicht, daß ich nicht in Gemeinschaft mit Rom bin? Vielmehr befindet sich Rom in Gemeinschaft mit mir! Nichts begann in Rom. Alles begann in Galiläa. Ich will, daß Sie wissen, Eminenz, daß der Papst meinetwegen dort in diesem großen Gebäude sitzt. Ich bin nicht hier wegen des Papstes. Wir in Galiläa glaubten an das, was in unseren Straßen und in unseren Dörfern geschah. Und wir kamen nach Rom, um Ihnen von Jesus Christus zu erzählen, um Ihnen seine Botschaft zu sagen, um Ihnen Christus selbst zu bringen. Da wir Sie mit dem Mann und seiner Botschaft betrauten, Eminenz, bin ich nicht befugt zu fragen: ›Was haben Sie mit unserem Jesus Christus in der großen, heiligen Kirche Gottes, der römisch-katholischen Kirche, gemacht?‹ Reduzierten Sie ihn zu einem theologischen System, verringerten Sie ihn zu einer Sammlung christlicher Konzepte, einem Dogma, einer Theologie, einer Zivilisation? Was wurde aus meinem Landsmann in Rom? Sie sind in Gemeinschaft mit mir, Eminenz, und deshalb kann ich sagen, ja, ich bin in Gemeinschaft mit Ihnen.«

Die Generaloberen spendeten meinen Worten so laut Beifall, daß der Kardinal gezwungen war, sich zu setzen. Ich beabsichtigte nicht, ihn zu verwirren oder zu verletzen. Aber ich mußte die Wahrheit sagen. Meine Aussagen erschienen am nächsten Tag in der Vatikanischen Zeitung.

Das Flugzeug landete in Tel Aviv und rollte eine lange Strecke, ehe es stoppte. Wie gewöhnlich stiegen die Passagiere direkt auf dem Rollfeld aus, gingen zu bereitstehenden Bussen, die sie zur Ankunftshalle brachten. Und wie gewöhnlich wartete die Sicherheitspolizei, um Palästinenser von den übrigen Reisenden zu trennen.

Ein Polizist sah mich die Treppe hinuntersteigen und winkte mich zur Sicherheitsabteilung heran. Die Polizei beschlagnahmte meinen Paß, nahm mich mit zum ankommenden Gepäck in der Ankunftshalle, wies mich an, mein Gepäck abzuholen und dann zur Durchsuchung in den »Sonderraum« zu folgen.

Ich bin mit dem Sonderraum sehr vertraut, da ich ihn bei jeder Rückkehr nach Israel aufsuchen mußte, wie es jeder Palästinenser zu tun hat, der in das Land einreist. Der Raum ist finster und dunkel. Nur eine schwache Deckenbeleuchtung bringt Licht. Ein Tisch und sechs oder acht Stühle dienen als einziges Mobiliar.

»Sie kommen mit mir«, befahl ein junger Polizist. Ich folgte ihm aus dem Raum hinaus in eine kleine Zelle nebenan. Er durchsuchte mich sorgfältig und erteilte eine neue Order. »Ziehen Sie Ihre Schuhe aus.«

»Nein, ich will meine Schuhe nicht ausziehen«, sagte ich, entschlossen, meine Würde zu wahren, indem ich irgendwo eine Grenze zog, selbst wenn es bloß meine Füße und Schuhe betraf.

»Dann müssen Sie in den Raum zurück und warten.«

»Fein.« Ich setzte mich und las mein Buch. Diesmal hatte ich das Tagebuch der Anne Frank gewählt.

Fünfzehn Minuten später kehrte der Polizist zurück. »Sind

Sie bereit?« – »Ja, bereit wozu?« – »Ziehen Sie Ihre Schuhe aus.« – »Nein.«

Der Polizist schaute erzürnt drein, und ich wandte mich wieder meinem Buch zu.

»Was lesen Sie?« fragte er.

»Ich lese meine eigene Geschichte.« Ich fuhr fort zu lesen und blätterte eine Seite um.

»Was meinen Sie damit?«

»Die Geschichte jedes palästinensischen Mädchens ist wie die Geschichte der Anne Frank. Nur war Anne Frank im Unterschied zu ihnen fähig zu schreiben. Unsere Mädchen sind noch nicht dazu in der Lage, das schriftlich auszudrükken. Aber Sie lassen uns dieselbe Behandlung widerfahren.«

»Aber alles, was ich tun will, ist lediglich, Ihre Schuhe untersuchen.«

»Sie bekommen Sie unter einer Bedingung«, sagte ich. »Bringen Sie mir ein Blatt Papier und einen Stift. Ich will eine Beschwerde formulieren.«

»Gegen wen?«

»Gegen Sie. Ich will sie Ihrem Vorgesetzten übergeben.«

»Gut, Sie werden lange warten müssen, ehe Sie das erhalten.«

»Fein. Ich bin sehr damit beschäftigt, mein Buch weiter zu lesen.« Mittlerweile hatte ich längst den Punkt überschritten, mich darum zu sorgen, wie lange diese Scharade noch dauern würde.

Nach einer Weile tauchte der Polizist wieder auf. »Sind Sie bereit?«

»Nein, ich will jetzt Ihren Vorgesetzten. Ohne Ihren Vorgesetzten werde ich mich nicht von hier wegbewegen.«

Unterdrückte Menschen finden oft ein gewisses Maß an Freiheit und Befriedigung in scheinbar kleinen, unbedeutenden Dingen. Indem ich mein Recht geltend machte zu wählen, mit wem ich sprechen wollte, und ob ich freiwillig oder nicht aus dem Raum gehen würde, fühlte ich mich nicht länger wie ein Gefangener. Jetzt war es das Problem des Polizisten.

»Ich habe viel Zeit«, sagte ich. »Ich möchte dieses Buch beenden.«

Endlich brachte der Polizist seinen Vorgesetzten mit, einen älteren, kahl werdenden Mann.

»Was wollen Sie?« fragte der ältere Beamte.

»Dieser Mann will meine Schuhe haben, aber ich will ein Blatt Papier und einen Stift, um eine Beschwerde gegen Sie zu schreiben. Wenn ich das getan habe, werden Sie meine Schuhe bekommen.«

»Bring das Papier und den Stift«, befahl der Obere.

Ich legte mein Buch beiseite und schrieb folgende Sätze: »Ich bin so traurig, daß die israelischen Autoritäten sich vor meinen Schuhen fürchten. Ich werde noch trauriger, wenn ich sehe, daß Israel fünf Polizisten für jeden Palästinenser bereitstellt, der durch den Flughafen kommt. Sie werden schließlich nicht genügend Polizei haben, um die Palästinenser beobachten zu können. Wenn Sie wirklich Frieden und Sicherheit wollen, sollten Sie lieber jedem Polizisten im Flughafen den Auftrag geben, die Freundschaft von fünf Palästinensern zu gewinnen. So werden Sie sicher, geliebt und respektiert sein.« Ich unterzeichnete das Papier und händigte es dem Beamten aus.

Der las es, starrte mich einige Augenblicke an und schlug dann mit dem Paß auf den Tisch. »Wir wollen Ihre Schuhe nicht. Verschwinden Sie von hier.«

»Vielen Dank, mein Herr.« Ich ließ mein Buch und meinen Paß in meine Aktentasche gleiten, ergriff mein Gepäck und ging hinaus.

Im Dezember 1986 reiste ich nach Houston, Texas, um einen Friedenspreis zusammen mit meinen palästinensischen Freunden aus der Westbank, den Rechtsanwälten Rajah Shehaded und Jonathan Kutteb, entgegenzunehmen. Ihnen wurde die Anerkennung verliehen, für die Errichtung einer Menschenrechtsorganisation »Law in the Service of Man« (Das Gesetz im Dienst des Menschen) in Ramallah und dafür, daß sie einzelnen Menschen dabei geholfen hatten, Gerechtigkeit unter der israelischen Militärbesatzung zu erlangen.

Meine eigene Anerkennung erhielt ich für die von mir erbauten Schulen und Bibliotheken in Galiläa, die Kindersommerlager und verschiedene Friedensseminare, an denen jüdische und palästinensische Schüler über die Prophet-Elias-Schule teilgenommen hatten. Ich bekam eine Auszeichnung von Mrs. Dominique de Menil in Rothko Chapel. Die Bürgermeisterin von Houston, Kathryn Whitmire, erklärte den 11. Dezember 1986 zum Tag der Solidarität mit Palästinensern und der Würdigung von uns dreien, die wir Bemühungen gemacht hätten, um kooperative, gewaltfreie Alternativen zum palästinensisch-israelischen Konflikt zu entwickeln.

Bei dieser Gelegenheit genoß ich den Vorzug eines gemeinsamen Mahles und Besuches beim früheren amerikanischen Präsidenten Jimmy Carter mit Erzbischof Desmond Tutu, dem anglikanischen Priester aus Südafrika und Nobelpreisträger, der am folgenden Tag sprach.

»Father Chacour«, sagte der Erzbischof während des Essens, »gemäß dem, was Sie mir gesagt haben, erscheint mir Ihre Situation in Israel teilweise schlimmer als unsere in Südafrika zu sein.«

»Warum? Was veranlaßt Sie das festzustellen?«

»In Südafrika werden Schwarze unterprivilegiert. Als eine Art bewußte Politik behalten sich die Weißen selbst Privilegien vor. Und wir Schwarzen haben den Status von Bürgern zweiter Klasse. Aber die Weißen brauchen unsere Arbeit. In Ihrer Situation hingegen scheinen jüdische Israelis Sie als entbehrlich anzusehen, wollen Sie aus dem Land weghaben, wohin auch immer Sie gehen.«

Auch Jimmy Carter war von der palästinensischen Situation betroffen.

»Father Chacour, was kann ich für Sie tun?« fragte er.

»Mister Carter, haben Sie leichten Zugang zum Weißen Haus?«

»Ja, relativ leicht.«

»Gut, warum suchen Sie nicht Präsident Reagan auf und bitten ihn, damit aufzuhören, Waffen und Dollars in den Mittleren Osten zu verschiffen? Sollte er eine Art Krankheit haben, die ihn zwingt, etwas zu versenden, so bitten Sie ihn doch darum, Israel 1000 Kopien Ihrer Verfassung zuzusenden, damit wir lernen können, in einer demokratischen, pluralistischen und menschlichen Gesellschaft zu leben.«

In der weiteren Unterhaltung stellte ich dem früheren Präsidenten eine Frage, die mich beschäftigt hatte. »Präsident Carter, Sie äußern sich jetzt sehr offen zur Palästinenserfrage. Warum taten Sie das nicht ebenso, als Sie die Macht als Präsident in Ihren Händen hielten?«

»In meinem zweiten Monat im Weißen Haus sprach ich mich für ein palästinensisches Heimatland aus. Auch sehen die Übereinkommen von Camp David einen Übergangsrahmen vor. Wenn ich jetzt in den Mittleren Osten reise, kann ich Palästinensern viel freier begegnen und ihre Notlage kennenlernen.«

»Ich hoffe, daß Sie Ihren Mut behalten, sich offen zu äußern«, sagte ich.

KAPITEL 22

GEKREUZIGT IN GAZA

Knackende und krachende Geräusche im Garten hinter dem Friedenszentrum weckten mich auf. Es war fünf Uhr an einem Sommermorgen 1987. Die schwarzen Ziegen waren wieder da.

Ich zog mich an und eilte in meinen geliebten Garten. Wir hatten an der Hügelseite eine flache Fläche gestaltet, guten, dunklen Boden darauf befördert und so einen perfekten Ort geschaffen, um Obstbäume, Wein, Gemüse und Blumen anzupflanzen. Jeden Morgen und Abend besuchte ich meine Zitrus- und Olivenbäume, wässerte sie, untersuchte sie und sprach mit ihnen. Manchmal zog ich sogar ein bißchen daran, um sie zum Wachsen zu ermutigen. Die Bäume waren wie meine Kinder.

Schwarze Ziegen gehen überall hin, um Nahrung zu suchen; sie versuchen selbst, auf Bäume zu klettern. Unser Nachbar in der Nähe des Friedenszentrums besaß schwarze Ziegen; und mein Garten war schon oft von ihren morgendlichen Plünderungen heimgesucht worden. Kurz nachdem ich zarte, junge Bäume gepflanzt hatte, mußte ich entdecken, daß sie abgefressen worden waren. Ruhig näherte ich mich einer kleinen Ziege, die eifrig dabei war, an einem Baum zu kauen. Ich packte sie an ihren Hörnern und schrie: »Geht weg hier! Raus!« Die anderen Ziegen rannten davon, aber meine Gefangene hielt ich fest. Die Ziege meckerte und leistete meinen Anstrengungen Widerstand, als ich sie durch das Ende des Friedenszentrums, die beiden Außentreppen hinunter nach unten zum Parkplatz zog.

Margie und Tony Sullivan, Gäste aus Michigan, erschienen im Bademantel auf dem Balkon. Sie sahen staunend zu, wie ich die Ziege in einem Lagerraum neben der Treppe gefangensetzte und mit Zinderblöcken den Ausgang absperrte. Ich brachte Wasser und Brot, aber die Ziege meckerte empört ununterbrochen weiter.

»Abuna, was um Himmels willen geht hier vor?« rief Margie Sullivan. »Diese Ziege und ihre Verwandten haben immer wieder meine Bäume abgefressen. Jetzt nehme ich diese Ziege als Geisel«, erwiderte ich und schloß mich ihnen auf dem Balkon an. »Eine Geisel? Sie haben eine Ziege als Geisel genommen?« Tony konnte es nicht glauben. »Sie sind mit Recht verärgert. Aber warum strafen Sie diese Ziege speziell? Ist sie daran schuld?« Margie wußte nicht, ob sie ernst oder humorvoll reagieren sollte. »Nicht mehr als der Polizeihund, welcher auf den Befehl eines Polizeioffiziers hin beißt«, entgegnete ich, »aber was ist mit mir? Bin ich schuldig, weil ich meine Bäume beschütze? Die Ziegen wissen es nicht anders, aber die Besitzerin wird es verstehen. Sie läßt ihre Ziegen frei laufen, und so habe ich eine davon gefangengenommen, bis sie kommt.«

Binnen einer Stunde hatten schon Abuna Awad, der Dorfvorsteher, die Direktoren aller Schulen und verschiedene Freunde und Verwandte frühmorgendliche Telefonanrufe von der Ziegenbesitzerin erhalten.

»Kommt und seht!« schrie die Frau. »Abuna Elias nahm meine Ziege als Geisel, und er wird die Ziege der Polizei übergeben. Meine Ziege wird sterben, weil die Polizei sich nicht um sie kümmern kann. Bitte, schreiten Sie doch ein und befreien Sie meine Ziege!«

Um acht Uhr kamen Abuna Awad und ein anderer Mann, um über die Befreiung der Ziege zu verhandeln. Das Tier schrie immer noch unterhalb der Treppe. »Abuna Elias, was ist los? Warum haben Sie diese Ziege als Geisel genommen?«

Abuna Awad konnte nicht aufhören zu lachen.

In aller Ernsthaftigkeit erzählte ich ihnen meine Geschichte, daß die Ziegen unzählige Male meine Bäume abgefressen hatten. »Geht, bringt mir die Summe Geldes, die ich für meine Bäume bezahlte, oder bringt mir neue Bäume, und dann will ich auch die Ziege wieder freilassen.«

Immer noch lachend ging Abuna Awad wieder fort.

»Die Ziegenbesitzerin ruft jedermann an, den sie kennt, beschimpft mich und macht alle möglichen Anschuldigungen«, sagte ich zu den Sullivans und anderen, die sich nun versammelt hatten. »Ich bin derjenige, welcher Bäume und Geld verloren hat, und dennoch bin ich es, den man verleumdet. Sie wollen, daß die Ziege freigelassen wird, aber in Wahrheit werde ich befreit sein, wenn alles vorbei ist.«

»Was wird nun geschehen, Abuna?« fragte Margie.

»Jetzt werden sie wahrscheinlich versuchen, durch eine List oder eine militärische Operation die Ziege zu befreien«, prophezeite ich.

Tatsächlich erspähten wir bald den zwölf Jahre alten Sohn der Ziegenbesitzerin, der auf Händen und Knien den Hügel hinunterkroch. Als er die Ziege erreicht hatte, entfernte er sorgfältig die Zinderblöcke.

»Was machst Du da?« rief ich, und der Junge rannte weg. Die Geiselziege war frei und hatte mit Meckern aufgehört, lief aber nicht weg.

»Vielleicht ist dies das Geiselsyndrom«, lachte ich, »und die Ziege fühlt sich jetzt hier wohler als zu Hause.«

Am späten Vormittag erschien die Ziegenbesitzerin, bereit zum Verhandeln. Wir kamen folgendermaßen überein: Sie würde in Zukunft ihre Ziegen von meinem Garten fernhalten und mich für die Bäume entschädigen, wenn sie die nötigen Geldmittel dazu hätte. Obwohl ich wußte, daß ich das Geld nie sehen würde, ließ ich meine Geisel frei. Die Ziege schrie und schrie, als die Besitzerin sie wegführte. Als wir zu Mittag aßen, diskutierten die Sullivans, einige andere Gäste und ich die Ereignisse am Morgen miteinander.

»Dies hat sich als perfektes Beispiel für das erwiesen, was die Welt als Terrorismus bezeichnet, die Vermischung von soviel Bösem, eines aufgeschichtet auf dem anderen«, sagte ich. »Denken Sie nach. Wer war hier der wirkliche Terrorist? Ich, die Ziege oder die Ziegenbesitzerin?«

»Die Ziegenbesitzerin«, meinten einige Anwesende übereinstimmend.

»Stimmt genau. Sie war überhaupt nicht auf mich oder meinen Garten bedacht, sondern tat, was sie wollte. Ohne Beaufsichtigung ließ sie ihre Ziegen umherstreifen und fressen. Der Garten und die gefangene Ziege waren Opfer. Der Garten war fast zerstört und die arme Ziege die erschrockene Geisel. Ich wurde terrorisiert und fürchtete täglich um meinen Garten. Dann wurde mein Ruf durch die wirkliche Terroristin zerstört. Jeder sah mich als Terroristen an, obwohl ich die ganze Zeit terrorisiert worden war.

Es ist in der Tat nicht richtig, diejenigen anzuklagen, die Geiseln von wirklichen Terroristen nehmen. Natürlich will ich die Geiselnahme nicht rechtfertigen. Aber allzu oft denken wir, die wir diese Ereignisse beobachten, nur an Politik und das akute Problem. Wir mißachten oder übersehen die Geschichte und Realität der Situation, die immer eine Unterdrückung einer Gruppe von Menschen berührt. Wann immer wir die Unterdrückten in eine Situation von Verzweiflung und Hoffnungslosigkeit drängen, zwingen wir sie, zurückzuschlagen mit unseren eigenen ablehnenden Methoden. Wie Sie heute beobachteten, kann der sogenannte Terrorist sehr wohl selbst der eigentlich Terrorisierte sein. Wenden Sie das bitte auf die Palästinenser an.«

Rabbi Kahane und seine Freunde stürmten im September 1987 nach Biram und erfüllten die Herzen der ehemaligen Bewohner und ihrer Kinder mit Schrecken. Rabbi Kahane und die israelische politische Partei Kach, an deren Spitze er stand, waren berühmt für ihre extremistischen, rassistischen Ansichten und Handlungen in bezug auf arabische Palästinenser in Israel und dem besetzten Palästina. Rabbi Kahane und Kach sahen die Vertreibung arabischer Palästinenser aus ganz Israel, der Westbank und Gaza als eigentliche Lösung des arabischen Problems an, wobei Erez Israel, Großisrael, nur den Juden vorbehalten sein soll.[1] Rabbi Kahane würde mit dieser Plattform 1984 in die Knesset gewählt. Daher genoß er 1987 Schutz für die Durchführung seiner Aktionen.

Während ihrer Rasereien schrieben Rabbi Kahane und seine Bande Mitteilungen an die Mauer der Kirche von Biram, die besagten: »Wir werden es Euch lehren, Ihr Leute von Biram, daß Ihr keine Berechtigung zur Rückkehr habt.« Sie zerstörten alle Kreuze, die auf den überwölbten Torwegen und Türöffnungen noch teilweise stehender Häuser eingemeißelt waren. Die Kreuze an der Kirche waren schon zertrümmert worden. Unter dem Schutz der Polizei brachten Rabbi Kahane und seine Leute eine Planierraupe mit und vernichteten das von den Bewohnern von Biram während ihrer Sommerlager verrichtete Werk, einschließlich der teilweise wiedererbauten Schule. In dem Tumult wurde auch der durch die Bäume zur Kirche führende Schmutzpfad zerstört. Während des Sommerlagers 1987 hatten die Kinder in Biram ihn sorgfältig gesäubert und mit kleinen Kieselsteinen eingefaßt.

Rabbi Kahanes Angriff zerschmetterte auch die zarte Hoffnung und das zerbrechliche Vertrauen, das die Leute von Biram hatten zu fühlen begonnen. Zweifellos beabsichtigte der Angriff genau das. Slogans schreiben, Gebäude beschädigen und eine teilweise wiederaufgebaute Schule niederwalzen, all das sind dumme Handlungen, die in und für sich selbst wirkungslos sind. Sie zielen darauf ab, eine wichtigere Botschaft mitzuteilen, wer nämlich der Herr und wer der nichtgewollte Sklave ist.

Wir werden mit dem Wiederaufbau unseres Dorfes fortfahren. Außerdem werden wir niemals weggehen, selbst wenn Extremisten versuchen sollten, uns zu töten. Wenn sie uns töten, werden wir auf immer hier bleiben, begraben in unserem geliebten Land. Wir wollen auch nicht, daß die Juden weggehen, selbst die nicht, welche erst kürzlich aus Europa, der Sowjetunion und den Vereinigten Staaten eingewandert sind. Wir wollen, daß sie mit uns in unserem Heimatland bleiben und die Schönheit Palästinas genießen. Wie könnten wir eigennützig sein, wenn wir Palästina lieben? Wir können nur unsere Liebe teilen, und so kann unsere Liebe dauern.

»Khader nahm sein Fahrrad und fuhr fort, um etwas Obst und Brot für die Familie einzukaufen, Abuna. Als er feststellte, daß die Läden geschlossen waren, suchte er einige Freunde in der Altstadt von Gaza auf, wo wir früher gewohnt haben. Die Leute sagten, die Geschäfte würden wahrscheinlich am Nachmittag wieder öffnen.«

Khaders Mutter war von Verwandten und Freunden in ihrem Wohnzimmer umringt, als sie ihre Geschichte erzählte. Mein Herz war schwer, weil ich schon das Ende dieser Geschichte kannte. Khader Elias Tarazi, 19 Jahre alt, wurde am 8. Februar 1988 getötet, am 9. Februar für tot erklärt und am 10. Februar beerdigt.[2] Er ist der erste christliche Märtyrer im Gazastreifen während der Intifada.

Im Dezember 1987 hatte der Kampf um Freiheit, als Intifada bekannt geworden, in der Westbank und im Gazastreifen begonnen; das sind Gebiete des ursprünglichen Palästina, das seit 1967 unter israelischer Militärbesatzung steht. Intifada ist ein arabisches Wort, das wörtlich »abschütteln« heißt, etwas Ungewolltes loswerden. Im Evangelium hören wir Jesus zu seinen Jüngern sprechen, sie sollten den Staub von ihren Füßen schütteln, wenn ein Haus oder Dorf entweder sie selbst oder ihre Lehre nicht annähme. In den

Medien wird die Intifada oft bezeichnet als Aufstand oder Rebellion.

Die richtige Definition des »Abschüttelns« ist viel eher anwendbar auf das, was in der Westbank und im Gazastreifen geschieht. Nach mehr als zwanzig Jahren israelischer Militärbesatzung sagen die 1,5 Millionen Palästinenser, die in diesem Territorium leben, zu Israel: »Genug! Wir sind nicht länger mit dem Zustand der Besatzung einverstanden. Wir haben nicht nur unser Land, unsere Häuser, Arbeit und Familien verloren, sondern auch unsere Würde und unsere Zukunft. Wir wollen diese Besatzung abschütteln, sie und die ganze Welt wissen lassen, daß wir unsere Freiheit wollen.« Kinder, die während der Besatzung geboren und aufgewachsen sind, ergreifen die Führung. Sie ergreifen das Land selbst, um ihren Unwillen und ihre Weigerung, den Status quo zu akzeptieren, auszudrücken. So werfen sie Steine auf die unerwünschten, unwillkommenen israelischen Soldaten, die mit hochentwickelten Waffen ausgerüstet sind. Die Soldaten behaupten, daß ihr Leben in Gefahr sei, schlagen und schießen auf die jungen Leute. Hunderte von Palästinensern sind getötet worden, Tausende verwundet und Unzählige gefangen genommen worden.

Khader Tarazi hatte die Höhere Schule abgeschlossen und stand vor der Entscheidung, was der nächste Schritt sein würde. Er konnte zu Hause bleiben, in seines Vaters Juweliergeschäft arbeiten und das Gewerbe erlernen oder an eine Universität gehen. Auf jedem Weg war die wirtschaftliche Situation düster. Wie für jeden anderen palästinensischen Teenager, der unter der Besatzung lebte, waren seine Zukunftschancen trübe. Im März 1988, drei Monate nachdem die Intifada begonnen hatte, wurde ich mit einer kleinen Gruppe aus Beobachtern von der Päpstlichen Mission (Pontifical Mission) in Jerusalem eingeladen, in den Gazastreifen zu fahren. Unser Ziel bestand darin, Leuten, welche als die Familien von Märtyrern bezeichnet werden, Trost zu bringen, ihre Geschichten anzuhören und, was das Wichtigste ist, ihnen unsere menschliche Nähe, Aufmerksamkeit und unseren Beistand zu geben.

Der Gazastreifen ist etwa 45 Kilometer lang und 8 Kilometer breit. Dieses Gebiet wurde 1948 künstlich geschaffen und unterstand bis 1967 ägyptischer Herrschaft. Danach gerieten der Gazastreifen und die Westbank unter israelische Militärkontrolle, wurden nie annektiert, sondern nur besetzt. Die Bewohner verfügen über keine bürgerlichen Rechte, müssen jedoch Steuern entrichten. Bis zur Intifada bezahlten die Palästinenser in den besetzten Gebieten buchstäblich ihre eigenen Besatzungskosten.[3] Nun werden Steuern schon vorenthalten und auch andere gewaltfreie Protestmaßnahmen eingesetzt. Der Gazastreifen ist eines der dichtbesiedelsten Gebiete in der Welt mit gut mehr als 600 000 Palästinensern, die hier auf engem Raum zusammengepfercht sind.[4] Mehr als 70 Prozent der Menschen sind Flüchtlinge. Die meisten von ihnen leben in acht Flüchtlingslagern. Und wie in Galiläa auch sind etwa 50 Prozent 14 Jahre alt oder noch jünger. Das aber heißt, sie haben kein anderes Leben kennengelernt als das der verhaßten, israelischen Militärbesatzung.[5]

Wir fuhren die Hauptstraße entlang und gelangten zur Stadt Gaza. Es war kein Tag des Ausgehverbotes oder Streiks, so daß die Menschen unterwegs waren, um Nahrungsmittel und Waren zu kaufen, solange sie das tun konnten. Soldaten, Jeeps... Maschinenpistolen, Panzer, Tränengasgewehre und Kanister waren überall zu sehen. Ich fühlte mich von dem Militarismus und der Furcht unterkühlt. Wir verbrachten den Tag damit, in die Häuser von sechs Familien zu gehen. In jeder Familie gab es einen Märtyrer, ein Kind oder einen Teenager, der getötet worden war. Alle Familien wußten ihre Geschichten zu erzählen. Es war einer der herzzerreißendsten Tage meines Lebens, weil ich Menschen hörte, sah und fühlte, die in solch tiefer Qual waren. Durch sie erlebte ich die Pein selber und weinte mit ihnen über ihren schrecklichen Verlust. Trotz des Schmerzes oder vielleicht gerade deswegen war jede Familie davon überzeugt, die Besatzung müsse ein Ende nehmen, und die Intifada sei der Weg, dies zu erreichen.

Am frühen Nachmittag kamen wir zum Haus der Tarazi. Das Haus liegt in der Stadt Gaza, nicht in einem Flüchtlingslager, weil die Familie Tarazi aus Gaza selbst stammt. Sie sind römisch-katholische Christen und eine der wenigen noch in Gaza verbliebenen christlichen Familien. Der Vater und die Mutter hießen uns in ihrem Haus willkommen und boten uns Kaffee und Obst an. Khaders Mutter, die einen Unversitätsabschluß hat, erzählte uns die Geschichte ihres Sohnes und zeigte uns sein Bild.

Als Khader seine alte Nachbarschaft besuchte, befand er sich plötzlich mitten in einem Scharmützel zwischen israelischen Soldaten und jungen Palästinensern. Zeugen berichteten später Khaders Eltern, daß der Sohn keine Steine geworfen, sondern versucht habe, schnell dem Tumult zu entkommen. Er floh in das ihm vertraute Haus von Umm Issam, einer Freundin der Familie, die ihn unter ihrem Bett versteckte. Vier Soldaten zertrümmerten die Tür, durchsuchten das Haus und entdeckten Khader unter dem Bett. Sie schlugen ihn mit Knüppeln und mit ihren Gewehrkolben ... Umm Issam, etwa 65 Jahre alt, schrie und versuchte, dem jungen Mann zu helfen. Aber auch sie wurde geschlagen und schwer verletzt.

Einer der Soldaten, offensichtlich blind vor Wut, hob Khader über seinen Kopf und knallte ihn auf den Boden hin. Wie Umm Issam berichtete, lag Khader bewegungslos. Blut strömte aus Augen und Mund, während noch ein anderer Soldat ihm in die Genitalien trat.

Dann wurde Khader aus dem Haus geschleift und mit

dem Gesicht nach unten auf das Verdeck des Jeeps geworfen. Sein Kopf hing über die Vorderseite hinunter, und seine Füße waren von der Windschutzscheibe gerade nach hinten gerichtet. Seine Arme waren nach außen gestreckt und in einer Kreuzigungsposition festgebunden. Und wieder begannen die Soldaten, ihn zu schlagen, wie von einer großen Menge von Leuten bezeugt wurde, die sich nun versammelt hatte. Blut quoll aus seinem Mund und seiner Nase und lief an der Vorderseite des Jeeps hinunter. Zu diesem Zeitpunkt war Khader wahrscheinlich schon tot. Die Soldaten fuhren dann weg und hatten den jungen Mann noch immer an der Vorderseite des Jeeps festgebunden.

Anscheinend fuhren die Soldaten noch eine lange Zeit mit Khader auf dem Jeep und schlugen immer wieder auf ihn ein. Die Eltern, welche von Freunden und Verwandten benachrichtigt worden waren, versuchten, ihren Sohn ausfindig zu machen. Sie kontaktierten das Rote Kreuz und Vertreter der UN in Gaza, suchten die Polizei und Inhaftierungszentren auf. Die einzige erhaltene Information lautete, Khader werde »in Haft« behalten.

Am Dienstagmorgen, dem 9. Februar, wurde einem Verwandten der Tarazi von einem israelischen Militäroffizier mitgeteilt, Khader sei tot. Keine weitere Information wurde gegeben. Die unmittelbare Familie wurde offiziell nicht benachrichtigt. Die Eltern gingen zu den israelischen Militärhauptquartieren, um zu erfahren, wo Khaders Leiche zu finden sei. Nach einer sehr langen Wartezeit sagte ein Offizier, Khader sei an einem »Herzschlag« gestorben, und seine Leiche befinde sich im Regierungskrankenhaus in Beersheba, 50 Kilometer entfernt im Landesinnern Israels. Alles, was die Familie jetzt wollte, war ein christliches Begräbnis, um die Leiche ihres Sohnes würdig zu beerdigen.

Am Mittwochnachmittag, dem 10. Februar, begannen Leute, sich in der römisch-katholischen Kirche zum Begräbnis zu versammeln. Aber das Militär verzögerte die Freigabe von Khaders Leiche. Als die Leiche schließlich eintraf, untersuchte sie ein Verwandter der Tarazi, ein Arzt aus einem Krankenhaus in Gaza. Khaders Rücken war gebrochen, desgleichen sein rechter Vorderschädel, Knochen in jedem Arm und die rechte Hand. Am ganzen Körper waren viele Fleischwunden. Innere Verletzungen konnten nicht festgestellt werden. Offensichtlich war eine Autopsie vorgenommen worden, wie eine lange Bauch-Brust-Wunde zeigte, die vernäht worden war. Außerdem gab es an beiden Beinen vorn merkwürdige Schlitze, die mit groben Stichen wieder genäht worden waren. Der Arzt fotografierte den verstümmelten Leichnam.

Trotz der Verzögerungen waren immer noch mehr als 600 Leute in der Kirche versammelt. Obwohl das Militär der Familie versprochen hatte, fernzubleiben und die Beerdigung vonstatten gehen zu lassen, gab es einen massiven Aufmarsch von Soldaten. Und es kam auch zu Konfrontationen zwischen Trauernden und Soldaten. Während in der Kirche Beten und Singen weitergingen, wurden Tränengasbomben auf den Kirchplatz geworfen, wo viele Menschen standen.

Die Beerdigungsprozession durfte sich von der Kirche zum Friedhof hin bewegen. Der Sarg war mit der palästinensischen Flagge bedeckt. Khaders Bild und andere kleine Flaggen wurden ausgelegt. Während der feierlichen, rituellen Gebete auf dem Friedhof wurde noch mehr Tränengas in die Menge von 350 Trauernden gefeuert, die um das Grab versammelt waren und zwang die Menschenmenge, sich zu zerstreuen. Schließlich beerdigte der Priester Khaders Leichnam. An jenem Nachmittag weinte und betete ich mit der Familie Tarazi und stand ihr bei. Draußen in den Straßen von Gaza nahmen normale Aktivitäten ihren Gang. Dies war ein relativ guter Tag, und trotz der Intifada und der Besatzung packten die Menschen die Aufgaben des Lebens an.

Als ich nach Ibillin zurückkam, schwankte ich zwischen zwei Gefühlen hin und her. Ein Teil von mir wollte jedem von den Greueltaten in Gaza berichten; aber ein anderer Teil von mir gebot mir Einhalt: »Sei vorsichtig: Du könntest die Flammen des Hasses entfachen.«

Eine lange Zeit betete ich in der Grotte und bat Gott um Weisheit. Ich erinnerte mich an die Erfahrung mit Rabbi Sugarman und seiner Gemeinde in Atlanta, Georgia. Er hatte mich eingeladen, in der Synagoge zu sprechen. Und etwa 800 Juden hörten mir zwei Stunden lang zu. Ich sagte ihnen, daß Juden in den Augen der Palästinenser aus den Flüchtlingslagern und in den Dörfern der besetzten Gebiete keine anständigen, zivilisierten oder gebildeten Menschen seien. Sie sind Soldaten, Besitzergreifende oder Terroristen. »Das ist das Bild, welches unsere Kinder von Ihnen haben«, erklärte ich den Leuten in Atlanta. »Unsere Aufgabe ist es, uns selber in den Augen des anderen wieder zu vermenschlichen.«

Gegen Schluß der Rede sagte ich meiner jüdischen Zuhörerschaft, daß ich keinen »schönen Traum« hätte, um all das zu lösen. Eher hätten wir Leute aus Galiläa Visionen und glaubten daran, daß unsere Visionen Wirklichkeit würden. Und ich führte aus: »Ich habe eine Vision von zwei Kindern, ein jüdisches und ein palästinensisches, die Freunde sind. Eines Tages feiern diese Kinder ihre Freundschaft. Das palästinensische Kind bringt eine israelische Flagge für seinen Bruder, und das jüdische überreicht seinem Bruder eine handgemachte palästinensische Flagge. Sie umarmen einander und sagen: ›Wir waren so unwissend, so blind zu glauben, daß die, welche uns Geld und Waffen gaben, unsere Freunde seien. Sie waren unsere Feinde. Sie benutzten uns und nutzten uns aus.‹«

Rabbi Sugarman trat vor seiner Gemeinde vor mich hin und hatte Tränen in den Augen. Zum ersten Male nannte er mich Abuna. »Abuna, würden Sie mir bitte vor meiner Gemeinde Ihren Segen geben?« Er wandte sich seiner Gemeinde zu und sagte: »Wenn jemand darüber verärgert ist; die Tür ist offen, er möge hinausgehen.« Ich legte meine Hand auf seinen Kopf und gab ihm auf Hebräisch den Segen. Nach dem Segen sagte Rabbi Sugarman zu mir: »Ich werde nicht Ihr Bruder sein, denn ich habe festgestellt, daß ich schon Ihr Bruder war. Und wir haben einander nicht gekannt.«

Gewalt erzeugt Gewalt. Der Zyklus muß durchbrochen werden. Ich kann auf Gewalt nicht mit einer anderen größeren oder kleineren Gewalt reagieren, und ich darf andere nicht entmutigen oder befähigen, es ebenso zu tun. Angesichts von Gewalt müssen wir versuchen, wahr, kreativ und entwaffnend zu sein. Das ist äußerst schwierig. Wir könnten getötet werden. Aber dann würden wir wissen, daß wir zwischen einem langen, leeren Leben und einem kurzen, erfüllten gewählt haben. Es ist weit besser, unsere Hände beim Erbauen einer menschlichen Gesellschaft schmutzig zu machen, als sie aus Gleichgültigkeit sauber zu behalten.

Weiches Gurren und Singen wecken mich manchmal am frühen Morgen auf. Statt von schwarzen Ziegen werde ich von 30 bis 40 Fasanenpaaren besucht, die tanzen, singen und nahe bei meinem Schlafzimmer fressen. Es ist wunderschön. Meine Bäume werden groß und der Garten steht üppig und voll von Nahrung, Blumen und Wein. Die Schreie der Terrorisierten werden gehört und ihre Situation entsprechend verbessert. Und jetzt leben alle in Frieden und ruhiger Gelassenheit.

KAPITEL 23

NICHT LÄNGER EIN SCHMUTZIGER NIEMAND!

»Eine Akte existiert nicht, Father Chacour, weil Sie keine Baugenehmigung beantragt haben,« sagte der leitende Beamte des Innenministeriums zu mir und meinem jüdischen Freund.

Wir hatten uns nach der Genehmigung einer neuen Turnhalle, Bibliothek und einem Trakt mit Technikräumen zu erkundigen, die schon in Bau waren.

»Aber gewiß habe ich das getan! Vor über einem Jahr stellte ich den Antrag und habe regelmäßig angerufen, um den Bearbeitungsgang zu kontrollieren. Immer gab mir jemand die Auskunft: ›Wir prüfen Ihren Antrag.‹ Aber niemand tut etwas daran.«

»Es gibt keine Akte,« wiederholte der Beamte. »Das jedoch bedeutet, daß Sie keinen Antrag gestellt haben.«

»Ich kann Ihnen das Gegenteil beweisen.« Aus meiner Aktentasche entnahm ich die Empfangsbestätigung, die ein Jahr zuvor ausgegeben worden war und der Beweis für meine Antragstellung war.

Als der leitende Beamte die Empfangsbestätigung prüfte, wurde er rot. Dann schrie er seinen Assistenten an: »Ich habe diese Akte nie zu Gesicht bekommen! Wo zum Teufel ist sie? Suchen Sie sie!« Die Akte war nirgends zu finden. So wurden wir gebeten, am nächsten Tag wiederzukommen.

Als ich am folgenden Tag in Begleitung meines Freundes wieder erschien, hatte der leitende Beamte die richtige Akte auf seinem Schreibtisch liegen.

»Sie befand sich hinten in einer Schublade im Außenbüro,« teilte er uns mit. »Wir hatten Anweisung erhalten, die Akte weg zu tun und uns nicht darum zu kümmern.«

Ich war erzürnt darüber, daß wir über ein Jahr beiseitegeschoben worden waren. »Wir werden das vor Gericht bringen, und mein Freund hier wird uns dabei helfen!« drohte ich.

»Nein, Father Chacour, seien Sie nicht voreilig. Wenn Sie klagen, richten Sie sich gegen Ihren eigenen Bischof. Dieser hat uns durch einen Regierungsbeamten angewiesen, uns mit Ihrem Projekt nicht zu befassen.« Ich schaute den Abteilungsleiter an, dann meinen Freund und nickte mit dem Kopf. Ich hätte das wissen sollen, dachte ich. Ich hätte das wissen sollen. Wir hatten die neue Baugenehmigung im April 1987 beantragt und mit dem Bau im Sommer begonnen. Jim und Linda Ryan aus Maryland hatten uns mit ihren großzügigen finanziellen Hilfen und ihrer liebevollen Unterstützung ermutigt. Die Klassenräume im Erdgeschoß, welche sich genau unterhalb der Straße befanden, die zur Höheren Schule führt, waren fast fertiggestellt, und die Turnhalle im zweiten Stock nahm schon Gestalt an. Während dieser Bauarbeiten, für die lokale Bauunternehmer vertraglich verpflichtet worden waren, hatte es keine Störungen von seiten der Polizei gegeben. Alles lief bisher glatt.

»Bruder, kannst Du sofort nach Hause zurückkommen?« Atallah rief mich in den Vereinigten Staaten an, als ich im Oktober 1988 in Ohio auf einer Vortragsreise weilte. »Vater erkennt uns nicht mehr und verhält sich merkwürdig. Vielleicht stirbt er.«

Innerhalb von zwei Tagen war ich in Haifa und suchte meine erschrockene Familie auf. Vater, der bei guter Gesundheit gewesen war und noch im Alter von 90 Jahren ein ausgezeichnetes Gedächtnis gehabt hatte, war plötzlich geistig zusammengebrochen.

»Hallo, Vater,« sagte ich zu ihm und setzte mich neben ihn auf sein Ruhebett in Atallahs Wohnzimmer. »Ich bin gekommen, Dich zu besuchen.«

Zuerst dachte ich, Vater würde mich erkennen. Aber dann mußte ich feststellen, daß er nur einen Priester in der Soutane wahrnahm.

»Sie sind ein Priester und Stellvertreter Gottes. Befreien Sie mich bitte aus diesem Gefängnis. Diese Soldaten, die wir so gut aufgenommen haben, werden unsere Kinder töten, die unser Reichtum und unser Schatz sind. Gott hat uns unsere Kinder anvertraut. Bitte, bitte, Sie müssen mir helfen,« flehte Vater. Das freundliche, gütige Gesicht, das ich so gut kannte, war verzerrt vor Angst und intensivem Leid. Sein Schmerz war so brennend und so echt, daß auch ich seine Todesangst miterlebte. Ich nahm ihn in meine Arme und versuchte, ihn zu trösten.

»Vater, Du bist nicht im Gefängnis. Du bist hier in Deinem Bett in Atallahs Haus. Ich bin Dein Priestersohn und liebe Dich. Bitte, hab' keine Angst. Jeder befindet sich in Sicherheit.«

Aber Vater konnte mich nicht hören. Die Angst hatte von seinem Geist, Gedächtnis, Verstand und schwachen Körper Besitz ergriffen.

Im Oktober und November 1948 war Vater aus seinem Dorf hinausgeworfen, wie Vieh mit seinen drei ältesten Söhnen in einen Lastwagen verladen und dann aus seiner Heimat abtransportiert worden. Der Rest der Familie mußte allein zurechtkommen. Exakt 40 Jahre danach muß irgend etwas die grausamen Erinnerungen wachgerufen haben, so daß Vater wieder im Jahre 1948 war.

Er erlebte jede Einzelheit seiner Vertreibung wieder, angefangen mit dem Treffen der Dorfältesten, in dem beschlossen worden war, die jüdisch-zionistischen Soldaten im Dorf willkommen zu heißen.

In Atallahs Wohnzimmer sprach Vater mit den Phantomen der Ältesten. »Wir werden den Soldaten einen guten Empfang bereiten, weil sie unsere mitverfolgten Brüder und Schwestern sind. Wir müssen ihnen durch unsere Taten zeigen, daß ein verfolgtes Volk ein anderes verfolgtes Volk willkommen heißen kann.« Vater erinnerte an die einschneidenden Unterdrückungsmaßnahmen, welche die Palästinenser in den fünf Jahrhunderten türkischer Besatzung, die 1917 endete, erlitten hatten. »Das ist nun vorbei! Wir werden Lämmer schlachten, wenn unsere Gäste ankommen, und ihre Befreiung mit einem großen Fest begehen!«

Plötzlich schlug Vaters Stimmung radikal um. Er stand auf und wandte sich an Rudah, den er für den befehlshabenden Offizier zu halten schien. »Das verstehe ich nicht. Warum sollen wir unsere Häuser verlassen? Ihre Soldaten leben in unseren Häusern doch bequem. Wir schlafen auf den Dächern und kochen die Mahlzeiten für sie. Wir freuen uns darüber, das bis zu dem Zeitpunkt tun zu können, da Sie wieder abziehen.« Rudah versuchte, ihn zu beruhigen. Aber Vater schien ihn nicht zu hören. »Sie glauben, daß dieses Dorf in Gefahr ist, angegriffen zu werden? Von wem denn?« Wir verhielten uns ruhig und wagten kaum zu atmen. Vater war völlig in seine Geschichte verwickelt. »Vielleicht haben Sie Recht. Unsere Familien würden im Falle eines Angriffs außerhalb des Dorfes sicher sein. Ja, wir werden unsere Habseligkeiten zusammen mit unseren Hausschlüsseln hier in Ihrer Obhut zurücklassen. Sie haben uns ein Papier gegeben, daß uns unsere Rückkehr in zwei Wochen garantiert. Wir werden sofort weggehen.«

Meine Brüder, meine Schwester und auch ich erinnerten uns gut an die Tage, die wir unter Olivenbäumen und in Höhlen verbracht hatten. Jetzt beschrieb Vater diese Erfahrung aus der Sicht von Eltern: »Katuub, wir müssen die Kinder warm halten. Hier, zieh Elias und Athallah eng an Dich und Wardi auch. Wir anderen werden Euch umfassen, und so können wir einander sehr nah sein. In ein paar Tagen sind wir wieder in unserem warmen Haus, Kinder.«

Wir erfuhren von der Not, Nahrung zu finden, den Ängsten unserer Eltern um das Leben von uns Kindern, den Leiden der alten Leute und von den Zusammenkünften der Ältesten, als die Tage sich immer mehr hinzogen.

An einer Stelle beschrieb Vater die Bemühungen der Männer, sich heimlich ins Dorf einzuschmuggeln, um dort warme Kleider und Nahrung für ihre Kinder zu holen. Die Soldaten verjagten sie, und sie konnten ihnen nur knapp entkommen. Danach hatten die Ältesten eingesehen, daß da wohl etwas gründlich verkehrt lief. Sie hielten also den Soldaten das unterzeichnete Papier vor und forderten ihr Recht zur Rückkehr nach Biram ein. Aber eine Rückkehr würde nicht mehr möglich sein. Das Papier und auch das Versprechen waren bedeutungslos.

»Sie«, rief Vater und zeigte auf den armen Rudah. »Sie waren der Offizier, der uns das geschriebene Versprechen gegeben hat! Sie haben uns belogen! Und Sie haben uns hinters Licht geführt, denn wir sehen, daß Sie unsere Häuser geplündert und unsere Habe zerstört haben.«

Plötzlich befand Vater sich wieder im Gefängnis. Er wandte sich an mich als Priester. »Mein lieber Priester«, flehte er. »Führen Sie mich bitte aus diesem Gefängnis hinaus. Der Offizier hat uns betrogen. Und er wird uns alle töten, so wie sie viele unschuldige junge Knaben in Gish getötet haben. Das habe ich gesehen. Ich möchte bitte nur, daß meine Familie in Sicherheit ist. Auf Land oder Häuser lege ich keinen Wert.« Vater, der so eingeschüchtert war, weinte in meinen Armen. Die ganze, in Haifa versammelte Familie litt draußen vor Biram.

Im November begann Vater, von seiner Deportation zu sprechen. Als die Dorfbewohner die schreckliche Enttäuschung gemerkt hatten, verhinderten die Soldaten ihre Rückkehr. Vor den vorgehaltenen Gewehren wurde Vater, Rudah,

Chacour, Mousa und die anderen Männer von Biram in Militärlastwagen verladen. Während wir Übrigen zurückgelassen wurden und nach außerhalb des Dorfes ziehen mußten, wurden die Männer zur Grenze getrieben und gezwungen, in die West Bank hinüberzugehen. Die Soldaten hatten ihnen mit dem Tod gedroht, wenn sie zurückkehrten und Gewehre über ihren Köpfen abgefeuert, um sie zum schnelleren Laufen anzutreiben. Im Alter von 90 Jahren floh Vater noch einmal vor dem Gewehrfeuer. Er versuchte, seine Söhne zu schützen und war darauf bedacht, daß sie zusammen blieben. Vor Furcht zitterte er am ganzen Körper.

Einige Wochen lang beobachteten wir Vater, wie er die Qualen und Mühsale als ungewollter Flüchtling in Jordanien, Syrien und im Libanon wieder durchlebte. Er und seine Söhne waren unentwegt unterwegs und hofften, ihren Weg zurück nach Biram zu ihrer Familie zu finden. Klar und deutlich erzählte er im einzelnen von ihrem Elend. Vater verlangte es nach seiner Frau und seinen Kindern, seinen Feigen- und Olivenbäumen. »Ich bin zornig auf Dich, geliebter Gott,« klagte er weinend. »Warum wird uns all das aufgebürdet? So tu doch etwas!« bat Vater dringend immer wieder.

»Warum wollen uns unsere arabischen Brüder und Schwestern nicht helfen?«, jammerte er wenige Augenblicke später. »Sie tun so, wie wenn wir Feiglinge und Menschen wären, die man mißachten oder sogar fortjagen muß. Wissen sie denn nicht, daß wir gezwungen wurden, unser Zuhause zu verlassen? Können sie sich nicht vorstellen, daß wir Hunger leiden? Ja, sehen sie denn nicht, daß unsere Kleider auseinanderfallen, und unsere Schuhe in Fetzen sind?«

Vater durchwanderte kreuz und quer den Raum, wie wenn er die Reise noch einmal machte. Er arbeitete so schwer. Was wir auch immer sagten und taten, blieb von ihm ignoriert. Flüchtlinge sind unbeachtet, ungeschützt, Menschen ohne Stimme. Weil sie kein Geld besitzen, werden sie gewöhnlich selbst als wertlos angesehen. Sie werden verachtet und leicht zu schmutzigen Terroristen abgestempelt. Vater und seine Söhne hatten fast drei Monate als umherwandernde Flüchtlinge gekämpft. Es schien, daß ihnen im Libanon, wo viele palästinensische Flüchtlinge hingeflohen waren, etwas Ruhe vergönnt war.

Eines Tages zu Beginn des Dezembers saß ich am Abend bei Vater. Plötzlich wisperte er: »Meine Söhne! Kommt! Kommt! Es wird Zeit, die Grenze zu überqueren.« Vater beschrieb alsdann, wie er und seine Söhne, verängstigt und eingeschüchtert, es geschafft hatten, die libanesisch-israelische Grenze im Schutz der Dunkelheit zu überqueren. Sie steuerten auf Biram, das Ziel ihrer langen Reise, zu.

Atallah rief mich am nächsten Tag an. »Es ist besser, Du kommst hierher, Bruder. Vater ist kurz vor Biram. Er ist so schwach, aber sehr aufgeregt. Ich weiß nicht, was passieren wird, wenn er das leere Dorf entdeckt.« – »Ich bin schon unterwegs,« antwortete ich. Atallah hatte Recht. Vater erreichte den Höhepunkt seiner Reise. Und wenn sie schließlich zuende wäre, würde es wahrscheinlich in seinem Verhalten eine große Veränderung geben. Vielleicht würde er sterben, oder er würde die Erfahrung immer wieder durchleben. Was auch immer geschähe, ich wollte bei ihm sein.

Atallah kam mir an die Tür entgegen. »Er ist gerade in Biram. Sie gehen umher und schauen sich alles an.«

Als ich das Wohnzimmer betrat, schritt Vater umher und stieß mit seinem Stock an Gegenstände. »Sieh Dir das an, Chacour? Das ganze Korn, der ganze Weizen und auch die ganzen Feigen wurden ausgeschüttet und überall verstreut. Dies alles kann man nicht mehr essen. Und das Olivenöl – schau her! Was für eine schreckliche Vergeudung. Man hat es über alles ausgegossen. Das ganze kostbare Öl; ein Jahresvorrat ist das!« Vater hörte auf mit dem Durchstöbern. Er blickte in die Ferne und verkündete: »Ich hörte, daß sie in Gish sein könnten. Wir werden dorthin gehen.«

Als Vater wieder auf seinem Ruhebett Platz genommen hatte, sprach er mit einem Schäfer aus Gish, der früh am Morgen mit seiner Herde vorbeizog. Ja, hatte der Schäfer gesagt, die Leute aus Biram seien in Gish; und zwar die, welche nicht in den Libanon geflohen seien. Als Vater in seiner Phantasie in Gish eintraf, erkundigte er sich wispernd: »Wo ist die Familie von Mikhail Chacour? Wo ist die Frau, Umm Rudah, Mikhails Weib?«

Ich setze mich auf dem Ruhebett näher zu Vater, denn wir gelangten zum Höhepunkt der Geschichte. Vater war vollkommen versunken in seine Erlebnisse. Er stieß mit dem Stock auf den Boden. »Ich klopfe an die Tür. Wer ist da? ruft Katuub. Ich bin's, Mikhail, antwortete ich. Aber sie glaubt es mir nicht. Sie kann mir nicht glauben. Sie ist überzeugt, daß ich tot bin. Nun öffnet sich die Tür.« Vater schluchzte. »Ich sehe mein Weib. Sie sieht mich.« Ich hielt Vater sehr fest umschlungen und schluchzte mit ihm. Meine Brüder und meine Schwester traten um uns herum und hielten uns beide fest. Zwei Stunden lang weinte Vater in meinen Armen. Der ganze Gram und Schmerz, die Sorgen und der Verlust strömten aus ihm heraus. Als er sich wieder beruhigt hatte, half ich ihm dabei, sich hinzulegen. Seine Augen waren geschlossen, und er schien eingeschlafen zu sein. Gerade als ich weggehen wollte, öffnete Vater seine Augen. Sie waren klar. Er schaute mich gerade an. »Hallo, mein Sohn,« sagte er. Das drei Monate dauernde Drama war vorbei. Bald handelte und sprach Vater wieder normal. Aber er hatte die meiste physische Kraft eingebüßt.

Mitansehen zu müssen, wie unser Vater seine schrecklichen Erfahrungen wieder durchlebte, weckte in mir die Frage, was wohl in all den Menschen im besetzten Palästina vorgehen mag, die von jüdisch-israelischen Soldaten systematisch gequält, verletzt, gepeinigt und verstümmelt werden. Wenn schon mein Vater im Alter von 90 Jahren so tief von einer Tragödie betroffen sein konnte, die sich 40 Jahre zuvor ereignet hatte, was würden dann wohl die palästinensischen Kinder und Jugendlichen in 20, 30, 40 Jahren fühlen und denken? Was werden sie ihren Kindern einmal raten? Werden sie alle wie mein Vater sein, der immer zu uns Kindern sagte: »Handelt nicht so, wie die jüdischen Soldaten es mit Euch machen. Das ist böse. Gott aber verfolgt weder Menschen, noch quält er sie. Gott verachtet die Armen nicht und tötet auch nicht. Gott liebt uns. Er ist solidarisch mit den Unterdrückten, leidet mit ihnen und steht ihnen bei ihrer Befreiung zur Seite.«

Was geschieht in den Herzen und dem Verstand der jüdischen Soldaten, die in solch unmenschlicher Weise vorgehen? Werden sie sich in der Zukunft für ihr Töten und ihr Begehen von Ungerechtigkeit selbst verantwortlich machen? Werden sie ihre Vorgesetzten zur Rechenschaft ziehen? Werden sie verlangen, daß der »Staatsraison« die primäre Bedeutung beigemessen wird? Durch eine gefährliche Verbindung von Furcht und Arroganz werden Herz und Seele eines Volkes von innen her zerstört. Wie kann vielmehr die dem palästinensischen Volk widerfahrene Ungerechtigkeit wiedergutgemacht werden? Und wie kann schließlich die Ungerechtigkeit gegenüber den amerikanischen Indianern Nordamerikas, den Ureinwohnern Australiens, den Armeniern oder den Juden im Zweiten Weltkrieg wiedergutgemacht werden? Mit Geld, Rache oder dem Bemühen, die Situation, die der Ungerechtigkeit vorausging, wiederherzustellen oder sie zu wiederholen? Die Wahrheit ist, daß die geschehenen Schrecken jenseits einer Möglichkeit der Wiedergutmachung sind. Wir müssen uns diese Schrecken in Erinnerung rufen und empört genug sein zu verkünden: »Schluß mit dem Gemetzel und Genozid! Keine Konzentrationslager mehr, keine schmutzigen Indianer, Eingeborenen, Amerikaner oder Juden! Es soll wirklich keiner mehr ein schmutziger Niemand sein!« Die Ungerechtigkeit an den Palästinensern ist wie andere Ungerechtigkeiten in der Welt in vollem Gange. Haben wir den Mut anzuerkennen, daß die Palästinenser als Opfer der Kinder von KZ-Märtyrern leiden?

Wenn auch nicht direkt, so sind sie doch zumindest die Opfer einer Mentalität in der jüdischen und christlich-westlichen Welt nach dem Holocaust. Was für eine Wiedergutmachung muß erbracht und welche Regelungen müssen getroffen werden, um die Ungerechtigkeit zu beenden und einen Neuanfang zu ermöglichen? Einige meinten, Wiedergutmachung bestehe darin, den jüdischen Israelis zu sagen, sie sollten dieses Land verlassen, damit es wieder Palästina sein könne. Solch ein Gedanke ist falsch und auch überhaupt nicht durchführbar. Israel existiert als Staat und wird fortfahren zu existieren. Die den Palästinensern angetane Ungerechtigkeit kann nicht durch eine noch größere Ungerechtigkeit ausgelöscht werden. Jedoch sollte die Weise der Existenz Israels angefragt werden. Die Anerkennung von Israels Recht auf seine Existenz rechtfertigt und entschuldigt nicht seine fortwährende Entwicklung auf Kosten der Palästinenser.

Stellen Sie sich vor, Sie hätten mein Haus zerstört. Wäre nun die Zerstörung Ihres Hauses und Ihrer Familie die Antwort auf diese Ungerechtigkeit? Oder wäre die entsprechende Antwort die, Sie zu bitten, zum Bau eines neuen Hauses für mich und meine Angehörigen beizusteuern? Viele Juden, Palästinenser und andere Betroffene glauben, daß die einzig mögliche und denkbare Lösung darin besteht, einen palästinensischen Staat auf einem Teil des ursprünglichen Palästina zu errichten, der Seite an Seite mit Israel existiert. Mit anderen Worten, das zerstörte palästinensische Haus muß wiedererbaut werden, ohne in diesem Prozeß das israelische Haus zu zerstören. Die gute Lösung des Problems ist eine, in der beide Seiten bereit sind, Zugeständnisse zu machen, manchmal sogar große, indem sie entgegenkommend feststellen: »Wir erhielten nicht alles, was wir wollten; aber wir bekommen doch etwas von dem, was wir wollten.«

Eine Lösung, bei der eine Seite glücklich und die andere unglücklich ist, legt nur das Fundament für eine größere Explosion in der Zukunft. Wir Palästinenser und Juden leben in dem Land, das die Welt als das Heilige Land bezeichnet. Aber was macht dieses Land heilig? Sind es die Steine oder die Bäume? Oder etwa die Kirchen und die Heiligengräber? Sind es vielleicht die Pfade, auf denen die Patriarchen und unser Herr Jesus Christus gewandelt sind? Oder ist das Land geheiligt durch das, was wir selber dazu beitragen, damit Gottes Gegenwart deutlich wird?

»Vater stirbt,« teilte mir Atallah am Telefon mit. »Der Arzt hat gesagt, daß er nicht mehr lange leben wird.« Wieder einmal beeilte ich mich, aus den USA nach Hause zurückzukehren, wo ich im April 1989 auf Vortragstournee war.

Vater lebt weiter, wenn auch nicht in seinem geliebten Galiläa. Hingegen weilt er jetzt bei dem Gott, der Galiläa auf Erden zu seiner eigenen Heimat erwählt und uns versichert hat: »Wenn ich oben bin, werde ich Euch alle an mich ziehen.« Eine Woche konnte ich noch am Bett meines Vaters verbringen, ehe sein gebrechlicher Körper das Leben aushauchte. Die Beerdigungsfeier fand in der melkitischen Kirche in Haifa statt, wo sich viele Priester, Familienmitglieder und Freunde versammelten, um Gott für das Leben von Mikhail Chacour zu preisen. Dann fuhren die Leute mit dem Bus nach Biram und gaben uns das Geleit, als wir Vaters Leichnam neben Katuub, meiner Mutter, zu Grabe legten. Vater war endlich wieder nach Biram zurückgekehrt.

KAPITEL 24

AUSGETROCKNETE KNOCHEN WERDEN WIEDER LEBENDIG

Ich war wirklich dazu gekommen, den Anblick des neuen Schulgebäudes zu hassen. Da stand es nun am Hügelhang, ein teilweise bekleidetes Skelett, das von seinen Architekten und Baumeistern verlassen worden war. Es bedeutete eine permanente Erinnerung an die unvollendete Aufgabe, die erschreckende Notsituation palästinensischer Schüler in Galiläa und meine eigenen Gefühle von Frustration und Mißerfolg. Ein kurzer Befehl hatte dem Bauen im September 1988 Einhalt geboten. Zu dieser Zeit hatten wir sowohl das Erdgeschoß mit einigen großen Klassenräumen fertiggestellt als auch drei Viertel der Turnhalle im zweiten Stock. Da wir keine Baugenehmigung hätten, so stellte die Order fest, müsse die Arbeit aufhören. Jeder, der bei der Arbeit auf dem Bau angetroffen werde, würde gefangengenommen. Unternehmer, Architekt und Bauhandwerker wurden persönlich kontaktiert und bedroht. Es blieb keine andere Wahl, als den Bau zu stoppen. Ich wurde zu einem Februartermin 1989 vor Gericht beordert. Dort hatte ich mich selber gegen den Staat Israel zu verteidigen, der die Bezahlung einer großangelegten, genauen Zerstörung des Gebäudes verlangte. Ich würde sogar aufgefordert werden, die Kosten für das Abreißen zu tragen. Schon über eine halbe Million US Dollar war in die bauliche Erweiterung der Schule investiert worden. Dies Geld stammte von Jim und Linda Rayan, von der World Vision International, der Päpstlichen Mission in Jerusalem, Sue Wolf und anderen freigebigen Spendern. In den Klassenräumen im Erdgeschoß lernten schon die Schüler.

Von dem Zeitpunkt an, als der Gerichtsbefehl den Bau

gestoppt hatte, begann ich, die Tore der israelischen Regie-
rungsbürokratie zu stürmen, um die Baugenehmigung zu
erwirken. Gerade wenn diese endlich in Sicht zu sein schien,
verweigerte sie irgend jemand mit einer albernen Bemerkung
oder Forderung. Einmal wurde mir gesagt, daß das Gebäude
zehn Meter von seiner richtigen Stelle entfernt sei. Beim
nächsten Mal wurde ich angewiesen, alle neuen Pläne fertig
zu haben, denn die anderen seien zu alt. Diese neuen Entwürfe kosteten fast 1000 US $.

Kurz vor meinem Gerichtstermin und den Kommunal-
wahlen in Israel rief mich ein jüdisch-orthodoxer Beamter
aus dem Innenministerium an und vereinbarte mit mir ein
Treffen an einem Samstag, dem jüdischen Schabbat. Ein jüdischer Freund war in meiner Begleitung. Gemeinsam hörten wir uns an, wie der Mann uns eine Baugenehmigung als
Gegengabe für garantierte Wahlen anbot. Er stand auf der
Likud-Liste und befürwortete die Umsiedlung von Arabern
aus Akko, damit die Stadt rein jüdisch werde. Kein in Akko
lebender palästinensischer Israeli würde ihn wählen. »Hören« ist übrigens nur im übertragenen Sinne gemeint. Kaum
waren wir nämlich im Haus des Beamten angekommen, weigerte er sich, laut zu sprechen. Alles, was er mitteilen wollte,
schrieb er auf kleine Papierzettel, die er sofort vernichtete,
nachdem ich sie gelesen hatte. Offensichtlich fürchtete er,
daß mein Freund oder ich ein Aufnahmegerät dabei hätten.
Der Mann zeigte mir offizielle Stimmzettel für die Wahl und
notierte dann: »Sie müssen nur die Stimmzettel nehmen, die
ich auf eigene Weise markiert habe. Dann geben Sie mir die
Namen Ihrer Freunde, und ich werde beobachten, wie Sie
die Stimmzettel an sie ausgeben. Wenn die Stimmzettel ein-
geworfen worden sind, werde ich sie wiedererkennen«. Ich
prüfte sie genau und reichte sie ihm zurück. »Mein Herr, ich
respektiere Sie gewiß als Mensch, aber ich habe Ihnen dies
zu eröffnen: Selbst wenn Sie kommen und die Schule hun-
dertmal zerstören wollen, werde ich dennoch keinen einzigen

dieser Stimmzettel verteilen. Wenn Sie mir allerdings morgen die Genehmigung aushändigen, werde ich einige meiner Freunde in Akko besuchen und ihnen sagen: ›Freut Euch mit mir; ich habe die Genehmigung erhalten.‹ Ich werde Ihnen berichten, daß wir sie bekommen haben, weil Sie freundlich waren. Und ich werde dabei auch Ihren Namen nennen. Mehr als das werden Sie nie bei mir erreichen.« Es erübrigt sich zu erwähnen, daß keine Genehmigung erteilt wurde. Ich hatte keinen Zweifel daran, daß der Bischof die Schwierigkeiten geschürt hatte, welche wir mit der schwer erhältlichen Baugenehmigung und der Order von seiten der israelischen Behörden, den Bau zu stoppen und vor Gericht zu erscheinen, erlebten. Aus Gründen, die nur er kannte, wollte er nicht, daß die Schule erweitert würde. Ich aber war entschlossen, diese Bedenken und Hindernisse zu überwinden und den Bau der Schule für die Hunderte von Schülern abzuschließen, die von uns für ihre Bildung und ihre Zukunft abhängig waren.

»Ich vermisse wirklich Faraj,« sagte ich zu Abuna Ibrahim. Während der Mittagspause gingen wir auf dem staubigen Spielplatz vor dem unvollendeten Gebäude auf und ab. »Ich vermisse es, nach Nazareth zu fahren und mit ihm zu reden. Ich vermisse auch sein wunderschönes Lächeln.«

»Was hast Du von ihm gehört? Gefällt es ihm in Australien?« – »Ich habe keine Nachricht von ihm erhalten. Alles, was ich weiß, ist nur, daß Ilonka ihn für ein Jahr mit zu sich nach Hause und zu ihrer Familie genommen hat. Sie war der Ansicht, daß sie dort besser für ihn sorgen könne, und er ließ sich gern darauf ein.« Die Schüler genossen ihre Pause in der warmen Junisonne, aßen, lachten und schlenderten umher. Geräusche von Zimmerhandwerk drangen aus dem unvollendeten Gebäude zu uns herauf. Danny und Phil, zwei Freiwillige aus der Gemeinschaft der Hutteriter in den Vereinigten Staaten, hatten harte Arbeit geleistet, Holz, Metall und Zinderblöcke vom Zementfußboden und der unüberdachten Tribüne in der Turnhalle entfernt. Jetzt waren sie gerade dabei, eine Plattform zu errichten, die als eine Art Freilicht-gerüst einer Turnhalle für die 1989er Verleihungsfeier des Prophet-Elias-Gymnasiums dienen sollte. »Es wird ein aufregendes Ereignis sein, die Feier in der Turnhalle abzuhalten,« meinte Abuna Ibrahim, als wir auf das Gebäude hinunterschauten. »Sie können uns vielleicht am Bauen hindern, aber sie können uns nicht daran hindern zu nutzen, was wir haben.« – »Es sei denn, sie würden es niederreißen,« brachte ich ihm in Erinnerung.

»Das wäre unwahrscheinlich. Die Bedrohung, daß dies international bekannt würde, reicht möglicherweise aus, um die Planierraupen fernzuhalten. Und vergiß nicht, daß Schüler und Lehrkörper einstimmig erklärt haben, daß sie, sollten die Planierraupen anrücken, im Gebäude sitzen und sich weigern werden, wegzugehen.« – »Das ist sehr wahr,« entgegnete ich. »Es wird ein denkwürdiger Abend werden.« Die Mittagspause war vorbei, und wir schritten den Weg zur Schule zurück.

»Stell Dir vor, Ibrahim, ich bin schon fast 25 Jahre in diesem Dorf. Manchmal denke ich, daß ich es verlasse; aber das ist unmöglich. Ich gehöre nach Galiläa, so wie Galiläa zu mir gehört. Ibillin ist mir Heimat geworden. Die Menschen hier sind mir ans Herz gewachsen. Wir haben erstaunliche Dinge gemeinsam getan.« – »So Gott will, wird es noch zu viel mehr Erstaunlichem kommen, wie z. B. einem Gemeinschaftscollege. Das ist doch Dein neuer Traum, nicht wahr?«

»Ja, aber Gottes Wille muß zum unsrigen auch recht eigentlich passen. Und der ist darauf ausgerichtet, für das, was uns gerade mitten in unserer situativen Lebenslage fehlt, zu arbeiten und zu kämpfen.«

Vorfreude, Lachen und Aufregung lagen an jenem Abend des 17. Juni 1983 in der Luft. 86 Schülerinnen und Schüler würden bald die Zeugnisse des »Prophet-Elias-Gymnasiums« überreicht bekommen. Sie waren die sechste Absolventenklasse in unserer Schulgeschichte, jedoch die erste, welcher in der neuen Turnhalle die Graduierung verliehen wurde.

Das unvollendete Gerüst, durch das der kühle, frische Abendwind strich, bot dem Auge des Betrachters starke Kontraste. Die stummen, grauen Zinderblöcke schienen darauf zu warten, zur Fertigstellung der Turnhalle gebraucht zu werden. Sie waren entlang den Wänden aufgestapelt und bezeugten so schweigend unsere gebremsten Träume, große Frustration und unseren tiefen Schmerz. Ein drei oder vier Meter hoher Pfeiler aus Zinderblöcken war auf der rechten Seite der hölzernen Plattform als turmartige Absichtserklärung errichtet worden, die Arbeit am Aufbau von Hoffnung und Zukunft junger Palästinenser in Galiläa fortzusetzen. Fröhliche Schulfahnen hingen von den unfertigen Mauern herab und flatterten im Wind. Gelbe, rote, blaue und weiße Plastikstühle waren in Reihen aufgestellt. Eine Videokamera stand bereit, dieses historische Ereignis aufzunehmen.

Mit bewegten Gefühlen beobachtete ich, wie sich die Menschenmenge den Berg des Lichts hinaufbewegte und ihren Weg durch die Baustelle der Turnhalle nahm. 20 israelische Regierungsvertreter waren gekommen, darunter etliche, die zu dem Amt für Arabische Angelegenheiten gehörten, das dem Premierminister unterstellt war. Sie saßen als Ehrengäste in der langgezogenen Vorderreihe. Viele Gemeinderatsvorsteher waren als Repräsentanten aus den Herkunftsdörfern unserer Schülerinnen und Schüler anwesend. Eltern und Familienangehörige, wohl über 800 an der Zahl, strömten in die Festhalle. Fast alle Schülerinnen und Schüler der Schule waren da, um der Graduierungsfeier beizuwohnen. Sie träumten von dem Tag, an dem auch sie ihre Zeit des Lernens beendet haben würden.

Als das Programm begann, war das Turnhallengerüst mit 1500 Personen schon fast überbesetzt. In meinem Herzen empfand ich überquellende Freude.

Der zuvor leere, traurige Raum war jetzt durch die Gegenwart und Hochstimmung von lebendigen Steinen verwandelt. In stolzem, glücklichem Defilee zogen die Absolventen ein und füllten die für sie reservierten Plätze zu beiden Seiten der Plattform. Die jungen Frauen trugen alle pinkfarbene Kleider in verschiedenem Stil; und die jungen Männer waren in ihren dunklen Anzügen und pinkfarbenen Hemden prächtig anzusehen. Von der gängigen Schuluniform aus blauen Baumwollhemden und Blue Jeans bedeutete das wirklich einen Wandel.

»Herzlich willkommen in unserem ›Prophet-Elias-Gymnasium‹ zur Graduierungsfeier der Abschlußklasse 1983!«, verkündete der Direktor der Schule und bat einen Priester, der als Gast eingeladen war, die Anwesenden mit einem Eröffnungsgebet im Namen Gottes zu segnen. Eine singende Gruppe aus der Schule trug eine musikalische Einlage vor. Dann folgte eine Sportgruppe, die einige Matten auf dem Betonfußboden ausbreitete und eine Vorführung darbot, bei der sie Saltos vorwärts und rückwärts schlug. Das Team schloß seine gymnastische Darbietung mit der Formung einer Pyramide ab, welche die Schulflagge hißte und eine Wolke bunter Luftballons in den schnell dunkel werdenden galiläischen Abendhimmel schickte. Das Publikum klatschte und jubelte, und einige Frauen stimmten ein für arabische Frauen typisches Geheule an.

Ich saß im Publikum und sog die Freude und Aufregung in vollen Zügen in mich hinein und schob den täglich gewohnten Schmerz und die Müdigkeit beiseite. Zum ersten Mal fühlte ich mich voll gerechtfertigt und in meiner Entscheidung bestätigt, ohne Genehmigung gebaut zu haben. Wir hatten auf dem blanken Boden eine reale Tatsache geschaffen, ein fast geborenes Baby. Die israelischen Behörden mußten damit fertig werden. Ich verspürte die Gewißheit, daß wir eventuell doch unsere Genehmigung erhalten würden. Wenn wir darauf gewartet hätten, würden wir niemals dieses Gebäude haben.

Mein Grußwort an die Schulabsolventen und das Auditorium kam als letztes in einer Reihe, die von palästinensisch-israelischen Würdenträgern gehalten worden war. Was für ein herrlicher Anblick bot sich meinem Auge, als ich auf dem Podium stand! 1500 Freunde, Mitarbeiter, Schüler und Bekannte lächelten mir zu und applaudierten mir. Ich konnte die Lehrer und die Schüler erkennen, die kleinen Kinder und die aufgeregten Absolventen, die stolzen Eltern und die sich leicht unbehaglich fühlenden israelischen Regierungsvertreter.

Ebenso erblickte ich die Freiwilligen aus aller Welt vor mir: John und Sandra Lapp, Mennoniten aus den USA, die Langzeitvolontäre waren und als Lehrer und Bibliothekare tätig waren; Marie Nyuent, die Französisch und auch Englisch sprechende Sekretärin, die »World Vision« für mich in Burma aufgetrieben hatte; die Dänin Hildegard Voss, die so sehr um die Freiwilligen bemüht war; Phil und Danny, Hutteritter aus den USA. Dann waren da auch die treue Zada, Schwester Nazarena und Schwester Gislaine[1]. Ich fühlte mich von ihrer Liebe umgeben und von ihrer Unterstützung getragen.

In meinem Grußwort wollte ich Gottes Segen für die Absolventen und unsere Schule erbitten, Schülern und Eltern einen Strom lebendigen Mutes einflößen und eine eindeutige Botschaft an die israelischen Behörden richten, von denen einige Vertreter vor mir saßen. Nach langem Beten und Nachdenken hatte ich mich dazu entschieden, den Text über das verdorrte Totengebein, das durch Gottes Macht wieder zum Leben erwacht, bei Ezechiel 37 zu verwenden.

»Um uns herum haben wir kein verdorrtes Totengebein. Vielmehr finden wir verstreut umherliegende Zinderblöcke, die erst nützlich sind, wenn sie zusammengefügt werden. Sehr bald, meine Freunde, werden diese staubigen Zinderblöcke aufstehen und Form annehmen. Fleisch und Sehnen von Gipsverschalung, Holz, Fenster und Platten werden das Skelett bedecken. Der Lebensodem wird darin sein, wenn die Schüler das Gebäude voll nützen.

Diese Versammlung von Menschen heute abend ist eine Vorwegnahme der Funktion der unvollendeten Turnhalle. Wir als die lebendigen Steine bilden einen Körper. Wir legen die Zukunft fest. Wer kann verhindern, daß die verstreuten Zinderblöcke ein Gebäude bilden werden, ein starkes, brauchbares Gebäude?

Wir müssen den israelischen Behörden mitteilen, daß die ausgestreckte Hand Gottes dies tun wird. Sie sollten und dürften nicht zum Hindernis werden, sondern vielmehr sich an die Geschichte vom verdorrten Totengebein erinnern. Ezechiel ruft, daß das Wort Gottes niemals zurückkehrt, ohne seine Mission zu erfüllen, wenn es einmal ausgegangen ist. Auch das ist unser Schrei heute abend! Dieses verdorrte Totengebein, diese Zinderblöcke, werden zum Leben auferstehen und ihren Zweck voll erfüllen! Unsere Zukunft wird das sein, was wir aus ihr machen wollen!«

Während der Unterbrechungen im Programm der Graduierungsfeierlichkeiten trat der Schulchor auf, wobei Schüler dem Publikum Limonade und Plätzchen anboten. Auf dem Berg des Lichtes wehte ein kühler Wind. Die Gäste schlürften eng nebeneinander sitzend ihre Limonade.

Schließlich wurden den 68 Absolventen ihre Zeugnisse ausgehändigt. Einer nach dem anderen begab sich nach vorn auf die Plattform und nahm das wertvolle Dokument entgegen. Dann schüttelte er oder sie den Schul- und Gemeindewürdenträgern die Hand und kehrte an seinen oder ihren Platz zurück, frisch graduiert von dem »Prophet-Elias-Gymnasium«.

In meiner Rolle als Präsident der Schule schüttelte ich

jedem dieser wertvollen jungen Menschen die Hand. Nächstes Jahr, so erwog ich bei mir, werden es schon 120 Absolventen sein. Oh, Gott, diese lebendigen Steine aus Galiläa, die so hell, schön und lebendig sind, gestalten ihre eigenen Hoffnungen und ihre eigene Zukunft.

Der Gerichtstermin im Februar wurde auf Juni verlegt. Der Junitermin wurde wieder verschoben. Freunde waren mir bei diesen Terminverschiebungen behilflich gewesen. Würde ich nämlich zitiert, hätte ich große Summen Bußgeld zu bezahlen und liefe außerdem Gefahr, einen Befehl zum Abbruch des unfertigen Gebäudes zu bekommen.

Während ich dieses Kapitel schreibe, bin ich noch nicht vor Gericht erschienen. Inzwischen habe ich mich buchstäblich mit Hunderten israelischer Regierungsvertreter getroffen, einschließlich der Repräsentanten aus dem Amt des Premierministers Schamir. Der Kampf um die Baugenehmigung setzt sich nun schon in den Sommer des Jahres 1990 fort. Jeden Tag gibt es Unterredungen, Zusammenkünfte, Hoffnungen wie auch Enttäuschungen.

In dem »Prophet-Elias-Gymnasium« quetschen sich 850 Schülerinnen und Schüler aus 21 Dörfern. Diese Schüler – Christen, Muslime und Drusen – werden von 50 Lehrern unterrichtet, dem zwei jüdische Lehrkräfte angehören. Jeder Winkel im ursprünglichen Schulgebäude und den unvollendeten Klassenräumen des Erweiterungsbaues ist ausgenutzt. Immer mehr Eltern und mehr Dörfer in Galiläa fragen nach, ob ihre Kinder zu uns zur Schule kommen können. Das Erziehungsministerium hat uns eine neue Quotenleistung in Höhe von 95,5 Prozent zubemessen, das ist eine der höchsten in Israel. Sie erklärt sich aus den hohen Testergebnissen der Schüler und des von uns bereitgestellten Unterrichts, der ein breitgefächertes Angebot an technischen Fächern vorsieht. Wir haben sogar die Erlaubnis, auf unserem Campus ein Gemeinschaftscollege zu entwickeln, das erste in einem arabisch-palästinensischen Dorf und das erste in ganz Galiläa. Diese Zugeständnisse und Auszeichnungen liefern uns jedoch nicht die lebensnotwendige Baugenehmigung, die nur vom Innenministerium ausgestellt wird.

Allerdings bin ich sicher, daß diese Genehmigung nicht auf sich warten lassen wird. Die Zukunft wird das sein, was wir aus ihr machen wollen, wenn wir nicht aufgeben und angesichts des gegen uns ausgeübten Druckes in der jüdisch-israelischen Gesellschaft und selbst unter einigen armen Kollaborateuren in unserer palästinensischen standfest bleiben. Wir sind davon überzeugt, daß wir bemüht sind, richtig zu handeln.

Wir wollen den sozialen, bildungsmäßigen und wirtschaftlichen Status der Palästinenser in Galiläa anheben und verbessern. Viel wichtiger aber ist es, daran zu arbeiten, unter der palästinensischen Bevölkerung das Selbstvertrauen zu stärken und das Bewußtsein zu schärfen, gewaltfrei für die Erlangung unserer Menschenrechte zu kämpfen. Wir müssen eine neue Realität in Galiläa hervorbringen, welche die Situation von Ungerechtigkeit und Ungleichheit zwischen Palästinensern und Juden zu einer echten Partnerschaft ebenbürtiger Menschen verwandelt. Wie könnten die Rollen einfach vertauscht werden, so daß die Palästinenser zu den Herren und Eroberern der Juden würden? Es handelt sich darum, Brücken zwischen den Mitgliedern derselben Familie zu schlagen.

Immer wird es dabei die Versuchung zu Macht und Gewalt geben. Jedoch räumen diejenigen, welche die Brücken bauen, ein: »Mein Freund hat auch Recht, und ich habe auch Unrecht.«

Das bedeutet, Gott ähnlich zu werden. Gott sorgt sich um die Unterdrückten und fühlt ihre Qualen und ihre Leiden mit. In diesen Kämpfen ergreift Gott jeweils die Partei für die Befreiung und nicht für bestimmte Menschen, Nationen oder Begünstigte. Gott fordert auch den Unterdrücker auf, sich von Furcht, Angst und Machtlust freizumachen.

Dieses Land, dieses Palästina, dieses Israel gehört weder Juden noch Palästinensern allein. Wir sind vielmehr Landsleute, denen das Land gehört und die zueinandergehören. Wenn wir nicht miteinander leben können, werden wir sicher hier zusammen begraben werden. Wir müssen das (Über-) Leben wählen.

Abuna Chacour ist weiterhin Pfarrer der melkitischen Gemeinde in Ibillin. Seine Anschrift lautet: Postfach 102, Ibillin, Galiläa, 30012 Israel.

ANMERKUNGEN

Vorwort zur deutschen Übersetzung

1 Elias Chacour aus: Zeitschrift ›prier‹. Jan./Febr. 1992, 2.
2 Ursula Schneider: Land ist unser Leben. Galiläische Dörfer im Nahostkonflikt (»Ibillīn – Mi'ilyā – Al-Ǧiš«). Europäische Hochschulschriften, Soziologie und Anthropologie, 5, Frankfurt a. M. – Bern – New York 1986. XXXIV u. 512 S.

Kapitel 1: Stärker als selbst der Sturm

1 Nach Joseph L. Ryan: »Refugees within Israel: The Case of the villagers of Kafr Bir'im and Iqrit«, Journal of Palestine Studies II, 4, Special printing, 1973, 5 und anderen Quellen war das Jahr der Evakuierung der Dorfbewohner von Biram 1948 (13. 11), also nicht 1947, wie Elias Chacour noch in: Frieden für Palästina (Frankfurt a. M., 1988, S. 47) angibt. Chacour war also zu diesem Zeitpunkt nicht acht, sondern neun Jahre alt. Vgl. Ursula Schneider, Land ist unser Leben: Galiläische Dörfer im Nahostkonflikt: ›Ibillīn – Mi'ilyā – Äl-Giš‹ (Frankfurt a. M., Bern, New York: 1986), 347, Anm. 54. Der vorliegende Text: Auch uns gehört das Land, hat das Datum nach Ryan korrigiert (s. S. 6). Anm. d. Übers.
2 Vgl. dazu Schneider, Land ist unser Leben, 342–348.
3 Vgl. Entstehungsgeschichte des christlichen Dorfes und das Dorf vor dem sog. jüdischen Befreiungskrieg, ibid., 338–342.

Kapitel 2: Sie sind hier nicht erwünscht!

1 Aus einem persönlichen statistischen Projekt, an dem Abuna Chacour während seines Studiums an der Hebräischen Universität (1968–1969) arbeitete. Chacour erfuhr auch, daß Ende der sechziger Jahre etwa 350 000 palästinensische Christen in Australien, Kanada, den Vereinigten Staaten, Europa und in den Flüchtlingslagern des Mittleren Ostens lebten.

KAPITEL 3: DER BAUM SOLL AM LEBEN BLEIBEN

1 Hūmmūs ist eine orientalische Spezialität, ein Kichererbsen-püree, pikant gewürzt und mit Tahina angereichert.

2 Zu den Spannungen zwischen den Religions- und Konfessions-gruppen in Ibillin heute vgl. Schneider, Land ist unser Leben, 101–104.

3 Zur kommunistischen Partei in Ibillin, ibid., 144–146.

4 Vgl. die Befragung zu Funktion und Bedeutung des Landes in Ibillin, ibid., 118–121.

5 Vgl. zum Landproblem und Landverlust in Ibillin, ibid., 110–114. – Die aus dem »Survey of the arab sector agricultural development plan« an der Universität Birzeit entnommenen Landdaten von 1962 für Ibillin sind: 13 600 Dunum landwirt-schaftlich nutzbares Land und 3280 Dunum nicht nutzbares Land. Laut Angaben für 1972 soll die reduzierte Fläche des landwirtschaftlich nutzbaren Landes 9751 Dunum betragen, vgl. Schneider, S. 114. – Sabri Jiryis, The Arabs in Israel (New York: Monthly Review Press, 1976), 295, Tafel 5: »Landverluste einiger arabischer Dörfer in Israel zwischen 1945 und 1962« führt auf, daß Ibillin (Ablin) 1945 16019 Dunum besaß und 1962 10206 Dunum. – 1989 wurde der Landverlust im Dorf auf ca. 70 % geschätzt.

KAPITEL 4: GEFANGEN AM PALMSONNTAG

1 Zu Rama vgl. Schneider, S. 233–234.

2 Der Name des Bischofs steht für die christliche Tradition im Dorf. – Gemäß lateinischen Quellen war ein Bischof von Zebu-lon einer der 19 Bischöfe aus Palästina, die dem Konzil von Nizäa beiwohnten, s. Spicilegium Solesmense, hrsg. von Jean-Baptiste Pitra (Paris: Unveränderter Abdruck, 1852; neue Aus-gabe, Graz, Austria, Akademische Druck- und Verlangsanstalt, 1962), 531.

3 Zur Geschichte Ibillins vgl. auch Schneider, S. 51–54, und das Kapitel: Die Entmachung der Lokalherren, ᶜAgīl Agā in Unter-galiläa, Dritter Teil: Die sozio-politische Entwicklung, in: Alex-ander Schölch, Palästina im Umbruch 1856–1882: Untersu-chungen zur wirtschaftlichen und sozio-politischen Entwick-lung. (Stuttgart: Steiner-Verlag-Wiesbaden-GmbH, 1986); (Berliner Islamstudien; Bd. 4), 184–195. Anm. d. Übers.

KAPITEL 5: EIN NEUER PROPHET JEREMIAS

1 Rosemary Radford Ruether and Herman J. Ruether, The Wrath of Jonah: The Crises of Religious Nationalism in the Israeli-Palästinian Conflict (San Franciso: Harper & Row, 1989), 133.
2 Jiryis, Arabs in Israel, 94–96.

KAPITEL 6: WO IST GOTT?

1 Miriam Bawardy (1846–1878), s. Benedikt Stolz: Mirjam von Abellin oder Schwester Maria von Jesus dem Gekreuzigten: Laienschwester des Karmeliterinnenklosters in Bethlehem (Bigge, Ruhr: Druck und Verlag der Josefs-Druckerei, 1929). Anm. des Übers.

KAPITEL 7: GEHT IN JEDES HAUS!

1 Zum Kindergarten der Schwestern von Ibillin, vgl. Schneider, S. 106.

KAPITEL 8: WIR JUNGEN PRIESTER

1 Israel Shahak, »Arab Villages Destroyed in Ihad: A Report«, in Documents from Israel (London: Ithaca Press, 1975), 47.
2 Ian Lustik, Arabs in the Jewish State: Israel's Control of a National Minority (Austin: University of Texas Press, 1980), 63–64. Zur Situation der Palästinenser in Israel vgl. auch Schneider, 10–14; 151–152.
3 Zur Bibliothek in Ibillin, vgl. Schneider, 154.

KAPITEL 9: FLUCHT

1 Helene Cobban, The Palästinian Liberation Organisation: People, Power and Politics (Cambridge: Cambridge University Press, 1984), 51–52.

KAPITEL 10: VON GURKEN, BÜCHERN UND SCHWEINEN

1 Zu Gurkenanbau und -ernte in Ibillin, vgl. Schneider, 70–73.
2 S. Lustik, Arabs in the Jewish State, 169–82, zur israelischen Politik und Gesetzgebung, die Konfiszierung arabischen Landes in Israel betreffend.

3 Jiryis, Arabs and Israel, 295; Zum Landproblem von Me^cilyā
   und damit verbundener Konflikte, vgl. Schneider, 211–231.
4 Jiryis, 80–81.
5 Ibid., 76, 79.
6 Joseph L. Ryan, Refuges within Israel, 7–8.
7 Ibid.
8 Ibid., 8.
9 Ibid., 9; Father Yusef Istephan in seinen Memoiren: My Testi-
   mony (privat veröffentlicht, 1986), 69: Jiryis, Arabs in Israel, 92.
10 Der zähe Kampf um Biram und Ikrit, vgl. Schneider, 365–369.
11 Vgl. Schneiders Befragungen zu Funktion und Bedeutung des
   Landes in Ibillin, 118–121; in Me^cilyā, 227–231; in Gish,
   323–325.
12 Vgl. z. B. Ibillins ökonomische Basis vor 1948, Schneider, 63–65.
13 Zum Gemeindezentrum in Ibillin, vgl. Schneider, 154–155.
14 Zum Gemeindezentrum in Me^cilyā, vgl. Schneider, 202–204.
15 Zum Schweineproblem in Ibillin, vgl. Schneider, 148–149.
16 »Nobody Will Say How the Piggies Go to Market«, Teil 1 von
   »Pigs and the Law«, Jerusalem Post, 26. Juni 1985.
17 »Producer: Israel Has Over One Million Pork-eaters«, Teil 4 von
   »Pigs and the Law«, Jerusalem Post, 5. Juli 1985.

KAPITEL 11: PROTESTMARSCH IN JERUSALEM

1 Ruether and Ruether, Wrath of Jonah, 135–36.
2 Zu Streitpunkten zum Problem von Biram und Iqrit, vgl.
   Schneider, 378–383.
3 »Return of Bir'im, Ikrit Villagers ›Impossible‹«, Jerusalem Post,
   August 9, 1972.
4 »Greek Catholics Skip Sunday Services«, Jerusalem Post, August 24, 1972.
5 Die Stimmung in Israel schlug im September 1972 um durch die
   Aktion »Schwarzer September« auf der Münchener Olympiade.
   Diese Aktion war nach »Biram und Iqrit« benannt, vgl. Schneider, 383–384, die Ryan (26) zitiert.
6 Vgl. auch Schneider, 385.

KAPITEL 12: WILLKOMMEN IN BEIRUT, ABUNA!

1 Zu den Sommerlagern vgl. auch Schneider, 156.

KAPITEL 13: EIN MANN WIE AUS ASCHE

1 Vgl. auch das »Weltbild« in Meᶜilyā vor 1948, Schneider, 245–252.

KAPITEL 14: WIR SIND MENSCHEN UND WEDER VIEH NOCH INSEKTEN

1 »Tree Planting Stopped in Bir'im«, Jerusalem Post, Februar 18, 1979.
2 Vgl. zu diesem Ereignis auch Schneider, 386–387.

KAPITEL 15: DER BERG DES UNGEHEUERS

1 Sukkot ist das jüdische Landhüttenfest. Anm. d. Übers.
2 Zu den politischen Optionen der Palästinenser in Israel vgl. Schneiders Befragungen in Ibillin, Meᶜilyā und Gish, 138–143; 236–239; 357–361.

KAPITEL 16: DENK AN DIE KLEINEN, MEIN SOHN

1 Lustik, Arabs in the Jewish State, 168–69.
2 Ibid., 189–92.
3 Ibid., 195.

KAPITEL 18: DER BERG DES LICHTES

1 Lustik, Arabs in the Jewish State, 194.
2 Ibid., 195.
3 Jiryis, Arabs in Israel, 105–6.
4 Zu diesen Mitzpim vgl. Schneider, 117–118.
5 Jiryis, 77, 80.
6 Zur Höheren Schule in Ibillin, vgl. Schneider, 157.

KAPITEL 19: BAUGENEHMIGUNG ZU VERKAUFEN!

1 Cobban, The Palestinian Liberation Organisation, 128–30.

KAPITEL 20: VERRATEN

1 Jimmy Carter, The Blood of Abraham: Insights into the Middle East (Boston: Houghton Mifflin, 1985), 96.
2 »Shamir Leads Israelis at Haddad's Funeral«, Jerusalem Post, 17. Januar 1984.

KAPITEL 22: GEKREUZIGT IN GAZA

1 Meron Benvenisti, The West Bank Handbook: A Political Lexi-
con (Jerusalem: Jerusalem Post, 1986), 137.

2 »15 Dead in Only One Week of Uprising«, Al Fajr, Ostjerusalem,
14. Februar 1988. Khaders Geburtstag war nach Auskunft seiner
Familie der 8. August 1968.

3 Benvenisti, West Bank Handbook, 91–92.

4 Statistical Abstract of Israel 1988 (Jerusalem: Central Bureau of
Statistics, 1988), 705. 1987 betrug die Einwohnerzahl in Gaza
564 000. Berücksichtigt man die jährliche Wachstumsrate von
3,4 %, so beträgt die Einwohnerzahl 1988 schätzungsweise
583 300; 1989: 603 100; 1990: 623 600. Juli 1992: 676 200 (nur
arabische Bevölkerung). Jüdische Siedler in Gaza: ca. 4000
(Anm. d. Übersetzerin).

5 Sara Roy, The Gaza Strip Survey (Jerusalem: Jerusalem Post,
1986), 1.

6 Der Priester Don Wagner bereitete den Artikel »Crucified in
Gaza« privat als Vorlage für die palästinensische Menschen-
rechtskampagne in Chicago vor. Der detaillierte Artikel wurde
nach einem ausführlichen Interview mit Khaders Vater in Gaza
City am 19. Februar 1988 verfaßt, 11 Tage nach dem Tod seines
Sohnes. Der Bericht in diesem Buch ist eine Zusammenstellung
der Informationen über Abuna Chacours Besuch bei Khaders
Mutter im März 1988 und Wagners Interview mit Khaders
Vater.

KAPITEL 24: AUSGETROCKNETE KNOCHEN WERDEN WIEDER
LEBENDIG

1 Schwester Gislaine, die aus Syrien stammte, starb im Dezember
1992 und wurde auf Bitten der Dorfbewohner in der melkitischen
Kirche in Ibillin beigesetzt. (Anm. d. Übersetzerin).

I. DATENÜBERSICHT*

Landesgröße
   Fläche:
   (in den Waffenstillstandslinien von 1949
   einschließlich Ost-Jerusalems und des Golan)   21 502 qkm
   (in den Waffenstillstandslinien von 1949)   20 770 qkm
   Besetzte Gebiete West Bank und Gaza: ca. 6278 qkm
   Besetzte Gebiete insgesamt (West Bank, Gaza, Golan,
   Ost-Jerusalem):   ca. 7000 qkm

2. *Hauptstadt:* Jerusalem
   (einschließlich des im Juni 1967 eroberten und am 28.6. 1967
   formell mit dem Westteil der Stadt vereinigten Ost-Jerusalem;
   international nicht anerkannt)

3. *Einwohnerzahlen* (Stand Juli 1992)

a) 5 058 800 (einschließlich Golan und Ost-Jerusalem)

b) West Bank: 1 005 300 (nur arabische Bevölkerung)
   Gaza: 676 200 (nur arabische Bevölkerung)
   Jüdische Siedler in West Bank und Gaza (ohne Ost-Jerusalem):
   99 600
   (nach Central Bureau of Statistics, Jerusalem, Juli 1992)
   Jüdische Siedler in West Bank (ohne Ost-Jerusalem): 110 000
   (Schätzungen August 1992)
   Jüdische Siedler in Gaza: ca. 4000 (Schätzungen August 1992)
   Jüdische Bevölkerung in Ost-Jerusalem: ca. 120 000 (Schätzungen August 1992)
   Jüdische Bevölkerung im Golan: ca. 15 000 (Schätzungen August 1992)

---

* Besetzte Gebiete West Bank und Gaza: ca. 6278 qkm, nach: Länderaufzeichnung Israel, hrsg. vom Auswärtigen Amt, Bonn, 7.9. 1992.

c) *Größte Städte und Bezirke*
   Stand August 1992; Bezirke Stand August 1992)
   Jerusalem   524 500   (Bezirk: 556 000)
   Tel Aviv-Yaffo 352 000   (Bezirk: 1 095 000) Ende '91
   Haifa   251 000   (Bezirk: 400 000)
   Beer Sheva   140 000   (Bezirk: 360 000) bis nach
                                                    Eilat/Negev

4. *Religionszugehörigkeit* (zu 3 a)
   Gesamtbevölkerung   5 058 800
   davon Juden   4 144 600 (81,92 %)
   Nichtjuden   914 200 (18,07 %)
   davon 701 400 (13,86 %) Moslems, 128 000 (2,53 %) Christen
   und 84 800 (1,67 %) Drusen und Sonstige

GLOSSAR*

Legende: A = Arabisch; H = Hebräisch; G = Griechisch

ABU (A): Vater; zusammen mit dem Namen des ältesten Sohnes verwandt als vertraute Bezeichnung – z. B. Abu Rudah, d. h. »Vater von Rudah«

ABUNA (A): wörtlich: unser Vater; vertraute Bezeichnung eines christlichen Priesters

AHLAN WASSAHLAN (A): »Willkommen«

ALLAHU AKBAR (A): »Gott ist groß«; im muslimischen Aufruf zum Gebet verwandt

DUNUM (A): eine Flächenmaßangabe; 1 Dunum entspricht 1000 m²

EREZ ISRAEL (H): bedeutet wörtlich »Land Israel«, eine Bezeichnung für den Staat Israel; einige Nationalisten erweitern diese Bezeichnung für West Bank und Gazastreifen

GAZA STREIFEN: enger Landstreifen, 28 Meilen lang und 5 Fuß breit*, verläuft entlang dem Mittelmeer, grenzt im S an Ägypten, im O und N an Israel, wurde von 1948–67 von Ägypten verwaltet und ist seit 1967 von Israel besetzt

IKONE (G) ein Gemälde oder Bildnis von Jesus, Maria, einem Heiligen, gewöhnlich auf Holz gemalt, manchmal mit Silber- oder Goldauflage verziert

IKONOSTASE (G) – eine Querwand oder Wand, die mit Ikonen geschmückt ist und den Altarraum vom übrigen Kirchenraum abtrennt

INTIFADA (A) – der Kampf der Palästinenser in West Bank und Gaza um Freiheit

JABAL EL GHOUL (A) – Berg des Ungeheuers oder Monsters in Galiläa

JABAL ENNUUR (A): Berg des Lichtes, der neue Name für Jabal el Ghoul

KEFFIYEH (A) – eine Kopfbedeckung aus Stoff, die von arabischen Männern zum Schutz gegen Staub und Hitze getragen wird; ein großes, viereckiges Baumwolltuch, das lose drapiert, gefaltet und mit einer um den Kopf gewundenen Kordel befestigt wird

* Für die Mithilfe an der Erstellung des Glossars danken wir Dr. Sophia Grotzfeld, Münster.

Kɪʙʙᴜᴛᴢ (H) – jüdische Gemeinschaftssiedlung

Kɴᴇssᴇᴛ (H) – Israels Ein-Kammer-Parlament mit 120 gewählten Abgeordneten

Mᴜᴇᴢᴢɪɴ (A) – der Sänger, welcher die Leute zum Gebet in die Moschee ruft

Dᴀs ʙᴇsᴇᴛᴢᴛᴇ PᴀʟÄsᴛɪɴᴀ – die Gebiete von West Bank und Gaza-streifen, die am 15.11.1988 zum modernen Palästina erklärt wurden. Palästina ist von Israel militärisch besetzt.

Sᴀʟᴀᴀᴍ Aʟᴇᴋʜᴜᴍ (A) – Der Friede sei mit Dir

Sʜᴇɪᴋʜ – muslimischer Priester

Uᴍᴍ (A) – Mutter, als vertraute Bezeichnung zusammen mit dem Namen des ältesten Sohnes verwandt, z.B. Umm Rudah, wört-lich »Mutter von Rudah«

Wᴇsᴛ Bᴀɴᴋ – ein nierenförmiges Territorium, das westlich vom Jordan liegt, mit einer Fläche von ca. 2200 Quadratmeilen oder ca. 22 % des ursprünglichen Palästina; nach 1948 wurde es Jor-danien angefügt und nach dem Krieg von 1967 durch Israel besetzt.